미래를 만드는

새로운 문화, 새로운 상상력

미래를 만드는

새로운 문화 새로운 상상력

조윤경 지음

이화여자대학교출판부

예원에게

책 | 머 | 리 | 에

21세기, 새로운 상상력을 향하여

작가, 조형예술가, 만화가, 영화감독, 광고제작자, 음악가, 발명가 등 우리 시대 각 분야의 문화 창조자들이 만들어낼 새로운 문화와 상상력은 어떠한 것일까?

자연을 두려워했던 원시 시대를 거쳐 20세기에 이르기까지 사람들은 신과 인간에 대해, 이성과 과학, 그리고 그것으로 설명하기 힘든 감성과 무의식에 대해, 산업 발전을 통해 느낀 비인간화와 소외에 대해, 대량 소비의 문화에 대해 끊임없이 질문해왔다. 그리고 이러한 질문은 한 시대의 사상과 문화를 주도하는 상상력의 근간을 이뤄왔다. 그렇다면 21세기의 문화를 주도하는 상상력의 근원은 무엇이 될 수 있을까?

이 책은 위와 같은 질문을 화두로 하여 동서양의 문학, 미술, 사진, 컴퓨터, 비디오, 광고, 만화, 대중 문화 등 다양한 분야의 창조물들이 보여주는 새로운 문화 현상을 인문학적인 시선으로 사유하고 있다. 기존의 인문학이 과거에 있었던 사실과 경험을 토대로 하여 다른 학문들에 사유의 틀을 제공하는 중심 역할을 해왔다면, 이 책은 뒤를 돌아보는 것이 아니라 미래를 연구하는 인문학, 고전이나 원전을 해석하는 텍스트 위주의 인문학이 아니라 문화 현장을 취재하고 그 상상력의 산물들을 분석하는 '발로 뛰는' 인문학서라는 의미를 갖는다.

21세기 상상력은 자유분방하고 유쾌한 유머가 있으며, 추리와 무규칙의 혼종성을 즐긴다. 정형화된 문화 예술의 틀을 부수고, 변방이나 경계를 탐험하며, 권위와 형식에 기대지 않는다. 미래를 모색하지만 과거를 간과하지 않으며, 디지털적인 것이 아날로그적인 것과 만난다. 일상의 활력을 중시하고, 수용자가 참여하는 쌍방향의 소통과 자유의 축제를 즐긴다.

이러한 변화무쌍한 특징을 체계적으로 분석하기 위해, 이 책은 문화를 읽는 여러 시각들을 포괄할 수 있는 중요한 세 키워드를 선정해서 1, 2, 3부로 묶었다.

1부에서는 서로 이질적인 것이 자유롭게 섞이는 하이브리드 문화 현상을 분석한다. '하늘 아래 새로운 것은 없다'라는 포스트모더니즘의 자양분을 받았지만 앞으로 펼쳐질 문화는 그 영향력을 훌쩍 뛰어넘는다. 이미지와 글자의 자유로운 결합은 '볼 수 있는 시'와 '읽을 수 있는 그림'을 만들어낸다. 힙합, 비보이, 그래피티 등 거리와 일상을 대변하는 문화가 예술의 중심 공간과 즉흥적이고 자연스러운 방식으로 섞이고 있다. 저속함을 내세우는 '키치'의 원리가 우리 시대 문화의 중심으로 자리하여 광고, 영화 등의 대중 문화와 시, 소설 등의 예술 작품을 결합시킨다. 같은 장르 내 작품들뿐 아니라, 이질적인 장르의 작품들이 자유롭게 넘나들며 패러디에 패러디를 거듭하는 문화는 다양성의 욕구를 충족시키면서 보이지 않는 상상력의 네트워크를 형성하고 있다.

'탈경계적 상상력'은 하이브리드 문화를 형성하는 토대가 된다. 이는 과거와 현재, 동양과 서양, 중심과 주변, 일상과 예술이라는 모든 경계를 넘나들면서 기존의 고정된 성격을 뒤흔들어 새로운 형식과 내용을 창조하는 상상력이다. 시인 박상순은 시에 회화를 혼합하고, 화가 박윤영은 산수화의 화제畵題에 픽토그램을 그려넣는다. 비보이는 캐논을 연주하는 가야금의 선율에 맞춰 춤을 춘다. 21세기 하이브리드 문화와 탈경계적 상상력은 아무런 거리낌 없이 서로가 서로의 자양분이 되어 결합하는 상상력의 무한경계, 무한질주를 통해 하늘 아래 '새롭지 않은 것이 없음'을 보여준다.

2부에서는 오랜 정착을 끝내고 다시 이동을 시작한 신유목민들의 문화를 분석한다. 디지털 유목민, 잡 노마드, 노블레스 노마드 등으로 다양하게 불리는 현대의 유목민들은 약탈자, 주변인, 일탈자로 인식되었던 과거의 유목민과는 달리 휴대전화와 노트북 컴퓨터, 디지털 카메라 등 첨단 장비를 갖추고 시간과 공간에 구애받지 않고 이동하고 있으며, 특정한 가치와 삶의 방식에 얽매이지 않고 끊임없이 자신을 바꾸어가는 창조적 행위자로 인식되고 있다.

신유목민 문화를 구성하는 상상력은 '이동의 상상력'이다. 디지털 유목민들은 웹에 접속한 채 전 세계를 누비는 가상의 이동과 함께, 첨단 기기와 장비를 갖추고 몇 시간 안에 국경과 세계를 넘나드는 물리적인 이동을 하고 있다. 설치미술가 서도호는 서울의 집과 뉴욕의 집, 그리고 그 집들에 담긴 기억을 적극적으로 가지고 다닐 수 있는 집을 제시한다. 소설가 아멜리 노통브는 폼페이 베수비오 화산 폭발이 미래에 일어난 것이라는 상상력으로 서기 79년과 1995년, 2579년이라는 시간을 자유롭게 넘나든다.

그런데 흥미롭게도 신유목민들의 미래는 반드시 유목의 상태로만 꿈꾸어지지 않는다. 미래학자 자크 아탈리는 정착민적인 것과 유목민적인 것이 결합한 '트랜스휴먼'을 신유목민의 미래상으로 제시하고 있으며, 사회학자 미셸 마페졸리 또한 '역동적 정착'이라는 개념으로 정착과 머무름으로 향한 신유목민의 이중적 지향성을 보여준다.

3부에서는 기술이나 수단, 도구의 의미를 초월하는 뉴 테크놀로지 문화에 대해 살펴본다. 사진, 비디오, 컴퓨터 등 테크놀로지의 산물들은 편리한 문명의 이기[利器]일 뿐 아니라, 우리의 상상력을 촉발하고 문화 전반에 큰 영향을 미치는 매개가 되고 있다. 사진과 카메라의 여러 기능 및 기법은 영원과 사라짐, 거시적인 세계와 미시적인 세계, 진실과 환영의 주제들을 일깨운다. 영상 문화의 꽃으로 부각된 만화는 디지털화되면서 페이지에서 창으로 상상력을 확장한다. 비디오는 시간과 공간의 보편적인 논리를 무너뜨리며, 촬영된 결과가 아닌 과정을 응시하게 한다. 인터넷과 하이퍼텍스트는 작가와 관객을 쌍방향적인 소통의 관계로, 선형적인 텍스트를 비선형적인 유동적 네트워크로 전이시킨다.

상상력이 매체와 기법의 발견을 가져오는 계기도 되지만, 매체 자체가 상상력을 촉발하기도 하는데 후자를 '매체의 상상력'이라 정의한다. 매체의 상상력에서는 어떤 내용을 전달하느냐보다 어떤 매체를 통해 전달하느냐가 더 중요한 관건이 된다. 사진가 아타 김은 셔터의 노출 시간을 조절해서 정지와 움직임의 중간 상태가 보여주는 새로운 상상력을 실험한다. 비디오 아티스트 토니 아우어슬러는 LCD 프로젝터라는 새로운 테크놀로지에 힘입어 수조, 인형 등의 다양한 오브제에 자신의 작품을 영사하여 우리가 세상을 바라보는 방식을 확장하고 변화시킨다.

이렇게 1, 2, 3부에서는 문화 현상에 대한 이론적인 분석과 함께 현 문화 창조자들이 여러 분야에서 보여주는 독창적인 상상력의 사례들을 소개하고 그 유형을 탐색하고 있다. 마지막으로 4부에서는 21세기 문화 창조의 현장에 있는 여러 작가들과의 인터뷰를 통해 이 시대 상상력의 체화된 특징을 공유하고자 했다. 인터뷰를 읽으면서 실제로 만들어본 사람들만이 가지는 깨달음과 혜안을 느낄 수 있으리라 생각된다.

그 누구도 미래를 정확히 예측할 수 없다. 끊임없이 변화하면서 앞으로 가고 있기 때문이다. 분명한 것은 이제 매스미디어라는 거대 주체가 죽고, 마이크로미디어micromedia라는 문화 생산의 작은 주체들이 무수히 탄생하고 있다는 것이다. 매뉴얼과 설명서의 시대가 가고, 창조자들이 새롭고 가치 있는 것들을 생산해내는 시대가 오고 있다.

"우리가 상상할 수 있는 모든 것이 현실이다"라고 파블로 피카소는 말했다. 21세기 상상력은 얼마나 다양한가. 다문화주의 시대에 상상력의 창조자들은 드넓은 그들만의 우주를 품고 서로 교류하고 있지 않은가. 이 큰 상상력들이 만들어갈 새로운 현실을 즐겁게 꿈꾸어보면서, 현재 진행 중에 있으며 앞으로 어떻게 펼쳐질지 모를 문화의 현상을 이론화하고 체계화한 것에서 이 책의 의미를 찾고자 한다.

2004년 2학기부터 매 학기 이화여자대학교 학생들과 함께해온 〈21세기 문화와 상상력〉이라는 주제통합형 인문영역 교양과목이 이 책의 기반이 되었다. 주제통합형 과목은 학문 간의 경계를 넘어 총체적이고 통합적인 시각을 갖도록 요구되는 시대의 흐름을 반영하여 인문, 사회, 자연, 예체능 영역마다 학제 간을 넘나들 수 있는 주제를 정하고 그것을 통합한 수업이다. 서로 다른 전공의 학생들이 모여 현재의 문화를 분석하고, 조별로 현장에서 독특한 상상력을 만들어내는 문화 창조자들을 취재하며, 이를 자료 삼아 스스로 창작물을 만들어 전시회를 갖는 커리큘럼으로 진행된다. 앞으로 각 분야의 문화 리더가 되어 21세기를 이끌어갈 학생들의 생각과 반응은 놀랍고 매 시간 새롭게 발전해가는 그들의 변화를 보는 것은 즐겁다. 이 책에는 그 유쾌한 시간들의 흔적이 고스란히 담겨 있다. 또한 문화를 감각적으로 경험하고 있는 학생들이 기존의 작품들을 응용하고 변형하여 새롭게 내놓은 상상력의 산물들은 이 책에 중요한 비중을 차지하며 수록되어 있다. 미래를 만들어나갈 학생들의 발랄하고 독특하며 거침없는 작품들은 숙련된 예술가들과는 다른 미래 상상력의 씨앗을 보여준다.

21세기를 함께 탐색했던 사랑하는 이화여자대학교 학생들에게 고마운 마음을 전한다. 황홀한 학문의 길로 이끌어주시고 이 수업에 귀한 조언을 주신 이어령 선생님께 머리 숙여 감사드린다. 주제통합형 과목의 기틀을 마련하시고 이 새로운 수업을 격려해주신 김치수, 정대현 두 스승님께 깊은 감사의 마음을 드린다. 처음부터 끝까지 이 책을 세심하게 읽고 예리한 조언을 해준 민유기, 조성익에게, 책을 정성껏 만들어주신 이화여자대학교출판부와 이혜지 선생님에게, 각 영역에서 주제통합형 수업을 해나가면서 책을 계획하고 함께 연계 학문의 의미에 대해 고민하고 토론했던 고인석, 김애령, 홍기령 선생님에게 따뜻한 우정의 마음을 전한다.

2006년 11월

저자 조윤경

차례

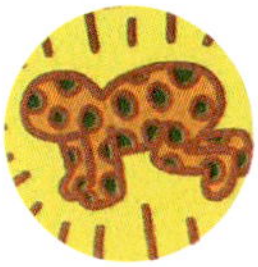

LIBRAIRIE JONAS
HERMES
MARRIAGE
ENCORE
MOTHER
Familie
Cinéma
LIBRE
it out
DUBO
DUBON

1부

하이브리드 문화와 '탈경계적 상상력'

모든 경계에는 꽃이 핀다

— 함민복

오비디우스Ovidius, BC 43.3.20~AD 17의 『변신 이야기Metamorphoses』에서처럼, 식물, 동물, 광물, 인간이 종과 속의 경계를 넘나들며 서로 결합되고 변모를 이루는 상상력은 예로부터 전설, 신화, 소설, 회화, 음악 등의 중요한 모티프를 이뤄왔다. 반인반수半人半獸, 사이렌, 스핑크스 등 하이브리드적인 생명체들은 설명할 수 없는 초자연적 세계의 신비를 보여주며 인간의 상상력에 오래 자리 잡아왔다. 때로는 신비로운 아름다움으로, 때로는 섬뜩함과 기괴함으로 인간이 욕망하는 변모의 꿈을 상징화했다.

하이브리드hybrid는 이제 더 이상 상상력의 세계나 초자연적인 세계에만 머무르는 것이 아니라 21세기 문화를 특징짓는 중요한 현상이 되고 있다. 일상적인 감각으로는 겹쳐질 수 없는 것들이 같이 놓이는 우리 시대의 문화 양상을 설명하는 전반적인 용어로 자리 잡고 있다.

혼합, 혼종, 교배, 퓨전, 잡종 등 여러 동의어로 다양하게 쓰이는 하이브리드라는 용어는 집돼지와 멧돼지의 잡종을 뜻하는 라틴어에서 유래하여 야생의 것과 길들여진 것의 혼합을 의미했다. 과학에서 식물이나 동물의 종을 잡종으로부터 구별하기 위해 쓴 개념을 문화 이론가들이 전용하여 전 지구화 시대에 사람이나 문화의 혼합 양상을 나타내는 용어로 사용하기 시작했다.

하이브리드 문화는 전통적인 장르와 이분법적인 경계의 구분을 뛰어넘어 끊임없이 새로운 실험과 모색을 이루어낸다. 그리하여 전통과 현재, 낯선 것과 익숙한 것이 공존하며 특정 경향에 정박된 문화적 관습을 흔든다. 그렇다면 이러한 혼합의 현상이 우리 시대의 문화에 퍼지게 된 이유는 무엇일까? 왜 문화 예술 전반에서 장르의 파괴가 가속화되고 있는가?

우리 시대는 새로운 정보 영상 시대를 맞이하고 있다. 영상 문화의 꽃을 피우는 우리 시대의 문화 예술은 '멀티multi'를 중요한 특징으로 삼게 된다. 그리하여 시각, 청각, 후각, 촉각, 미각의 감각이 분리하여 기능하는 것이 아니라 통합하여 작용하게 되었고, 장르와 미디어가 융합하게 되었다. 이제 화가가 시인과 함께 작업하고, 무용이 영화의 스크린 장치를 도입하며, 음악 연주에 조형 예술 퍼포먼스가 동반되는 것이 관객들에게 자연스럽게 받아들여지고 있다.

영상 시대가 도래하자 많은 사람들이 가장 우려했던 현상은 탈문자화였다. 하지만 오히려 우리 시대에는 문자 언어와 영상 언어가 상호 의존적으로 기능하거나 융합된다. 이미지를 사용하면서 문자 언어적인 사용 방식으로 표현하거나, 언어를 사용하면서 그 안에 이미지적인 방식을 집어넣는 하이브리드적 시도가 활발히 이뤄지고 있는 점이 주목된다.

또한 후기 정보화 시대에 소통communication의 중요성이 증대된다. '인터넷internet', '인터렉티브interactive' 등 정보 사회의 패러다임은 '사이inter'라는 키워드를 씨앗처럼 품고 있다. 즉 일방향성과 단절이 아닌 쌍방향성과 융합을 지향한다. "전 지구적으로 사고하되 국지적으로 실천하라Think Globally, Act Locally"라는 잘 알려진 구호처럼, 하이브리드의 배경이 되는 글로컬리즘glocalism은 지구화를 의미하는 글로벌리즘globalism과 지역화를 의미하는 로컬리즘localism이 융합된 것이다. 국가간 교류가 활발해져 서로의 문화에 대한 이해도와 친숙성이 증가한 결과, 막연히 품어왔던 편견이 완화되고 타 문화의 장점을 자연스럽게 수용한 하이브리드 문화가 탄생하게 되었다. 국악과 팝이 만나고, 동서양의 입맛을 골고루 섞는 퓨전 음식이 유행하는 이유는 현대인들이 '우리 고유의 것' 대對 '다른 나라의 것'이라는 배타적인 이분법적 관계보다는 융통성 있는 경계 넘나들기를 통해 열린 마음으로 생산적인 융합을 시도하려고 한 결과이다.

이어령은 21세기 문화의 하이브리드적 특성을 한국의 전통적인 문화 체계인 상생相生의 패러다임에서 찾는다(이어령, 1998, pp.2-21). 천지인 삼재 사상을 나타낸 한국의 삼태극 문화 원리는 하늘과 땅의 양극을 매개하여 하나로 융합시키는 인간의 힘에 가장 중요한 의미를 부여하며, 따라서 한국은 서양의 대립 체계와 다른 '사이'와 '어울림'이라는 문화의 기호 체계를 이룬다. 이것은 대립과 갈등의 20세기 패러다임을 넘어서서 융합을 지향하는 21세기 패러다임의 모델이 된다. 즉 대립과 갈등의 시대였던 20세기가 경쟁과 양자택일의 시대였다면 21세기는 상생과 양자공존의 시대이며, 21세기 정보 시대의 문화 패러다임에서는 유·불·선이 하나로 결합되는 유교의 원융회통 사상처럼 쌍방향적interactive 소통이 중시된다.

예컨대 우리 시대에 새롭게 부각된 거리 문화는 삶과 예술, 안과 밖의 경계를 부수고 관객들을 소통의 축제로 인도한다. 거리가 공연장이 되고, 전시실이 되고, 또한 연극 무대가 되는 문화 현상은 놀이와 교육의 융합인 '에듀테인먼트edutainment', 일과 놀이의 융합인 '플레이워크playwork'라는 하이브리드적 현상의 반영이다.

20세기 후반부터 가속화된 대중 문화의 성장이 문화의 하이브리드화 현상을 활발하게 하는 원동력이 되고 있기도 하다. 이제 고급 문화와 저급 문화, 엘리트 문화와 대중 문화, 중심 문화와 하위 문화 등의 이분법적인 구분 자체가 무의미해진 시대가 되었다. 예술가들은 '엘리트=고급', '대중=저급'이라는 도식으로 고정적인 가치 평가를 하는 것이 타당한지에 대해 반성을 하게 되었다. 오늘의 대중 문화가 내일의 고급 문화로 분류될 수 있는 가능성이, 또한 어제의 고급 문화가 대중이 쉽게 향유할 수 있는 문화로 인식될 수 있는 가능성이 항상 존재함을 알게 된 것이다.

그리하여 오랜 세월 '고급 예술'로 여겨져왔던 시, 연극, 회화, 음악, 무용 등은 '키치'를 비롯한 대중 문화의 여러 존재 방식을 도입하여 현대 문화의 중요한 일면을 표현하려 하고 있으며, 게임, 대중 음악, 요리, 패션, 광고 등은 예술의 기법을 자유롭게 삽입하여 새로운 미적, 장르적 실험을 거듭해나가고 있다.

지금의 하이브리드 문화는 1960-80년대에 "하늘 아래 새로운 것은 없다"라는 구호로 성행했던 포스트모더니즘의 자양분을 받고 있다. 작품과 작품 사이를 넘나드는 패러디, 리메이크는 전형적인 포스트모더니즘의 산물이다. 하지만 21세기의 하이브리드적 시도들은 포스트모더니즘의 냉소적인 유희성과는 구분되는 듯 보인다. 이 시대는 개방성, 유희성, 임의성을 특징으로 하는 20세기 후반의 시대정신을 이어가면서도 그것이 탈창조와 해체를 강조하는 방향이 아니라 새로운 창조와 조화로운 어울림의 방향으로 향해간다. 같은 장르끼리의 넘나듦을 넘어서서 문학, 영화, 요리, 회화, 대중 음악, 패션, 광고 등 서로 다른 장르의 텍스트들이 아무런 위계나 거리낌 없이, 혹은 냉소적인 시선 없이 서로서로 패러디하는 자유로움을 보면 이 시대의 구호를 "하늘 아래 새롭지 않은 것은 없다"라고 해야 하지 않을까?

이처럼 하이브리드 문화를 살아가는 것은 무엇보다도 경계를 뛰어넘어 살고 생각하는 일이다. 극단적인 이분법으로 세상을 인위적으로 구획 짓고 나누는 것에서 벗어나 이질적인 것들을 혼합함으로써 새로운 것을 발견해내고 창조해내는 기쁨을 향유하는 일이다.

하이브리드 문화가 보여주는 상상력을 '탈경계적 상상력'이라 불러보자. 이것은 과거와 현재, 동양과 서양, 중심과 주변, 일상과 예술이라는 모든 경계를 넘나들면서 기존의 고정된 성격을 뒤흔들어 새로운 형식과 내용을 창조하는 상상력이다. 하이브리드 문화에서는 서로 다른 것이 만나는 접점 지역, 바로 주변과 경계 지역이 변화와 발전의 중심이 된다. 시인이 설치미술가와 만나고 연극이 비주얼 아트와 만났을 때, 경계와 경계의 접점에서 '탈경계적 상상력'이 불꽃이 일어나듯 촉발된다.

탈경계적 상상력에서 창조나 상상력의 개념은 '이 세상에 없던 것을 만들어내는 것'에서 '이미 있는 것들의 새로운 혼합'으로 바뀐다. 창조란 무無에서 유有를 만들어내는 것이 아니라 '유有와 유有의 결합을 통해 기존의 것을 새롭게 보는 힘', 즉 남들이 하지 못하는 방식으로 둘 이상의 상이한 요소를 연결시키는 능력이다. 탈경계적 상상력에서 중요한 것은 다양성을 수용하면서 기존의 기술들을 얼마나 독창적인 방식으로 섞는가에 달려 있다. 다른 사람이 결코 상상하지 못했던 방식으로 기존의 것을 섞거나, 아니면 아예 섞는 것 자체가 불가능하다고 생각했던 것들을 혼합한다.

함민복 시인의 말처럼 "모든 경계에는 꽃이 핀다." 이제 경계와 경계가 만나서 피워내는 독특한 꽃들을 우리 시대 여러 문화의 모습 속에서 발견해보자. 피어나면서 경계를 지우는 그런 꽃들을 말이다.

1

글자와 시각 이미지의 상호 침투

눈은 말하네/ 언어는 보네/ 시선은 생각하네
−옥타비오 파즈

글자와 이미지의 융합

이미지가 문화 전반을 지배하는 영상 문화 시대에 글자는 점점 설 자리를 잃어가는 듯 보인다. 이미지에 익숙해진 사람들은 긴 글을 읽지 않으려고 하며 책보다는 영화나 텔레비전을 선호한다. 그렇다면 글자는 이미지 저편으로 영영 사라질 것인가? 이성적이고 맥락화된 '읽기'는 감각적이고 본능적인 '보기'로 완전히 변환될 것인가?

다행히도 이미지는 글자를 대체하지 않고 있다. 글자는 글자대로, 이미지는 이미지대로 존재하면서 글자가 이미지로, 이미지가 글자로 기능하는 글자와 이미지의 융합 현상이 일어나고 있다.

길거리 간판과 포스터에서, 지나가는 사람들의 티셔츠에서, 텔레비전 자막을 통해서, 우리는 새로워진 글자를 만나고 있다. 우리 시대의 언어와 그 표현체인 글자는 추상적이고 자의적인 사회적 약속의 산물이라는

파리의 서점 〈JONAS〉의 간판

종래의 역할을 넘어선다. 또한 의미 전달체라는 가치 이면에 가려져 있던 글자의 형태적 가치가 부각된다.

파리의 〈JONAS〉 서점 간판에는 서점이라는 뜻의 프랑스어 'librairie' 활자 안에 색색가지의 책이 그려져 있다. 글자가 책의 진열 공간인 서점으로 기능하고 있는 셈이다. 글자와 이에 상응하는 이미지의 결합은 의미를 이중으로 강조하는 효과를 준다. 이때 언어는 추상성을 떠나 자신만의 이미지를 갖게 된다.

그래픽 디자이너 루에디 바우어Ruedi Baur는 프랑스 파리 퐁피두 센터의 영화관cinéma 간판을 통해 글자 자체가 이미지로 기능하는 것을 보여준다. 같은 글자들이 색깔을 바꾸어 반복되고 겹쳐지면서 영화관을 나타내는 다른 색깔의 글자들이 흰색 글자의 배경 이미지가 되고 있는 것이다. 우리는 이미지보다 더 시각적인 글자의 형태적 아름다움에 취한다.

루에디 바우어, 파리 퐁피두 센터 비주얼 아이덴티티 및 사인 체계, 1997-2001

글자가 색채, 형태, 그림의 삽입 등으로 이미지화되듯이, 반대로 그림이 문자처럼 기능할 수도 있다. 컴퓨터 채팅이나 핸드폰 문자를 보낼 때 자주 사용되는 이모티콘emoticon을 그 예로 들 수 있다. 이모티콘은 문자이자 그림이며 한눈에 알아볼 수 있고 그 의미를 파악할 수 있는 제3의 그림-언어로서, -_-;;; (당황해서 식은땀 흘리기), 〈:-((실망스런 표정), @_@(놀람, 흥미, 관심) 등 사람의 감정이나 표정을 담고 있다. 이모티콘은 사물의 특징을 나타내면서 상대방과 즉각적으로 소통할 수 있게 하고, 직접 만나지 않아도 상대방의 감정을 전달할 수 있게 기능한다.

전 세계, 전 지역 어디를 가나 한눈에 알아보고 이해할 수 있는 픽토그램pictogram 또한 문자처럼 기능하는 그림이다. 픽토그램은 그림을 의미하는 'picto'와 전보를 의미하는 'telegram'의 합성어이다. 고고학에서는 문자가 생기기 이전에 인류가 의미 전달을 위하여 사물의 형상에서 발전시킨 시각 언어 중 발음할 수 없는 그림을 픽토그램이라고 명명하고 있다.

픽토그램은 유추를 통해 현실 세계의 대상들을 구상화한다(김성도, 2000, p.78). 우리는 픽토그램을 보고 한눈에 그것이 무엇을 의미하는지 알 수 있다. 이 상징화된 시각 언어는 정보를 단시간에 전달할 수 있다는 점, 의미가 곧바로 파악된다는 점을 특징으로 한다. 픽토그램은 쉽게 눈에 띄고 이해하기 쉽게 간결하며 그 뜻 또한 일의적一義的이라 수신자는 별다른 지적 노력 없이 픽토그램의 의미를 자연스럽게 파악할 수 있다.

말 대신 그림으로 의미를 전달하는 픽토그램은 언어의 기능뿐 아니라 각 문화권의 특성을 시각적으로 전달함으로써 문자나 이미지 그 이상의 확장된 기능을 한다. 각 나라의 화장실 표시나 교통 표지판, 비상구, 건널목 등의 픽토그램이 조금씩 다른 것도 문화적 다양성을 반영한다.

글자와 이미지의 하이브리드 현상은 특히 광고 분야에서 활발하게 이뤄지고 있다. 늘 같은 컨셉의 광고로 유명한 앱솔루트 보드카 광고 중 '앱솔루트 가을Absolut Autumn' 편을 보자. 앱솔루트 보드카 병

앱솔루트 보드카 광고

위에 쓰여진 글자들이 마치 나무 위에 붙어 있던 낙엽처럼 우수수 떨어져 내리고 있다. 앱솔루트 보드카 뚜껑 역시 가을바람에 실려 글자들과 함께 날아간다. 가을의 스산함을 앱솔루트 보드카를 마시며 달랠 밖에……

여기서의 글자는 읽을 수는 있지만 읽을 필요가 없는 글자이다. 즉 글자는 의미와 정보를 전달하는 역할을 하지 않는다. 그것은 이미지가 된다. 사회적 약속, 문법, 의미, 메시지 등의 무게에서 벗어난 글자는 가벼워진다.

한국관광공사 면세점의 광고 포스터는 유명 메이커의 이름이나 로고들을 쓴 글자들이 하얀 유리구두의 이미지를 만들어내고 있다. 이것은 시의 형식과 내용을 형상으로 표현한 상형시 칼리그람calligramme을 연상케 한다. 칼리그람은 프랑스 시인 아폴리네르Guillaume Apollinaire, 1880-1918가 아름다움을 의미하는 'calli'와 형태를 의미하는 접미사 'gramme'을 합쳐서 만들어낸 신조어로, 시 전체의 형식을 의미와 결부시키는 특징을 갖는다.

한국관광공사 면세점 광고

마찬가지로 한국관광공사의 고급스러워 보이는 유리구두탑은 유명 메이커의 로고를 쓴 글자 하나하나와 이것이 모두 모여 있는 전체적인 이미지를 함께 파악할 수 있게 한다. 전체 이미지는 면세점에 가면 이 모든 유명 메이커의 상품들을 다 만나볼 수 있으리라는 것을 한눈에 보여준다. 활자의 형상으로 인해 메시지는 더욱 강화된다.

타이포그래피typography는 의미 전달의 수단으로서의 활자를 기능과 미적인 면에서 효율적으로 활용하는 기술이다. 사람들이 점점 더 이미지에 익숙해지고 긴 글을 읽기를 꺼려하는 경향이 생기자 시각 이미지처럼 한눈에 의미 파악이 가능한 타이포그래피 이미지가 부각되었다.

> 인간의 언어는 글자 이전에 소리, 소리 이전에 몸짓이었습니다. 전통적인 의미의 타이포그래피는 언어의 의미를 독점하려는 보이지 않는 욕구가 만들어낸 틀에 불과하다고 생각합니다. (……) 동시에 단어가 시각적으로 제시되면, 생각의 흐름이 방해될 거라는 생각 역시 문자 위주의 문화가 만들어낸 덫입니다.
>
> —허브 루발린과의 가상 인터뷰(송성재, 2002, p.53)

허브 루발린의 타이포그래피 작업들

미국의 유명한 그래픽 디자이너이자 타이포그래퍼였던 허브 루발린Herb Lubalin, 1918-1981의 말이다. 그는 '결혼marriage' 이라는 단어의 'R' 두 개를 서로 마주보게 디자인하여 '두 사람이 마주보며 함께 살아가는 것'이라는 결혼의 의미를 생각해보게 하고 있다.

〈마더 앤드 차일드^Mother & Child〉라는 잡지의 제호로 디자인되었던 '어머니와 아이'라는 글자는 아이를 뱃속에 품은 엄마의 모습으로 형상화됨으로써 '어머니와 아이'라고 그냥 나열된 글자가 전하지 못하는 어머니의 모성애를 상징적으로 일깨운다.

리더스 다이제스트에서 간행되었던 잡지 〈패밀리즈^Families〉의 제호 디자인에서처럼 그는 일상적인 문법을 변형하기도 한다. 'I' 이라는 철자 위에 점을 하나 찍음으로써 옹기종기 모여 있는 단란한 가족의 모습이 형상화된다.

우리는 이제 종래의 언어를 넘어서서 시각적으로 제시되는 언어에 익숙해져가고 있다. 보통의 글자가 순차적으로 읽어내려가기를 요구한다면, 이러한 타이포그래피는 시각 이미지처럼 한눈에 제시되면서 의미와 감정을 전달한다는 특징을 보여준다. 이것은 새로운 표정과 톤을 가진 우리 시대의 살아 있는 언어가 된다.

글자, 그림, 상상력의 기원

글자와 이미지의 교류와 혼융은 오래전부터 있어왔다. 예로부터 시인들은 시에 회화적인 요소를, 화가들은 그림에 언어적인 요소를 담고 싶어했다. 동양에는 '그림 속에 시가 있고 시 안에 그림이 담긴다(화중유시 시중유화^畵中有詩 詩中有畵)'라는 '시화상합론^詩畵相合論'이 있었으며, 서양에는 호라티우스의 시학 '시는 회화와 같이^ut pictura poesis'와 르네상스 이탈리아 회화론의 '회화는 시와 같이^ut poesis pictura'가 있어서 글과 그림이 하나이며 같은 것이라는 예술론의 근간이 되어왔다. 시와 그림은 표현 수단과 방식에 있어서 차이가 있는 것이지 내용과 목적에 있어서는 거의 일치하고 있다는 동서양의 공통된 생각을 알 수 있다.

글자와 이미지가 혼합된 전통적인 예로 동양의 혁필화革筆畵를 들 수 있다. 나비가 날고 꽃잎이 떨어지고, 대나무가 솟구치더니 순식간에 이름이 써지면서 한 폭의 야성적인 작품이 창조되는 광경을 본 적이 있는가? 옛날 시골 장터에서 흔히 볼 수 있었던 혁필화는 이제 거의 찾아볼 수 없는 희귀한 풍경이 되었다.

영화 〈서편제〉에서 소리꾼 유봉의 친구로 나오는 낙산거사의 직업이 바로 혁필화가이다.

> "소나무 '송'자라. 소나무 위에 학을 두 마리 그렸으니 학은 천 년을 사는 영물이라. 학처럼 오래오래 살라는 뜻이다. 또 니 앞길이 해처럼 밝으라고 해도 그려넣었다.

단오장 혁필 – 황헌만 사진

꽃 '화' 자라. 꽃에는 나비가 따르는 법이라. 이 세상 모든 것은 서로 짝이 있어야 되니 부디 좋은 사람 만나 자식 낳고 잘살라고 나비를 그렸다."

낙산이 눈먼 유봉의 딸 송화에게 혁필화를 그려주며 하는 말이다. 혁필화는 가죽 붓에 찍힌 물감의 아름다운 색깔로 황홀하게 태어나는 '그림 글자'이다. 이것은 문자도文字圖에서 변형된 것으로, 문자도는 유교적 윤리를 강조한 문자나 가훈 등을 써서 방 안이나 기둥에 붙일 때 이를 상징하는 대나무나 잉어 혹은 십장생十長生 등의 그림을 글씨와 어우러지게 형상화하여 그린 것이다. 그 후 앉은 자리에서 즉각 자기 이름이나 가훈 등을 그려주기를 원하는 고객들이 생김에 따라 혁필화가 생겨났다.

혁필화에서는 그림이 물러나면 글자가 살아나고, 글자가 뒤로 숨으면 그림의 형상이 보인다. 추상적인 언어와 이름은 구체성과 형상을 부여받게 되고, 글자와 이미지는 대등한 위치에서 견고하게 상호 침투하여 서로에게 없어서는 안 될 필수적인 역할을 하게 된다.

동양에 혁필화가 있다면 서양에는 아킴볼도Giuseppe Arcimboldo, 1527-1593의 작업들이 있다. 그는 16세기 유명한 초상화가로 과일, 꽃, 짐승, 사물 등으로 구성된 얼굴 그림으로 폭발적인 인기를 끌었다. 많은 부인들이 앞다투어 이 기괴하고 우스꽝스런 얼굴 초상을 그려달라고 주문했을 정도라고 한다. 그는 봄에 피는 꽃들로 구성된 얼굴, 여름 과일들로 구성된 얼굴, 가을의 잘 익은 포도와 호박, 무 등으로 구성된 얼굴, 겨울의 앙상한 고목들과 열매들로 구성된 얼굴을 그린 봄, 여름, 가을, 겨울 연작이라든가, 직업을 나타내는 사물들로 구성된 얼굴, 즉 갖가지 책들로 만들어진 사서의 얼굴, 주방기기로 만들어진 요리사의 얼굴을 그렸다.

세계적인 기호학자 롤랑 바르트Roland Barthes는 아킴볼도의 상상적인 초

아킴볼도, 〈물〉, 1566

상화에서 수사학적 문체를 발견한다. "그의 그림은 언어적 기반을 갖고 있고, 그의 상상력은 온전히 시적이다. 그의 상상력은 기호들을 창조하는 것이 아니라, 기호들을 조합하고, 전이시키고, 탈선시킨다. 정확히 언어의 장인이 하는 행동이다. (……) 그는 이미지의 담론 속에 모든 수사학적 문체 세트를 던져놓는다. 화폭은 문체들의 진정한 실험실이다. 조개껍질이 귀라는 것은 은유이다. 물고기떼가 물고기들이 사는 물을 의미한다는 것은 환유이다. 불이 불타오르는 머리가 된다는 것은 알레고리이다. 과일, 복숭아, 배, 체리, 산딸기, 보리를 열거하여 여름을 나타내는 것은 인유이다"(Barthes, 1982, pp.122-38).

그의 그림은 기호임과 동시에 이미지이다. 아킴볼도는 전치[轉置]와 변형을 통해 도상 기호의 의미를 언어 담론의 단위처럼 기능하게 하는 '이중 언어'의 예를 보여주고 있다. 수사학적 문체에 근거하는 교류 체계를 통해 찬사와 풍자를 함께 보여주는 일종의 레뷔[rébus, 그림 수수께끼]를 만들어낸 것이다. 이미지는 텍스트를 만들고, 텍스트 속에서 상상계와 사회 도덕적 의미가 선, 형태, 공간 배치를 통해 교류한다.

프랑스의 포스터 작가 카상드르[Cassandre, 1901-1968]는 큐비즘의 영향을 받은 깨끗하고 단순한 형태의 도안으로 포스터에 회화성을 배제하는 독자적인 세계를 구축하여 1920-30년대에 큰 인기를 누렸다. 그중 유명한 작품이 'DUBO DUBON DUBONNET' 광고 포스터이다. 뒤보네 양주를 마심에 따라 점점 더 양주를 마시는 사람의 형체가 드러나고, 그와 더불어 DUBONNET라는 글자가 보이게 된다. 완전한 형상과 완전한 글자가 되려면 한 잔으로는 부족하다. 이 포스터에서 글자와 이미지는 정확하게 동일한 역할을 하며 뒤보네 양주를 마시는 기쁨과 취기를 형상화한다.

카상드르, 〈뒤보네〉 광고, 1932

혁필화, 아킴볼도의 초상화, 카상드르의 뒤보네 양주 광고는 시대나 장르, 지역은 다르지만 언어 구조와 이미지 구조의 공존과 교환을 탐구했다는 점에서 공통점이 있다. 언어의 단위로 그림의 요소를 분석할 수 없으며, 인간 언어의 특수성을 변별해내는 요소로 마르티네[André Martinet]가 내세운 이중 분절을 그림에서 찾아볼 수 없다. 그것은 기본적으로 언어가 연쇄성과 선조성을 특징으로 하며, 그림은 형상화와 구성성을 특징으로 하기 때문이다. 하지만 이 두 요소가 결합하고 교류하게 되면 이미지는 언어라는 요소로부터 의미를 강화할 수 있게 되고, 글자는 이미지라는 요소로부터 활자가 지닌 형상의 가시성을 부각할 수 있게 된다.

시와 회화의 창조적 모색

우리 시대 예술가들은 이미지와 글자의 결합을 어떻게 이루어내고 있을까? 한국의 주목받는 현대 시인 중에 시의 청각적인 면과 회화적인 면을 함께 탐구하고 있는 박상순의 작품을 보자.

「녹색의 소년」은 그림과 글이 결합된 시이다. 형상과 글자의 결합을

녹색의 소년

1) 녹색의 내가 차례를 기다릴 동안

첫번째 아이는 나를 기다린다
2) 내가 앞으로 나아갈 동안

두번째 아이는 통 속에서 운다
3) 녹색의 내가 우체국에서 말할 때

세번째 아이는 통 속에서 달린다
4) 내가 우체국에서 녹색의 우표를 살 때

박상순, 「녹색의 소년」 첫 부분, 『6은 나무 7은 돌고래』, 1993

일찍이 실험하고 시로 표현했던 이상의 「오감도」처럼, 이 시에서도 첫 번째 아이, 두 번째 아이, 세 번째 아이 등이 등장하고 그 아이들은 통 속에 있는 아이의 그림으로 표현된다.

이 시는 '녹색의 나'로 표현되는 의식적인 자아와 '통 속의 아이'로 표현되는 무의식의 자아를 대면시키고 있다. 의식적인 자아가 우체국에서 차례를 기다리고 우편물을 부치는 동안 통 속의 아이는 '나'와 상관없이 통 속이라는 현실 너머의 공간에서 '나'를 기다리고, 울고, 달리고, 사라지고, 잠을 잔다.

이상의 '거울 속의 나'와 '거울 밖의 나'의 대비처럼, '통 속의 나'와 '통 밖의 나'는 다른 세계에서 서로 다른 모습으로 살아가고 있다. 다양하게 움직이는 통 속 아이의 그림은 의식의 내가 간섭할 수 없는 통 속의 공간 세계를 보여준다. 이 시에서 형상은 눈에 보이지 않는 무의식의 세계를 가시화하는 데 효과적인 역할을 한다. 거의 픽토그램에 가까울 정도로 단순화된 그림은 통조림 깡통같이 좁고 답답한 통 속에서 행동하는 아이의 모습을 구체적으로 표현한다. 첫 번째 아이, 두 번째 아이 등으로 변화, 반복되는 시구가 시에 청각적인 리듬을 부여하듯, 반복되는 통의 이미지 속에서 변화하는 아이의 이미지는 시에 시각적인 리듬을 부여한다.

한편 조형 예술 분야에서는 픽토그램을 자신만의 개성적인 화법으로 활용한 화가의 작품이 주목된다. 박윤영의 〈픽톤의 호수〉를 보면 병풍 속에 펼쳐진 드넓은 호수에 다양한 모습의 선녀들과 백조들, 산과 바위와 정자가 어우러져 있다. 그런데 화선지에 먹으로 그린 이 전형적인 동양화의 풍경 속 화제[畵題]가 낯설다. 전통적인 산수화에서 그림에 상응하는 시가 쓰여 있어야 할 곳에 픽토그램이 그려져 있는 것이다.

〈픽톤의 호수〉는 캐나다 밴쿠버에서 일어난 끔찍한 살인 사건을 모티브로 하여 그려졌다고 한다. 31명의 여성이 아주 잔혹한 방법으로 살해되었다고 하는데, 작가는 마법에 걸려 밤이 되어야만 사람으로 돌아오는 〈백조의 호수〉의 백조처럼, 죽은 여성들이 다시 돌아올 수 있는 〈픽톤의 호수〉를 상상했다. 선녀 앞에 드리운 그림자가 인간의 모습이 아니라 백조의 모습인 것은 바로 마법에 걸린 '여성-백조'들을 상징하기 때문이다. 그렇다면 오른쪽 위에 그려져 있는 혹은 쓰여 있는 픽토그램은 사라진 여성이 돌아오기를 바라는 작가의 개인적

인 염원을 담고 있는 것일까? 동양화에 왜 픽토그램을 그려넣은 것일까?

박윤영, 〈픽톤의 호수〉 부분, 2005

작가는 기존의 픽토그램을 변형하거나 새로이 만들어내고 있다. 담 뒤에서 여성을 엿보는 남성과 여성, 아이를 안고 있는 여성, 무엇인가를 토해내는 여성, 개를 산책시키는 사람, 어른과 아이 등 박윤영이 그린 픽토그램은 그려진 선녀의 그림과 너무나 동떨어져 보인다.

몽환도를 연상시키는 그림과 일상적인 풍경을 나타내는 픽토그램의 병치를 통해 작가는 꿈, 욕망의 세계와 현실의 세계를 대조적으로 나타내고자 했을까? 메타 동양화라고 일컬어지는 박윤영의 작업은 픽토그램이라는 쓰기와 그리기의 결합 방식을 통해 동양화 속에서 낯선 어법을 만들어낸다. 이 작가는 한자라는 특정 문화의 글자 대신 어느 문화권의 사람들이라도 이해하기 쉽도록 만들어진 픽토그램이라는 현대판 에스페란토어를 통해 전통과 현대,

박윤영, 〈픽톤의 호수〉 전체, 2005
국립현대미술관 소장, 비단병풍 위에 먹, 520×210cm

그림과 글자라는 경계를 넘는 상상력을 보여주고 있는 것이다.

기성 작가들의 작품에서뿐 아니라, 이화여자대학교 학생들이 창작물로 제출한 시들 속에서 우리는 이 시대의 젊고 풋풋한 하이브리드적 상상력을 만날 수 있다. 박유강의 「개미의 자살」은 보고 읽을 수 있는 시일 뿐 아니라 '먹을 수도 있는' 시이다. 과자를 이용해서 개미의 형상을 만들고 개미가 자살하는 방법에 대한 발랄한 상상력을 언어와 형상이 어우러진 텍스트로 펼치고 있다.

김지애의 시는 "눈 속의 새싹은 나비가 되어 날아갔다"라는 하이쿠로 되어 있다. 하이쿠는 "한 줄도 너무 길다"(류시화의 하이쿠 모음집 제목)라고 말할 수 있는 매우 짧은 시이다. 함축적이고 압축적인 간결한

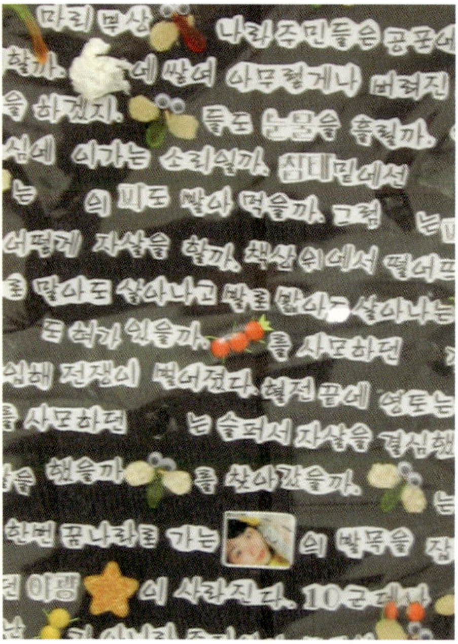

박유강, 인문학부, 「개미의 자살」

김지애, 조형예대 시각정보디자인과, 「볼 수 있는 시 읽을 수 있는 시」

시구에 삶과 우주 전체에 대한 드넓은 사색이 담겨 있어 큰 울림을 주는 시들이 하이쿠이다. 디자인 전공인 김지애는 함축적이고 간결해야 하는 디자인의 속성을 시의 상상력과 접목시킨다. 활자 배열을 통해 시에 시각적이고 공간적인 차원을 만들어냄과 동시에 봄을 보고 느낄 수 있게 하는 색을 삽입하여 활자로 읽고, 공간 배열을 통해 보고, 색채로 느끼는 다감각적인 시를 창조해내고 있다.

글자와 이미지가 결합하는 현상은 글자를 탐구하는 시인들과 이미지를 연구하는 화가들의 상상력의 지평을 넓혀준다. 시와 회화의 교환은 각각의 본질을 새롭게 탐구하고 이를 통해 그 가능성을 확장하는 계기를 부여한다. 즉 시인은 형상을 도입하여 언어에 대해 성찰하고, 화가는 언어를 도입하여 형상성에 대해 성찰함을 알 수 있다. 그 결과 '볼 수 있는' 시는 관습화된 언어를 배격하고, 기표와 형상의 유희를 통해 언어가 가진 무의식적인 리듬과 음악성을 발견하여 언어의 가능성을 극대화시킨다. '읽을 수 있는' 그림은 '형상'의 가시성을 넘어서서 언어가 갖는 기표/기의의 유희성을 부여받으며, 그림, 글, 현실이 빚어내는 무수한 관계의 조합을 통해 다형태, 다의미성을 탐구하는 길을 열어놓고 있다.

이 모든 과정은 언어와 이미지의 교환이 단지 다른 쪽을 닮고자 하는 목적을 갖는 것이 아니라, 언어는 이미지를, 이미지는 언어를 강화시키는 힘으로 작용하고 있음을 보여준다. 각 장르적 정체성은 타 장르와의 교류를 통해 다의적으로 열리고, 그럼으로써 각자의 특성이 더 확고하게 부각됨을 알 수 있다. 우리 문화는 이제 '읽을 수 있는' 이미지와 '볼 수 있는' 글자의 동행을 유쾌한 시선으로 맞아들인다.

2

거리의 상상력과 즉흥의 유희

놀랍구나 오 벽이여,
이렇게 많은 글씨의 견딜 수 없는 무게에도 무너져 내리지 않다니.
-폼페이의 담벼락에서

몸, 거리, 담벼락의 문화 예술

힙합Hip Hop, 비트박스Beat-box, 비보이B-boy, 그래피티graffiti…… 얼마 전까지만 해도 길거리 문화의 전형이었던 장르들이 현대 문화의 중심으로 부각되고 있다. 문화 트렌드를 가장 발 빠르게 반영하는 TV 광고에 '북치기 박치기'를 배우라는 비트박스가 등장하고, 비보이들이 현란한 몸동작으로 허공을 가르며, 그래피티 아티스트들의 스프레이가 '젊은 채널'이라는 방송사의 자사 이미지 광고 로고를 그려낸다.

길바닥에서 벌어지는 비보이들의 춤과 노래가 TV를 매개로 안방으로 들어오거나 연극 무대의 공연으로 서게 되고, 담벼락의 낙서에서 시작한 그래피티가 개인의 개성적인 작품으로 인정받으며 박물관에 전시되거나 옷, 가방의 디자인이나 카페의 실내장식으로 사용되고 있다.

비보이는 힙합 댄스 중에서도 가장 고난도 기술을 요구하는 브레이크 댄스를 추는 남자를 말하는데, "anywhere, anytime, anybody"를 기치로 내걸고 길거리든, 시장 바닥이든 어디에서든 흥겨운 춤판을 벌인다. 비보이는 몸으로 말하고 몸으로 시를 쓰는 사람들이다. 반복되는 리듬, 폭발할 듯 도약했다가 정적으로 정지하는 완급과 긴장이 그들의 몸에 의해 표현된다. 근육질의 탄탄한 몸매와 '날 몸'으로 한 동작 한 동작 할 수 있는 모든 언어를 만들어낸다. 이런 까닭에 한국관광공사는 즐길 수 있는 거리 문화, 희열, 자유, 저항 정신을 상징하는 비보이를 차세대 한류의 주역이자 가장 경쟁력 있는 문화 상품으로 선정하기도 했다.

비보이와 힙합이 주도하는 세계에서 몸은 "영혼과 언어와 사회 안에 머물며 서로를 엮어나가는 모든 것의 중심지이자 축"(정화열, 2005, p.293)으로 기능한다. 몸의 문화는 기존 질서에 대한 저항 문화이며 허리, 어깨, 무릎 등의 부상을 무릅쓰고 목숨을 걸고 젊음을 불사르는 불나방들의 자발적인 문화이다. 언어가 상징하는 사회적인 규약과 관습, 이성의 질서를 거부하고 몸이 상징하는 감각의 자유를 내세우는 넌버벌non-verbal 문화이기도 하다.

요즘 한국 공연 문화에서 〈난타〉, 〈비보이를 사랑한 발레리나〉, 〈점프Jump〉 등 넌버벌 퍼포먼스가 대세인 것도 같은 맥락이다. 넌버벌 퍼포먼스는 구분하고 분절하는 것으로 이뤄진 언어 체계에서 자유로워져서 국경을 넘어 전 세계인의 공감을 이끌어낸다. 치밀하게 짜여진 줄거리나 이성적으로 도출할 수 있는 메시지를 내세우기보다는 소리와 몸짓을 통해 관객과의 즉흥적인 소통을 중시한다.

〈난타〉는 대사 없이 소리와 동작으로만 이뤄지며, 한국의 전통 사물놀이 리듬을 주방 도구를 이용해 치고 두드리는 현대적 공연 양식에 접목한다. 부엌이라는 보편적인 소재와 한국의 고유한 사물놀이 리듬을 결합하여 글로컬한 상상력을 만들어내고 있다. 마찬가지로 처음부터 국내외 관객들을 대상으로 만든 공연인 〈점프〉는 가족이라는 보편적인 소재에 동서양의 온갖 무술과 아크로바틱한 요소를 접목하는 '코믹 마셜 아츠 퍼포먼스'를 지향한다. 홍대 비보이 전용 극장에서 열린 개관 기념작 〈비보이를 사랑한 발레리나〉는 발레와 브레이크 댄스를 접목하고 있다. 또한 공연자들이 객석으로 뛰어내려와 춤판을 벌이기도 하고, 관객들을 즉흥적으로 공연에 끌어들이기도 하면서 객석과 무대의 거리를 없앤다. 이러한 비언어극들은 전 세계 문화의 중심으로 떠오르며 몸

〈비보이를 사랑한 발레리나〉

〈난타〉

과 정신, 일상과 예술, 보편적인 것과 특수한 것의 경계를 무너뜨리면서 전방위적인 소통을 지향하는 새로운 문화를 꽃피워내고 있다.

새로움에 새로움을 더하는 상상력

띵… 띵… 띵… 띵… 가야금 위로 너울거리는 손이 클로즈업되고 한 음 한 음 절제된 선율에 실려 귀에 익숙한 캐논 변주곡의 첫 부분이 들려온다. 정장 차림의 여성 연주자들이 가야금으로 캐논 변주곡 연주를 시작하자마자 힙합 비트가 가야금 연주와 함께 어우러지더니 드럼 소리와 DJ의 스크래칭 소리가 들려온다. 디제이가 디스크를 잠깐씩 멈추며 내는 비트에 맞춰 인간의 입으로 만들어내는 신비한 악기 소리인 비트박스가 이어진다.

머리에 두건을 두른 근육질의 비보이가 리듬에 맞춰 신기에 가까운 몸짓을 한다. 어깨 탄력을 이용하여 다리를 풍차처럼 돌리는 윈드밀windmill, 손을 바닥에 짚고 공중에서 다리를 엇갈려 도는 토마스thomas, 물구나무를 선 상태에서 원심력을 이용해 빠르게 회전하는 나인틴nineteen…… 한 팔로 마치 다리인 양 걸어다니고, 머리를 축으로 하여 팽이처럼 팽그르르 돌고, 거꾸로 서서 다리를 휘저으며 역전된 허공을 질주하는 모습은 중력과 몸의 한계에 대한 젊은 반란이다. 절제된 동작으로 멈췄다가 다시 열정적인 몸짓으로 온몸을 허공으로 날리는 비보이에 의해 상하좌우의 공간과 신체의 일상적인 배열은 뒤집힌다.

감각적인 영상과 소리, 몸짓이 끝날 무렵 자막으로 광고의 카피가 뜬다. “새로움에 새로움을 더하면 놀라움이 됩니다. e-편한세상.” 많은 시청자들과 네티즌의 호응을 받은 아파트 광고의 장면이다. 이 광고에서는 가야금 연주자와 디제이, 래퍼, 비보이의 모습이 비춰짐과 동시에 대형 디지털 스크린에 영사됨으로써 아날로그와 디지털의 세계가 어우러진다. 흥과 신바람, 젊음의 문화가 장르 간 경계 허물기를 통해 폭발적인 힘으로 표출되고 있으며, 이를 통해 브랜드의 이미지는 젊어진다.

이 광고는 현대인의 공감과 호감을 이끌어내는 설득력 있는 문화 코드를 담고 있다. 전통과 현대의 벽이 허물어지고, 서양 음악과 한국의 전통 음악이 만나며, 연주와 춤과 노래가 어우러지는 하이브리드 문화의 전형을 보여주고 있다.

조지 윈스턴의 캐논 변주곡은 바로크 음악의 대가 파헬벨의 캐논을 현대적 감각으로 바꾼 것이다. 캐논 변주곡의 도입부는 미국 팝 그룹 스위트박스[Sweetbox]의 〈Life is Cool〉이나 국내 대중음악 그룹 지오디의 데뷔곡 〈어머님께〉, 일본의 뉴에이지 음악가 유키 구라모토[Yuhki Kuramoto]의 연주곡 등에서 다양하게 리메이크되며 사랑받고 있다. 최근에는 대만의 기타리스트 제리 창이 편곡한 캐논의 록 버전을 연주한 무명 기타리스트 임정현의 동영상이 화제가 되기도 했다.

이 캐논 변주곡을 가야금으로 연주함으로써 동양의 정적인 정서를 표현함과 동시에 물밀듯 쏟아지는 힙합의 역동적이고 흥겨운 소리와 몸짓에 강약의 리듬을 부여하고 있다. 가야금으로 연주하는 캐논 변주곡은 전통적인 한국의 정서를 대변했던 국악이 악기를 개량하고 서양의 음악을 국악의 음으로 재해석하여 표현함으로써 국악을 대중화하려는 움직임의 반영이다. 퓨전 국악을 시도함으로써 국악에 젊은 이미지와 현대적인 감각을 부여하고 종합 예술적인 문화를 창출하려는 흐름에 기여하고 있다.

21세기 하이브리드 문화가 보여주는 상상력은 새로운 시도, 새로운 시각, 그리고 서로 동떨어진 것들이 합해졌을 때의 이질적인 어울림, 새로움에 새로움을 더하면 놀라움이 된다는 명제를 기초로 한다. 그것은 초현실주의자들이 20세기 초에 다시 내세웠던 19세기 로트레아몽의 시구 "해부대 위의 우산과 재봉틀의 만남"처럼 이질적인 두 사물이 전혀 다른 맥락에서 만났을 때 충돌이 보여주는 경이로움을 생각하게 한다. 초현실주의자들이 일상 사물들의 생경한 만남에서 인간에 잠재되어 있는 무의식을 끌어내고 현실에서 초현실을 발견하는 낯설음의 미학, '발작적인 아름다움[beauté convulsive]'을 추구했다면, 21세기 하이브리드 문화는 기존에 있는 것들의 익숙함과 낯설음을 함께 보여주면서 이들이 어떻게 '따로 또 같이' 공존할 수 있는가를 모색한다. '새로움은 끝도 없이 더해질 수 있다'는 생각 속에서 끝없이 변주를 이루는 상상력이 중시되는 문화이다. 이러한 문화에서는 이질적인 것들의 개성과 다양성이 존중되며, 힙합 문화의 경우에서 보았듯이, '길거리'라는 소유와 경계가 무너진 대중의 공간에서 장르 간의 경계를 허무는 전방위적 상상력이 발휘될 수 있다.

기존의 것은 창조의 무한한 시발점이 된다. 결코 선험적으로 미리 계획되고 정해진 것이 아니라 융합해나가는 과정에서 어울림과 모색점을 찾아간다는 점이 하이브리드의 매력이다. 여기에서 즉흥성의 미학이 생긴다. 힙합과 비보이, 가야금과 비트박스의 합연[合演]에 많은 사람들이 호응을 보내는 이유는 어울린다고 기대하지 않았던 것들의 즉흥적인 어울림에서 나오는 새로운 감동 때문이고, 여기서 뿜어나오는 현장성의 에너지, 살아 숨쉬는 문화를 느낄 수 있기 때문이다. 경계가 유연해진 가운데 시간과 공간의 제약은 극복되며, 우리는 다양한 문화의 교류에서 오는 감동을 만끽하게 된다.

거리를 미술관으로

힙합 운동의 하나로 발전된 또 하나의 거리 예술이 그래피티이다. 공공 장소인 담벼락에 '쥐도 새도 모르게' 흔적을 남기는 그래피티의 불법적 성격은 힙합의 정신처럼 반反아카데미즘, 자발성, 반항과 도발 정신을 담고 있다.

그래피티는 알타미라 벽화나 라스코 벽화처럼 소일거리로 혹은 표현 수단으로 벽에 흔적을 남겼던 인류의 시원적인 몸짓에서 비롯되었다. 화장실 벽이나 수업 중 공책에 하는 낙서, 관광지의 기념물에 사랑하는 사람의 이름이나 소원을 새기는 행위…… 그래피티 아티스트들이 표출하는 날것의 에너지는 원초적인 본능을 해소시키는 익명적 소통의 유희에서 비롯된다.

그래피티의 어원이 이탈리아어 'graffio', 즉 '긁힌 자국'이라는 의미에서 출발했듯이, 그래피티는 벽의 살갗에 새기는 문신이다. 그래피티를 보면 벽의 살갗이 긁히며 절규하는 소리가 들리는 듯하다. 이처럼 그래피티는 충동적인 몸짓, 야성적인 표현, 본능적인 분노를 담은 반제도권적이고 급진적인 예술이다.

지금 쓰이고 있는 그래피티라는 명칭은 1970년대 뉴욕과 필라델피아에서 생겨났다. 도시 공간 사방을 가로지르며 많은 시민들이 사용하는 지하철이나 누구나 스쳐가는 담벼락에 새겨진 뜻모를 글씨들과 낙서들을 위해 1971년 뉴욕 타임즈가 '태그tag, 작품에 남기는 개인적인 서명'라는 명칭을 사용했다. '그래피티 작가' 혹은 '그래피티 폭탄 투하자'라는 이름으로 불리는 이들은 도심의 한복판에서 가능한 한 많은 사람들에게 자신의 작품을 보이고 알리고 싶은 열망을 표출했다.

이상한 형태의 이상한 글씨, 평범한 사람들에게 해독 불가능한 기호이지만 그래피티 아티스트들에게는 그렇지 않다.

그래피티 아티스트들은 유머를 알고 있다. 폭탄머리를 한 가분수의 이 남자는 여러분에게 친절하게 문을 열어줄 준비가 되어 있다.

장 미셸 바스키아, 〈미래 과학 대 인간〉, 1983

이렇게 초기 그래피티는 사회적 억압에 대한 불만과 분노를 스프레이로 표현한 빈민가의 예술에서 출발했다. 이들의 작품은 한편으로는 폭력과 도발의 상징으로, 다른 한편으로는 희생당한 사람들의 해방을 위한 외침, 언더그라운드 문화가 가진 영혼의 성스러운 표현으로 받아들여졌다.

장 미셸 바스키아Jean-Michel Basquiat, 1960-1988와 키스 해링Keith Haring, 1959-1990은 익명의 거리 문화인 그래피티를 개인적인 예술 표현으로 전환시킨 화가들이다. "언더그라운드 회화 세계의 왕"이라 일컬어지는 바스키아는 1970년 뉴욕에서 그래피티 작가, 태그의 선구자로 큰 열풍을 몰고왔다. 그는 낙서의 상징성에 매료되어 즉흥적이며 어린아이와 같은 유희적이고 소박한 형상들, 의도적으로 틀린 철자나 문장들, 붓질이나 데생의 원칙을 무시하는 표현법을 통해 미국 백인 사회의 권위와 영웅주의를 풍자했다.

키스 해링은 어린아이들을 위한 만화와 같이 천진난만한 인물들을 매

키스 해링, 〈다산 II〉, 1990

우 단순한 선과 선명하면서도 강렬한 색채로 표현했다. 아이콘화된 사물을 그리는 그래피티로 특징지어지는 그의 작품은 관람객들로 하여금 다시 동심의 세계로 돌아간 듯한 착각과 친근함을 불러일으키고 있다. 해링은 이러한 작품을 통해 환경, 인종, 성적 자유 등의 다양한 사회적 문제들을 제시하고 공유하고자 했다. 현대적인 그래피티의 선구자로 꼽히는 이 두 예술가는 거리에서 출발하여 전 세계 박물관에 전시되는 상징적 작가가 되었다. 이제 그래피티는 도시의 담벼락, 기차, 지하철, 패션, 광고, 영화, 실내 디자인 등 문화 전반에서 찾아볼 수 있는 시각적 풍경의 한 부분으로 자리 잡고 있다. 가난하고 소외된 계층의 한정된 산물이었던 그래피티는 인종, 문화, 종교, 국경을 초월하여 다양한 모습으로 표현되고 있으며, 불법 행위로 간주되어 몰래 그려야 했던 거리의 낙서에서 박물관에 전시되는 예술, 함께 즐기는 문화로 탈바꿈했다.

그래피티에서 주로 다루는 것은 인물의 초상과 텍스트의 변형이다.

'인물 실사Imitation'는 작가 주변의 환경을 이루고 있는 요소들을 그대로 그리는 것을 의미한다. 유명한 캐릭터나 인물, 사진 속 풍경, 자신이 디자인한 그림을 확대 복사하듯 커다랗게 그린 작품들이 여기에 속한다. '태깅Tagging'은 작가의 가명이나 필명을 작품화하는 것을 의미한다. '태그tag'란 작품에 남기는 일종의 사인과 같은 것인데, 초기에는 자신의 작품 구석에 'graffiti by 이름' 등으로 남기던 것이 근래에는 자신의 필명을 디자인하여 작품화하는 경향으로 흐르고 있다. 이렇게 현대 문화에 산재한 그래피티의 형태는 글씨의 왜곡에서 인물들의 표현에 이르기까지 다양하다. 유머러스한 인물들, 사진을 찍은 것처럼 사실적인 인물들,

실내 디자인으로 사용된 그래피티

로고나 픽토그램 같은 인물들, 이 모든 것이 그래피티의 현대적 모습이다.

반문화의 징표인 그래피티는 광고의 장면이나 문구를 전복시켜서 아티스트들의 소비 사회에 대한 비전을 표현한다. 미술관에 그래피티가 들어오는 오늘날의 시점에도 그래피티가 가지고 있는 불법적 성격은 인간이 가지고 있는 어두운 욕망을 표출한다. 쫓기는 자, 위반하는 자의 희열, 제도와 금지에 대한 저항 정신이 바로 그래피티가 늘 새롭고 다양한 모습으로 면면히 이어져 온 비결이다.

그래피티는 무엇보다 기존의 예술 장소를 탈피한다는 의미를 갖는다. 화랑에서 거리로, 종이에서 벽으로 예술의 고정된 장소와 공간을 넘어선 것이다. 이를 통해 낙서(배설)에서 예술(창조)로, 개인의 은밀한 행위에서 소통의 행위로의 전이를 가져오게 된다.

그래피티의 매력은 그것이 우리의 삶처럼 일시적이고 소멸적이라는 점에 있다. 그래피티 아티스트들은 의도적으로 선과 자취를 흐린다. 누가 그렸는지 모르게 새겨져 있는 그래피티를 보면서 우리는 즐거움을 느낀다. 그리고 그것은 비바람에 의해, 다른 낙서에 의해, 건물의 새 단장에 의해, 새나 강아지의 배설물에 의해 지워지고 다른 흔적을 남기며 서서히 마모되어간다.

그래피티와 더불어 주목할 만한 거리 예술로 스쾃[Squat]을 들 수 있다. 스쾃은 예술가들이 비어 있는 건물을 불법으로 점거해서 작품 활동을 하는 것이다. 프랑스 파리의 리볼리가[街] 59번지에는 〈로베르네 집〉이라는 이름으로 예술가들이 건물을 점령하고 있다.

1999년 칼렉스[Kalex], 가스파르[Gaspard], 브루노[Bruno]라는 세 예술가가 리볼리가 59번지의 폐쇄된 건물이 자유로운 예술 공간이 되었음을 선포했

파리 리볼리가 59번지 로베르네 집

다. KGB라 불리는 이 세 사람은 수년간 도심 한복판에 쓰레기 더미로 가득한 채 버려져 있던 곳을 문화적 공간으로 만들고, 가난한 예술가들에게 창조할 수 있는 작업 공간과 주거할 수 있는 공간을 제공하며, 작품을 전시하고 싶어하는 예술가들에게 전시할 수 있는 장소를 마련해주고자 했다. 브루노는 유명 화가로 '낙인 찍히지 않은' 무한하고 신선한 잠재력을 가지고 있는 예술가라는 사실이 그들의 자랑거리이자 장점이며, 유명해지고 그렇지 않고는 별로 중요하지 않다고 말한다(장은아, 2003, p.61).

건물 외벽의 맨 위에는 "폐쇄된 집. 아직 아니다. www.rivoli.org"라는 구호가 쓰여 있다. 장식 밑에 쓰여 있는 "자유로운 전자[électron libre]"라는 말은 이 예술가들이 항상 자유롭게 이동하는 사람이라는 것을 나타낸다(장은아, 2003, p.84). 이들은 아무 곳에도 얽매이지 않고 자유로워야 할 예술가들이 돈이나 상업성, 박물관 등의 제도권에 묶여 있다는 것에 의문을 제기한다. 이들에게 관람객은 표를 사고 전시를 감상하는 '소비자'가 아니라 예술가의 작업 과정을 보면서 예술가와 대화를 나누는 '동반자'이다. 예술의 영역과 경계는 한정되어 있지 않다. 사람이 살지 않아 죽어 있는 빈 공간에 예술과 창작의 온기가 채워진다. 폐가에서 창작의 꽃이 피어나고, 거리가 온통 열린 박물관이 된다.

3

대중 문화와 예술의 '탈경계적 상상력'

이별만 남겨놓던 뻔한 스토리 앞에서
울음을 왜 참아야 하는가에 대해 약술하라고 하신다면,
달 밝은 밤 노닐다 들어오니 다리가 넷이어라.
얄미운 사람이여, 참혹한 적의 혹은 인내의 미덕을 讚 讚 讚하라.
한 잔 또 한 잔, 취하기는 마찬가진데,
빼앗겨도 할 수 없는데, 필요한 것은 고해성사.
– 장석원, 「타클라마칸에 내리는 눈」

대중 문화와 예술의 크로스오버

장석원의 시 「타클라마칸에 내리는 눈」에서 볼 수 있듯이, 고려 시대 향가인 〈처용가〉에서부터 대중 가요 〈얄미운 사람〉, 〈찬찬찬〉, 〈별이여 사랑이여〉에 이르기까지 이제 시는 체면을 차리지 않고 장르에 상관없이 기존의 다양한 상상력을 흡수하는 잡식의 취향을 보여주고 있다. 비단 시의 경우만 그러한가? 대중을 외면한 채 작가의 독창적 세계에 지나치게 몰입하여 난해해져만 갔던 '고결한' 예술들이 몸을 낮추고 대중의 문화를 창조의 원천으로 삼고자 하고 있다.

대중 문화는 일찌감치 예술과의 벽을 허물고 '뻔한' 상상력에서 '독특하고 다양한' 상상력으로의 쇄신을 모색했다. "너에게 모든 걸 뺏겨 버렸던 마음이 다시 내게 돌아오는 걸 느꼈지……" 이미 90년대 초 서태지와 아이들의 〈하여가〉는 사랑 노래에 빠른 랩과 태평소 등의 국악기를 접목하여 대중 음악에 퓨전 바람을 일으켰다. 트럼펫 연주자인 마일즈 데이비스Miles Dewey Davis, 1926-1991가 처음으로 재즈와 록을 혼합한 퓨전 재즈를 시도한 이래, '크로스오버crossover'라고 하는 음악 장르 간의 교차 현상이 동서양에서 활발하게 이루어지고 있다. 팝과 오페라가 결합한 팝페라popera, 퓨전 국악, 김덕수 사물놀이패와 교향악단의 만남 등 음악의 모든 경계는 허물어진 지 오래이다.

문학에서는 1990년대 포스트모더니즘을 주창하는 작품들이 대중 문화를 차용하기 시작했다. 영화, 드라마, 광고 등을 문학의 소재나 주제, 제목과 내용의 일부로 채택하여 기존의 텍스트와 새로운 텍스트의 관계를 활용하는 작가들이 늘어났다. 작가들은 지나치게 독창적이고 고유한 그들만의 세계를 강조한 나머지 점점 독자들에게 문학은 난해한 것, 특수한 계층만이 향유할 수 있는 것이라는 인식을 줌으로써 결국 독자로부터 외면당했다는 반성을 자신들의 문학에 반영했다. 문학평론가 김욱동은 『문학의 위기』에서 "무엇보다도 21세기의 새로운 문학은 그동안 특권층들만이 향유해온 고급 문학뿐만 아니라 일반 대중들이 향유해온 통속적인 대중 문학까지도 포함해야 할 것이다. 고급과 저급, 엘리트와 대중의 경계선이 무의미해진 지금 굳이 문학을 고급 문학과 저급 문학, 엘리트 문학과 대중 문학으로 구분 지으려는 것은 지극히 시대착오적이다"라고 언급하고 있다(김욱동, 1993, p.115). 또한 영상 매체의 발달로 종이책의 소멸론까지 대두되면서 문학이 대중 문학, 대중 문화로 자신의 존재의 지평을 넓히고 개방해야 한다는 움직임이 활발해지고 있다.

역사에서는 '팩션faction'이라는 새로운 하이브리드 장르가 21세기 문화 코드로 부각되고 있다. 팩션은 'fact'와 'fiction'의 결합으로 역사적 사실에 상상력을 덧붙인 사실과 허구의 퓨전이다. 역사적 사실을 바탕으로 해서 현대적 감각과 기법으로 오늘날에 공감되는 소재를 찾는다. 〈다모〉(2003), 〈대장금〉(2003), 〈서동요〉(2005-2006) 등 TV의 퓨전 사극과 〈왕의 남자〉(2005) 등 대중적으로 성공한 영화가 바로 팩션의 상상력을 기반으로 하고 있다.

팩션은 역사에 묻혀 있던 것을 발굴하여 특화함으로써 새로우면서도 공감할 수 있는 소재로 대중적인 흥미를 유발한다. 팩션은 스토리와 구성이 탄탄하고, 긴장을 늦추지 않는 갈등 구조가 있으며, 고증을 철저히 하면서도 현대 감각에 맞는 감각적인 영상과 편집을 보여주고 있다. 이와 동시에 현대의 역할 모델을 제시한다든가 인간관계 유형을 보여주는 메시지를 담고 있다. 예를 들어 〈서동요〉 같은 경우, 백제의 문화, 과학기술의 중요성을 보여주고, 기술자임과 동시에 지도자, 백성임과 동시에 왕, 한 여자와의 사랑을 끝까지 지켜내는 서동이라는 인물을 제시하여 21세기 뉴 테크놀로지 시대에 인문과학과 자연과학, 기술과 감성을 아우르는 르네상스형 전천후 인간상을 보여준다.

소설에서는 댄 브라운이 쓴 『다빈치 코드』의 성공에 이어 한국에서도 팩션 소설이 유행하고 있다. 집현전 학자들의 연쇄살인 사건을 다룬 『뿌리 깊은 나무』, 정조의 암살을 둘러싼 이야기 『원행』, 훈민정음을 매개로 조선 시대와 현대를 넘나드는 『훈민정음 암살사건』 등의 팩션 소설에는 대부분 추리 코드가 들어가 있다.

팩션 소설은 역사적 사실의 뒤안에 가려져 있던 것, 실존 인물의 알려지지 않은 면 등을 파고들어 작가적 상상력으로 역사를 재해석하는 의미를 갖는다. 거시사에서 미시사로 관심이 전환되고, 정사와 야사를 엄격히 구분하던 박제된 역사에서 벗어나 정설로 분류되지 않은 역사도 언제나 정설이 될 가능성이 있음을 보여준다. 독자들은 역사적 사실에 새롭게 접근하는 기쁨과 보이지 않는 역사의 무수한 텍스트들을 스스로 밝혀가는 재미를 느끼게 된다.

하지만 지나치게 흥미 위주로 음모론, 미스테리, 살인, 납치의 소재를 위해 역사의 일부를 차용한다는 느낌을 주는 팩션 소설들은 우려의 대상이 되기도 한다. 작가에게는 역사적 진정성과 개연성을 잃지 않으면서도 작가의 독창적인 상상력을 펼칠 수 있는 일이, 독자에게는 팩션식 소설 읽기 후 소설의 대상과 역사에 대해 관심을 기울이고 팩션이 아닌 형태로 된 작품을 함께 찾아 읽는 다면적인 독서가 중요해진다.

키치와 저속함의 미학

문화 예술이 대중 문화와 소비 문화의 흐름을 적극적으로 반영하고자 하고, 인간이 사물과 맺는 관계에 지대한 관심을 표명함에 따라 '키치kitsch'가 우리 문화 전반을 관통하는 영향력을 행사하고 있다.

키치는 대량 생산된 싸구려 물건, 가짜 또는 본래의 목적에서 벗어난 사이비 등을 뜻하는 미술 용어로 반복과 조야함, 진부함을 의미한다. 대량 생산되어 비교적 값싸게 살 수 있는 기념품들, 예술 작품의 모조품 등을 예로 들 수 있다. 또한 졸부의 화장실 구석에 걸려 있는 마네 그림 진품처럼, 진정한 예술품이지만 그 가치를 평가받지 못한 채 제자리에 놓여 있지 않은 경우를 뜻하기도 한다.

키치라는 용어는 1860년 무렵 독일 남부에서 '아무렇게나 주워모으다'라는 의미 혹은 '낡은 가구를 주워모아 새로운 가구를 만든다'라는 의미로 널리 사용되었다. 그 밖에도 '은밀히 불량품과 폐품을 속여 판

기념품점에서 파는 강아지 머리 달린 컵

여성과 남성의 성적 부위가 돌출된 머그컵

다'는 뜻의 메클렌부르크 방언 'verkitschen'에서 유래하기도 했다. 이러한 경우를 볼 때 키치의 본래 의미 속에는 '윤리적으로 부정함'이라든가 '가짜', '모조품'의 의미가 포함되어 있다(몰르, 1996, p.9). 즉 일반적으로 존중되어온 예술의 진정성의 가치와 정확히 반대선상에 있는 것이 키치이다.

하지만 브로흐H. Broch는 "모든 예술에는 키치의 흔적이 담겨 있다"고 말한다(몰르, 1996, p.9 재인용). '사이비' 예술인 키치는 예술에 이미 내재해 있던 인습적인 면, 무원칙적인 면, 거짓된 면을 대변한다. 그리하여 키치는 시각 예술, 회화, 조각, 문학, 오브제, 음악, 건축 속에서 점점 더 영향력을 행사하고 있다.

'사물로서의 키치', '성性적 키치', '달콤한 키치', '시큼한 키치' 등 키치의 다양한 유형은 인간이 가지고 있는 소유나 성性, 물질과 쾌락에 대한 은밀한 욕망들을 쉽게 충족시켜준다는 공통점을 갖고 있다.

강아지 머리가 달려 있는 머그컵이 진열된 기념품 가게에서 우리는 질문하게 된다. 머그컵에 달린 강아지 머리는 아름다운가? 기능적인가? 머그컵과 잘 어울리는가? 예술적인가? 사람들은 어떤 목적, 어떤 마음으로 저 컵을 살 것인가? '강아지 머리 달린 컵'은 과거의 수공예품과 달리 대량 생산되는 경박함과 연결되는 '사물로서의 키치'의 유형을 보여준다. 관음증을 자극하는 여성의 가슴, 엉덩이, 성기 등이 우스꽝스럽게, 그러나 노골적으로 표현된 '성적 키치'의 사물들은 소비자의 관음적인 욕망을 자극한다.

진짜보다 더 진짜 같은 조화들—달콤한 키치의 예

해골 모양의 시계—시큼한 키치의 예

'달콤한 키치와 시큼한 키치^Der süße und säure Kitsch^'의 대립은 곤다^Gonda^가 프로이트의 성적 충동과 죽음의 충동, 쾌락 원리와 파괴 충동과 같은 대립 개념을 키치에 적용한 것이다. 몰르는 '달콤한 키치'의 예로 마이센의 도자기, 정원에 놓인 인물상과 개구리 모양의 작은 장식물, 빵집 문 앞에 걸려 있는 커다란 데코레이션 케이크 등을 들고 있다. '시큼한 키치'의 예로는 멕시코에 있는 설탕으로 만든 두개골, 미국에서 자주 보는 플라스틱 해골, 괴기 영화, 공포 영화를 들고 있다(몰르, 1996, pp.57-78).

달콤한 키치와 시큼한 키치의 구분은 정서적으로 안정을 주느냐, 불안과 공포를 주느냐의 차이에서 나온다. 영원히 시들지 않는 꽃, 대량 생산되는 조화들은 생화만큼이나 잘 팔린다. 모양새가 진짜보다 더 진짜 같은 조화들을 보면 앞으로 향기가 나는 조화, 물을 주면 자라는 조화, 나비와 벌들을 유인하는 조화도 생겨나지 않을까 생각해보게 된다.

키치를 현대 문화의 주요 산물로 의미 부여하며 이론을 정립한 몰르Abraham Moles는 키치의 원리를 부적합성의 원리, 축적의 원리, 공감각의 원리, 중용의 원리, 쾌적함의 원리로 특징짓고 있다(몰르, 1996, pp.83-89).

키치는 '부적합성의 원리'를 갖고 있다. 크리스털로 만들어진 재떨이에 담뱃재를 떨지 않듯이, 키치적 사물은 본래 목적에서 벗어나 다른 목적으로 사용된다. 키치는 표적에서 조금 벗어난 지점에 과녁을 겨누며, 순수함을 표현할 때도 비순수함을 순수함으로 바꿔서 표현한다. 또한 정치가의 얼굴이 묘할 정도로 작게 그려져 있는 포도주 병마개처럼 크기의 불균형을 의도하기도 한다.

키치는 '좀 더 많이'라는 충동과 수집열을 과시하는 '축적의 원리'를 보여준다. '침대에 쓰인 금도금 장식'이라든가 '고가의 목재로 제작된 그릇'은 과시의 목적으로 불필요한 것들을 집적해서 돋보이고자 하는 축적의 원리의 예이다.

'공감각의 원리'를 보여주는 키치적 사물은 동시에 가능한 한 많은 감각 기관을 지향한다. 자명종 시계, 금박이 씌워진 포도주병, 향수 냄새가 나는 볼펜 등 키치는 하나의 감각에 호소하는 것이 아니라 시각, 청각, 후각, 촉각, 미각 등의 감각을 혼합하여 소비자를 유인한다.

키치는 또한 모두를 조금씩 갖되 하나에 너무 치중해서는 안 된다는 '중용의 원리'를 갖고 있다. 미적인 영역, 기능의 영역, 정치 · 종교의 영역 등 모든 영역에서 키치는 중간적인 위치를 점하고자 한다. 서울에 있는 '춘천닭갈비' 집 앞에 놓인 제주도 돌하르방 장식의 예처럼, 이질적인 것들로 구성하되 중간 영역을 지켜 최대한 많은 사람들이 수용하도록 하고 있다.

'어항구두'는 '신발도 신고 물고기도 기르는' 축적의 원리를 보여준다.

마지막으로 '편안하게 살자'라는 생각은 키치의 '쾌적함의 원리'의 핵심이다. 이것은 소비재를 곰곰이 생각해서 선택하는 것이 아니라 거의 놀이에 가깝게 마구잡이식으로 선택하는 사고 방식이다. 소비자들은 어떤 사물이 감각적, 정서적으로 편안함을 주거나 지각적으로 충동을 자극한다면 별 숙고 없이 '이 정도라면 괜찮다'고 생각하여 구입한다.

돼지 모양의 스피커는 스피커의 성능은 고려하지 않고 예쁘고 귀여운 디자인만으로 충동구매할 것만 같다. 키치의 쾌적함의 원리를 보여준다.

키치에서는 몰르가 구분한 이 다섯 가지 원리가 주로 혼합해서 나타난다. 키치가 보여준 사물의 축적, 사물에 대한 광적인 태도, 수단과 목적의 부적합성, 사물의 비효율성 및 기능성에 대한 왜곡은 물질적 행복을 추구하고 유사성의 삶을 살아가는 우리 시대의 문화 현상을 보여준다.

키치와 시의 전략적 제휴

키치의 시대를 살아가는 예술가들과 작가들은 키치를 작품 속에 끌어들여 현대 문화의 삶을 적나라하게 보여주기 위한 방법적 전략으로 사용하고 있다. 예컨대 박민규 같은 소설가나 유하, 함민복 같은 시인들은 대중 문화를 상징하는 광고, 대중 가요, 영화, 텔레비전 등을 작품에 끌어들여 고귀한 것과 속된 것의 경계를 부수고 문학에서 소외되고 주변화되었던 담론들을 전면으로 끌어내고 있다. 그중 광고 문구를 도입한 키치적 양식의 시를 통해서 현대인과 사물의 관계에 대해 질문하고 있는 함민복의 작품을 통해 우리 시대 작가의 상상력을 들여다보자.

광고의 나라에 살고 싶다
사랑하는 여자와 더불어
아름답고 좋은 것만 가득 찬
저기, 자본의 에덴동산, 자본의 무릉도원,
자본의 서방정토, 자본의 개벽세상 —

인간을 먼저 생각하는 휴먼테크의 아침 역사를 듣는다, 르네상스 리모컨을 누르고 한 쪽으로 쏠리지 않는 휴먼퍼니처 라자 침대에서 일어나 우라늄으로 안전 에너지를 공급하는 에너토피아의 전등을 켜고 21세기 인간과 기술의 만남 테크노피아의 냉장고를 열어 장수의 나라 유산균 불가리~스를 마신다 인생은 한 편의 연극, 누군들 드라마의 주인공이 되고 싶지 않을까 사랑하는 여자는, 드봉 아르드포 메이컵을 하고 함께 사는 모습이 아름답다 꼼빠니아 패션을 입는다 간단한 식사 우유에 켈로그 콘프레이크를 먹고 가슴이 따뜻한 사람과 만나고 싶다는 명작 커피를 마시며 어떤 두려움이 닥쳐도 할말은 하고 쓸 말은 쓰겠다는 신문을 뒤적인다 호레이 호레이 투우의 나라 쓸기담과 비가 와도 젖지 않는 협립 우산을 챙기며 정통의 길을 걸어온 남자에게는 향기가 있다는 리갈을 트럼펫 소리에 맞춰 신을 때 사랑하는 여자는 세련된 도시감각 영에이지 심플리트를 신는다 재미로 먹는 과자 비틀즈와 고래밥 겉은 부드럽고 속은 질긴 크리넥스 티슈가 놓여 있는, 승객의 안전을 먼저 생각하는 제3세대 승용차 엑셀을 타고 보람차게 알찬 주말을 함께 하자는 방송을 들으며 출근한다.

제1의 더톰보이가 거리를 질주하오
천만번을 변해도 나는 나
제2의 아모레 마몽드가 거리를 질주하오
나의 삶은 나의 것
제3의 비제바노가 거리를 질주하오
그 소리가 내 마음을 두드린다
제4의 비비안 팜팜브라가 거리를 질주하오
매력적인 바스트, 살아나는 실루엣
제5의 캐리어쉬크 우바가 거리를 질주하오
오늘 봄바람의 이미지를 입는다
제6의 미스빅맨이 거리를 질주하오
보여주고 싶다 새로운 느낌 새로운 경험
제7의 라무르 메이크업이 거리를 질주하오
사랑은 연두빛 유혹
제8의 주단학세렉션이 거리를 질주하오

나의 색은 내가 선택한다

제9의 캐리어가 거리를 질주하오

남자의 가슴보다 넓은 바다는 없다

제10의 마리떼프랑소와저버가 거리를 질주하오

거침없는 변혁의 몸짓

제11의 파드리느가 거리를 질주하오

지금 그 남자의 지배가 시작된다

제12의 르노와르 돈나가 거리를 질주하오

오늘, 이 도시가 그녀로 하여 흔들린다

제13의 피어리스 오베론이 거리를 질주하오

살아 있는 것은 아름답다

자연은 후손에게 물려줄 유산이 아니라 후손에게 차용한 것이라고 말하는 공익광고 협의회의 저녁 빰에서 헹굼까지 사랑이란 이름의 히트 세탁기를 돌리고 누가 끓여도 맛있는 오뚜기 라면을 끓이려다가 지방은 적고 단백질이 많은 로하이 참치를 끓인다 그리운 사람에게 사랑이란 말은 더 잘 들리는 하이폰 전화 몇 통 식후 은행잎에서 추출한 혈액순환제 징코민 한 알 미련하게 생긴 사람들이 광고하는 소화제 베아제 광고가 나오는 대우 프로비젼 티브이를 끄고 백년도 못 살면서 천년의 고민을 하는 중생들이 우습다는 소설 김삿갓 고려원을 읽다가 많은 분들께 공급하지 못해 죄송하다는 썸씽스페샬을 한잔 하고 그의 자신감은 어디서 오는가 패션의 시작 빅맨을 벗고 코스모스표 특수형 콘돔을 끼고 잠자리에 든다

아아 광고의 나라에 살고 싶다

사랑하는 여자와 더불어
행복과 희망이 가득 찬
절망이 꽃피는, 광고의 나라

— 함민복, 「광고의 나라」 전문

함민복은 이 시에서 물질적 행복을 추구하는 소비 사회가 인간에게 약속하는 온갖 편리와 행복의 세계를 노래한다. 사용을 위해서가 아니라 느낌이 좋기 때문에 사물을 소유하는 시대에 광고는 온갖 문구로 인간의 마음을 유혹하며 물건의 소유로 도달할 수 있는 유토피아의 세계를 제시한다. '자본의 에덴동산', '자본의 무릉도원', '자본의 서방정토', '자본의 개벽세상' 이라는 시어뿐 아니라 '르네상스', '에너토피아', '테크노피아', '장수의 나라' 등 광고 카피 속 단어들은 모두 현대인이 도달하기를 꿈꾸는 이상 세계를 구체적으로 표현하고 있다. 광고 문안은 구매자로 하여금 구매가 곧 행복의 획득임을 믿게 한다.

아침에 눈떠서 저녁에 잠자리에 들 때까지 인간은 광고가 선전하는 온갖 사물들을 먹고, 입고, 보고, 만지고, 듣는다. 광고는 어떻게 하면 더 잘살 수 있는지, 무엇을 먹고 무엇을 마시며, 무슨 옷을 입고 무슨 가구를 들여놓으며, 어떻게 살 것인지를 말해준다. 우리는 광고에 의해 프로그래밍된 삶을 살고 있다. 그 범위는 의류, 소설, 음료, 음식, 공익 광고, 가전 제품, 건강 식품, 가구, 화장품 자동차 등 다양하다. 광고 문안은 일상을 환상 속에 옮겨놓고, 소비자로 하여금 만족감을 느끼도록 유도한다. 이런 삶 속에서 사물과 인간은 하나가 된다. 이 시는 바로 이러한 현대인의 일상을 "인간을 먼저 생각하는 휴먼테크의 아침 역사를 듣는다" 로부터 시작하여 "코스모스표 특수형 콘돔을 끼고 잠자리에 든다" 에 이르기까지 생생히 전달한다. 이 시는 현대 문화의 지배적 양상인 광고를 차용하여 소비 사회를 효과적으로 반영하고 온통 광고로 얼룩진 일상을 적나라하게 보여준다.

몰르에 의하면 키치는 인간과 사물의 관계가 야기시킨 소외 상태이며, 소외를 가져오는 전형적인 키치의 현상이 바로 '광고'이다(몰르, 1996, p.286). 함민복은 시에 광고 카피를 차용하는 키치적 전략을 통해 이데올로기로 물든 우리 사회를 적나라하게 보여주려고 한다.

즉 이 시에서 시구는 광고 카피와 구분 없이 혼합되어 있다. 때로는 카피가 그대로 시구가 되기도 하고, 이상의 「오감도」를 패러디한 시구와 광고 카피가 엇갈려 배치되기도 한다. 광고는 감성적이고 즉각적인데 어필하며 상업성을 궁극적인 목적으로 하는 반면, 시는 사색적이며 철학적이다. 가장 엘리트적이고 '고급한 영역'에 속했던 시와 가장 일상적이고 '대중적인 영역'에 속했던 광고가 혼합되고 있는 것이다.

실상 이 시대에 광고는 예전의 문학을 대신하는 듯 보인다. 광고가 우리 사회의 언어, 문학, 사회적 상상에 이미 깊이 침투하고 있기 때문이다. 인간을 먼저 생각한다든가, 함께 사는 모습이 아름답다든가, 가슴이 따뜻한 사람을 강조하는 광고 문안은 광고가 우리 시대의 철학, 도덕의 위치를 차지했음을 보여준다. 즉 오늘날의 광고는 예전의 회화, 문학, 철학, 도덕, 종교, 미학을 대신한다. 현대의 광고는 그대로 우리 시대의 이데올로기가 되고 만다. 광고의 방법을 모방하는 프로파간다가 효과적이듯이, 이제 광고가 문학, 예술 등을 모방하고 패러디하는 것이 아니라 거꾸로 시로 대변되는 고급 문화가 광고로 대변되는 대중 문화를 모방하게 된다.

현대인들은 광고를 더 이상 상품 소개의 수단으로 보지 않고 그것 자체로 즐긴다. 광고 속에서 우리는 이미지를 소비한다. “정통의 길을 걸어온 남자에게는 향기가 있다는 리갈을 트럼펫 소리에 맞춰 신을 때 사랑하는 여자는 세련된 도시감각 영에이지 심플리트를 신는다”, “그의 자신감은 어디서 오는가 패션의 시작 빅맨” 등의 광고 카피로 이뤄진 시구는 ‘리갈’, ‘영에이지 심플리트’, ‘빅맨’ 등의 상표를 사는 소비자가 단순히 물건을 사는 것이 아니라 중후함, 세련됨, 자신감 등의 이미지를 사는 것임을 보여준다. “사랑하는 여자와 더불어”라는 반복되는 시구는 여성이 상품인 동시에 상품의 상징임을 나타낸다.

함민복 시인은 “광고의 나라에 살고 싶다”는 화자의 선언을 시작과 끝으로 해서 시종 반어적인 어투로 우리의 욕망을 조작하는 상업주의의 기만적 성격을 공격한다. 그는 광고 메시지를 패러디함으로써 광고라는 대중의 산물을 때로는 즐기기도 하고 때로는 비판하기도 한다. 그러다가 마지막 두 시구인 “행복과 희망이 가득 찬/ 절망이 꽃피는, 광고의 나라”라는 행복과 절망의 대조를 통해 풍자적 의도를 드러낸다. 시인은 이미지 속에 사는 현대인들의 무비판적인 몰입을 의도적으로 경계하고 있다. ‘행복과 절망이 공존하는 세계’는 대중 문화와 고급 문화의 경계가 무너진 세계, ‘진정한’ 예술과 ‘사이비’ 예술의 경계가 불분명해진 이 시대 문화의 모습이다. 키치는 지향하면서도 지양해야 할, 성스럽고도 속된 우리 시대의 야누스적 얼굴을 반영한다.

4 패러디와 '사이'의 상상력

작가는 저마다 그 자신의 선구자를 만든다. 작가의 작품은
마치 미래를 수정하듯 과거에 대한 우리의 관념을 수정한다.
— 호르헤 루이스 보르헤스

'사이'를 넘나드는 텍스트 읽기

사람들 사이에 섬이 있다
그 섬에 가고 싶다.

— 정현종, 「섬」, 『나는 별아저씨』(1978)

사람들 사이에
사이가 있었다 그
사이에 있고 싶었다

양편에서 돌이 날아왔다

— 박덕규, 「사이」, 『아름다운 사냥』(1984)

모듬회 접시 한가운데에

그 섬이

있다

난자당한 살점들이 에워싸고 있는, 그

섬에

닿고

싶다

—김언희, 「그 섬에 가고 싶다」,

『말라죽은 앵두나무 아래 잠자는 저 여자』(2000)

저자와 내용과 메시지가 전혀 다른 세 편의 시가 있다. 그러나 이 시들은 보이지 않는 끈으로 연결되어 있다. 독자들은 박덕규와 김언희의 시만 놓고 보아도 자연스럽게 정현종의 잘 알려진 시를 떠올리게 된다. 박덕규의 「사이」와 김언희의 「그 섬에 가고 싶다」는 정현종의 「섬」을 패러디하고 있기 때문이다.

하이브리드 시대의 모든 문화 산물들, 시, 소설, 영화, 음악, 광고, 무용, 정치 문구, 신문 기사 등은 서로 긴밀하게 얽혀 있다. 이들은 서로가 서로를 패러디하며 상상력을 만들어나가기 때문에, 이중, 삼중으로 연결되어 있는 보이지 않는 텍스트들의 미로를 탐험하기 위한 아리아드네Ariadne의 실이 없다면 우리는 길을 잃게 된다.

정현종 시에서 '섬'은 읽는 사람들에 따라 여러 가지 의미로 해석될 수 있는 여지를 갖고 있다. '섬'은 일상에서 벗어난 해방의 공간이 될 수도 있고, 우리가 쉽게 읽을 수 없는 다른 사람의 마음이나 생각이 될 수도 있다. 또한 군중 속의 고독을 느끼는 현대인들에게 있어 외로운 사람들을 이어주고 만나게 해주는 소통의 장소로 여겨질 수도 있다. 많은 시청자들의 사랑을 받았던 TV 드라마 〈아일랜드〉에서처럼 상처 입은 인간들이 만나는 곳일 수도 있겠다.

'섬'은 인간관계에 지친 사람들에게 도피처, 나만의 휴식 공간이 될 수도 있고, 반대로 진정한 인간의 소통이 그리운 사람들에게 만남의 장소가 될 수도 있다. 모두가 꿈꾸고 있으나 결코 도달할 수 없는 유토피아의 공간일 수도 있고, 우리 사이에 실제 존재하고 있으나 여러 가지 이유로 우리들 눈에 보이지 않는 틈새의 공간일 수도 있다.

박덕규는 정현종의 '섬'을 '사이'로 변환하고 있으며, 현재형의 어투('있다', '싶다')를 과거형의 어투('있었다', '싶었다')로 바꾸고 있다. 그리고 반전을 가져오는 마지막 시구를 삽입하고 있다. 정현종의 섬이 다의적으로 해석할 수 있는 인간과 인간의 이상적인 소통의 공간인 데 비해 박덕규가 해석하고 변형한 '섬'은 흑과 백, 이편과 저편이 양분된 세계의 중간 지대이다. 이러한 갈등과 양항 대립의 세계에서 중간에 있는 사람은 양편에서 모두 비난을 받는 '박쥐 같은 인간'이다.

정현종의 시가 정신적이고 유토피아적인 지향성을 담고 있다면 박덕규의 시는 80년대 전형적인 시위와 대치 상황을 보여주면서 사람들 사이에 있는 조용한 섬에서 편안히 쉴 수 없는, 이데올로기에 의해 좌우되는 시대 상황을 풍자하고 있다. 이렇게 패러디된 작품과 패러디한 작품 '사이'에서 독자들은 작품의 배경이 되는 시대 상황, 이데올로기, 또는 개인적인 정서와 해석에 따른 차이들을 읽어내고 느낄 수 있다.

비교적 비슷한 시기에 발표된 두 시를 지나서 이제 2000년도에 발표된 김언희의 시를 보자. 정현종의 '섬'이 평온하고 선禪적이며 추상적인 정서를 담고 있는 데 비해 김언희의 '섬'은 적나라하고 즉물적이며 그로테스크한 정서를 표출한다. 난자당한 횟감들이 뒤덮여 있는 섬은 존재의 참을 수 없는 저 밑바닥을 적나라하게 보여주고 있다. 김언희는 '그 섬에 가고 싶다'를 '그 섬에 닿고 싶다'로 변형하면서 촉감을 더 강화한다. 그 섬에 닿으려면 난자당한 살점들을 통과해야 한다. 김언희는 정현종의 꿈과 낭만의 섬과 거리두기를 하면서 고통 자체인 생의 깊숙한 곳으로 침투하고자 한다.

패러디와 상호텍스트성

정현종, 박덕규, 김언희의 예에서 보았듯이 패러디는 기성의 작품, 이미 만들어진 다른 텍스트의 구절, 장면 등을 빌려와 새로운 작품으로 재창조해내는 기법을 말한다. 여기에서 중요한 것은 텍스트와 텍스트 간의 '반복'과 '다름'이다. 즉 패러디는 '차이를 둔 반복'이다(허천, 1992, p.36). 원 텍스트에서 출발하는 과거와의 연관성이 '반복'이라면, 그것을 비평적 거리를 가지고 바라보면서 당대의 감수성에 따라 새롭게 해석하는 것이 차이를 두는 태도이고, 여기에 패러디스트의 창조성이 있다. 패러디는 모방 혹은 인용 → 변형 → 재창조의 과정을 거쳐 원 텍스트를 의식적으로 수용하며 원 텍스트를 다르게 반복하는 과정에서 의미 있는 차이를 생산해낸다.

패러디는 '혼합'의 원리를 갖고 있다. 패러디'한' 작품과 패러디'된' 작품에서 한 작품이 다른 작품으로 일방적으로 통합되거나 상호 동화되는 것이 아니라 물과 기름처럼 각기 고유의 성격을 지니면서 대립되는 것이 바로 혼합의 원리이다. 혼합의 원리에 의해서 패러디는 그 본질상 상호 모순된 양면성을 띠게 된다. 패러디스트는 원전의 '독자'이자 패러디의 '저자'라는 이중적 지위를 필연적으로 갖고 있으며, 이 이중적 지위는 원전에 대한 상호 모순의 양가적 태도를 낳고, 이 양가적 태도는 파생, 모방, 닮음과 위반, 대립, 차이의 양면성을 낳게 된다(김준오, 1996, pp.27-45).

패러디는 비평적 거리를 둔 반복이며, 유사성보다는 상이성을 강조한다. 그것은 모방과 창조, 반복과 변형, 전통의 파괴와 계승이라는 상반된 특성을 함께 보여준다. 풍자는 원 텍스트를 비틂으로써 대상이나 주체를 우스꽝스럽게 만들거나, 거기에 대한 재미, 분노, 멸시, 냉소적 태도를 환기시킴으로써 그것을 격하하는 것을 목적으로 한다. 하지만 패러디의 목적이 반드시 조롱이나 풍자인 것은 아니다. 패러디는 원 텍스트에 대해 풍자할 수도 있고, 경의를 표할 수도 있으며, 이를 통해 자신의 의도하는 새로운 사회적 이슈를 환기할 수도, 개인적인 메시지를 표현하는 데 효과적으로 원 텍스트를 이용할 수도 있다. 즉 어떤 형태로든 '거리두기'를 중시할 뿐이다.

패러디가 가지고 있는 원리, 즉 어느 한 텍스트가 다른 텍스트와 맺고 있는 상호 관련성을 상호텍스트성intertextuality이라고 한다. '텍스트text'라는 말은 원래 여러 올실로 짠 직조물을 뜻한다. 여기에서 '여러 가닥의 문장과 문맥으로 짜맞추어 만든 글이나 말'이라는 현재 텍스트의 의미가 생기게 된다. 텍스트란 하나의 그물을 이루는 기호 체계이며, 어떤 텍스트이든지 한 문화를 이루는 다른 텍스트들과 상호 관계를 맺지 않을 수 없다.

상호텍스트성은 줄리아 크리스테바Julia Kristeva가 처음 사용한 용어로 문학 작품이란 열린 대화의 공간이며, 작가 자신의 세계관을 일방적으로 전달하는 공간이 아니라는 미하일 바흐친Mikhail Bakhtin의 대화주의dialogism 이론을 바탕으로 새롭게 정립한 개념이다. 크리스테바는 여기에서 "모든 텍스트는 인용이라는 모자이크로 구성되어 있으며, 모든 텍스트는 다른 텍스트의 흡수이자 변형이다"(크리스테바, 1969, p.145)라고 설명하고 있다. 텍스트는 무수한 다른 텍스트의 재독서, 강조, 압축, 전치, 심화를 통한 대화의 결과물이 된다.

상호텍스트성은 좁은 의미에서는 다른 텍스트가 인용이나 언급의 형태로 명시적으로 드러나 있는 경우를 가리키고, 넓은 의미에서는 텍스트와 텍스트, 주체와 주체 사이에 상호 작용을 하는, 텍스트가 쓰여진 시대의 모든 지식, 그리고 당대에 통용되고 있는 모든 담론의 양식, 즉 역사나 철학, 과학, 예술 등을 가리킨다. 이때 한 텍스트는 독립된 닫혀진 공간이 아니라 다른 그물코들로 연결되는 열린 공간이 된다. 우리는 한 텍스트가 문화의 온갖 문맥(즉 텍스트)들과 이어지는 모습을 볼 수 있다.

상호텍스트성은 '저자의 죽음'과도 연관된다. 저자는 여러 다른 텍스트들이 만나는 계기를 부여할 뿐 독립된 존재나 어떤 본질로서 더 이상 존재하지 않는다. 이미 존재하는 원 텍스트의 세계에 작가 자신의 상상력을 집어넣음으로써 차이를 통해 세계관을 드러내는 패러디는 하나의 텍스트가 독자적이고 독립적인 것이 아니라 이전에 존재했던 수많은 텍스트들과의 상호 관계, 모든 담론과의 상호 작용 속에서 이뤄진다는 상호텍스트성 이론의 대표적인 전략이다.

패러디는 모방이자 창조이며, 전통의 계승이자 파괴라는 여러 모순된 요소들을 한 몸에 내포하고 있기 때문에 패러디를 바라보는 입장도 극단적으로 대립된다. 패러디는 과연 그 자체로 창조성을 인정받을 수 있는 고귀한 예술인가? 아니면 결국 남의 상상력에 '기생'하고 자기 복제식의 반복이나 일삼는, 더 이상 새로운 것을 만들어낼 수 없다는 이 시대의 '고갈의식'의 증거물일까? 니체[Nietzsche]는 패러디를 "독창성의 결여와 그에 대한 절망의 조소"라고 정의했다. 영국의 비평가 매튜 아놀드[Matthue Arnold]는 패러디를 "저속한 예술"이라고 가차없이 비난했고, 신비평가 리비스[F. R. Leavis]는 "패러디는 창조적 재능과 생명력 있는 독창성에 대한 교양 없는 적"으로 폄하했다.

이런 견해를 가진 사람들은 패러디를 하나의 '기생하는 장르'로 보고, 독립적이고 주체적인 상상력이 고갈되었다고 인식하고 있다. 뼈를 깎는 창조적 고통이 수반된 결과물에 비해, 기존의 것을 살짝 비틀거나 변형하는 상상력이 과연 창조적이라고 할 수 있는가에 대한 물음이다.

시, 미술, 광고, 연극, 음악, 정치 등 문화 예술의 각 분야에서 난무하다시피 양산되고 있는 패러디 작품들 중에는 이러한 혐의를 벗어나기 힘든, 창조성과 거리가 먼 작품들이 분명 존재한다. 가벼운 재미만 추구하는 경우라든지, 의도 및 텍스트의 의미가 분명치 않고, 피상적이거나 판에 박은 듯이 원 텍스트를 모방, 인용한 작품들이 바로 이런 예이다. 저예산의 이점이나 타 광고의 인지도 및 인기에 편승하여 우후죽순 만들어지고 있는 패러디 광고들 또한 여기에 속한다. 패러디의 중요한 특징인 '비평적 거리를 둔 반복'이 이뤄지지 않았을 때 패러디는 하나의 저속하고 진부한 예술로 추락할 수 있다.

그렇다고 해서 모든 패러디 작품이 '기생적'이거나 원 텍스트에 비해 덜 창조적인 것은 물론 아니다. "패러디는 전통에 대한 생산적이고 창조적인 접근" 이라는 지그문트 슐체Siegmund Schultze의 언급은 패러디가 갖고 있는 창조성의 몫을 십분 강조하는 입장이다.

패러디는 이미 잘 알려진 텍스트를 전제로 하고 있기 때문에 독자의 설득력을 유발하는 효과적인 전달 방식이 될 수 있다. 패러디 작가와 독자는 모두 원 텍스트의 '독자'라는 같은 입장에서 출발하고 있으며, 이에 대한 공감대가 이미 형성되어 있기 때문에 패러디스트가 전달하고자 하는 의도와 메시지를 독자들은 더욱 효과적으로 이해할 수 있게 된다.

패러디는 때로 기존의 것을 노출하고 조롱하며, 폭로, 비판하기 때문에 고정된 시각에서 탈피하는 길을 제시한다. 패러디를 바라보는 독자는 일탈의 쾌감과 해방감, 유희성을 느끼게 된다. 움베르토 에코Umberto Eco가 패러디를 "메타픽션적/상호텍스트적이고, 희극적인 것" 으로 정의했듯이 포스트모더니즘 사회의 도래로 인해 패러디가 가진 유희성이 강조되고 있는 것도 기본적으로 패러디가 가진 일탈의 미감 때문이다. 과거의 작가가 현재의 작가를 창조하듯이 현재의 작가가 과거의 작가를 창조해내는 상호 관계 맺기 속에 패러디의 진정한 의의가 있다. 패러디는 스스로를 끊임없이 재정의하는 하나의 역동적 범주이다.

패러디는 우리가 간과하고 있었던 부분을 부각해서 인식케 한다. 제1의 비평자로서의 패러디스트들의 관점이 들어가 있는 패러디 작품은 대상을 바라보는 제2, 제3의 관점을 제시한다는 의미가 있다. 또한 하나의 세계, 하나의 작품으로 완결되고 끝났다고 생각하는 것이 아니라, 텍스트를 끝없이 열린 세계로 간주함으로써 '마침표' 로 끝나는 상상력이 아닌 '물음표' 로 시작되는 상상력을 펼치고 있다.

상상력의 그물 짜기

패러디는 '작가=생산자, 독자=수용자'라는 일방적인 위치를 전도한다. 패러디 작품에 관한 한 누구나 원 텍스트에 영향을 받은 독자이자 작가가 될 수 있다. 탈중심, 탈창조를 주창하는 20세기 후반 포스트모더니즘의 산물인 패러디는 21세기 초반인 지금, 같은 장르 간뿐 아니라 시, 소설, 음악, 무용, 연극, 영화, 뮤지컬, 광고 등 장르를 불문하고 서로 다른 장르 간에도 활발히 이뤄지고 있다. 오늘날의 패러디는 풍자의 목적을 넘어서서 소통의 욕구, 끝없이 더해지는 새로움의 욕구, 다양성의 욕구를 표출하고 있다. 무한히 패러디되는 작품들은 서로 간에 보이지 않는 상상력의 네트워크를 형성하면서 생성되고 변형되고 있다. 패러디는 단지 동일한 장르와 장르 안에서만 이뤄질 수 있는 것이 아니며, 탈경계 문화 시대에 혼종을 이룰 수 있는 효과적인 방식이 된다.

다음은 〈21세기 문화와 상상력〉 수업을 들었던 학생들이 수업 시간에 정현종의 「섬」을 시, 광고, 만화, 그림 등으로 패러디한 결과물이다. 이들은 우선 '독자'의 입장에서 각자 섬의 의미들을 해석하고, 이를 자신만의 상상력으로 재창조해내고 있다.

사람들 사이에 내가 있다

점

점

점

줄어드는 내가 있다

— 이현주, 디자인과

이현주는 사람과 사람의 관계 속에서 한없이 초라해지고 작아지는 인간 개인의 존재감을 활자 배열의 크기를 통해 효과적으로 표현해내고 있다. 정현정의 경우 외로운 네티즌들의 고립된 '섬'은 '메신저'라는 소통의 도구로 이어지게 되고, 한의정이 해석한 '타인과 단절된 자신만의 이기적인 공간'으로서의 '섬'은 지하철 공익 광고를 낳게 된다. 정해지의 경우는 '알 수 없는 타인의 내면 세계'로서의 섬이 떠다니는 우물로 구현되고, 그 안으로 들어가고 싶은 마음이 사다리로 표현되고 있다. 같은 발상에서 출발했지만, 타인의 생각, 타인의 마음을 엿보고 싶은 생각을 김소연은 만화적인 상상력으로 표현해내고 있다(p.78 참조).

「섬」은 조형 예술 작품으로도 형상화된다. 이형원의 〈Egg Island〉(p.79 참조)는 달걀 하나하나를 섬으로 표현하여 자아와 타인과의 관계를 나타내고 있다. 가운데 은색 달걀인 '나'를 중심으로 하여 실로 연결되어 있는 각각의 달걀들은 '나'와 영향 관계에 있는 사람들이다. 이형원은 나의 자아에 좋건 나쁘건 큰 영향을 준 사람일수록 나(은색 계란)와 가까이 배치하고, 그 사람과 있을 때 자아가 힘겹거나 그 사람과의 만남이 부담이 되거나 할수록 멀리 배치했다고 설명하고 있다.

재미있는 것은 '나'와의 관계를 표현하기 위해 달걀 위에 써놓은 그 사람을 표현할 수 있는 자신만의 주관적인 문구이다. "깨진 달걀", "향기를 알 수 없는 해바라기", "하루 종일 모은 깊은 산 도토리"는 각각 헤어진 옛 남자친구, 깊은 마음을 헤아릴 길 없는 아버지, 과외 학생 등을 언어적으로 상징화하고 있다.

달걀은 아직은 껍질에 쌓인 흐물흐물한 물질에 불과하지만, 껍질을 깨고 나가 생명으로 존재할 수 있는 무한한 가능성을 가졌다. 사람과 사람의 관계 또한 그러하다. "그 섬에 가고 싶다"는 마음, 때로는 당기고

정현정, 산업디자인과, 〈MSN 메신저 광고〉

한의정, 경영학과, 〈지하철 공익 광고〉

정해지, 불문과, 〈우물 속으로〉

김소연, 작곡과, 〈사람들 사이에서 엿듣다〉

이형원, 영문과, 〈Egg Island〉

싫고 때로는 밀어내고도 싶은, 그러나 단절시켜버릴 수 없는 자아와 타인과의 관계가 <Egg Island>를 형성하고 있다.

안효정의 작품은 퍼즐들이 맞춰져 있는 거대한 스티로폼의 원판과 여기에서 떨어져나간 듯한 독립된 퍼즐 한 조각으로 되어 있다. 떨어져나간 조각은 원판의 형태를 유지하고 있지만 다시 맞추려면 끼워질 수 없이 비대한 크기로 커져 있어 독립성이 강조되고 있다. 스위치를 꽂으면 원판의 상실된 부분과 떨어져나간 조각에 불이 들어온다. 마치 원판의 거대한 육지, 그리고 상실된 부분인 등대가 육지를 떠나 방황하는 배에게 신호를 보내고 있는 듯하다.

안효정의 '섬'은 서로서로 얽혀 있는 사람들 사이의 관계가 아닐까?

안효정, 조소과, <퍼즐 이야기>

사회나 국가, 가족, 아니면 나를 둘러싼 모든 집단은 편안하고 안락한 자리를 제공해주지만 동시에 한 치의 숨 쉴 틈을 주지 않고 나를 '관계'의 올가미로 옥죈다. 여기에서 뛰쳐나온 자아는 자유롭지만 한편으로 떠나온 자리가 늘 그리운, 양면적 감정을 느끼게 된다. 섬이 지겨워 도회지로 간 사람에게 섬은 부정해야 할 대상이지만 늘 돌아가고 싶은 그리운 고향이기도 하다. 성장하고 모험을 하고 욕망을 실현하고 싶은 인간에게 떠남과 회귀는 늘 모순되는 열망이다. 우리는 마음 속 조그만 자리를 하나씩 비워둔 채 우리를 기다리는 섬 하나씩을 안고 산다.

전생에 '섬'이었던 작품은 생을 거듭하며 메신저로, 헤드폰으로, 도청기로, 우물로, 달걀로, 퍼즐로 다시 태어난다. 패러디의 상상력은 인간이 가지고 있는 새로움의 욕구와 변모의 꿈을 실현시켜준다. 작품은 완결된 끝이 아니라 얼마든지 다른 작품으로 무궁무진하게 다시 환생할 수 있는 시작이다. 모든 문화, 모든 장르의 텍스트들은 닭과 달걀의 관계로 얽혀 서로가 서로에 대한 시원始原이 된다.

2부

신유목민 문화와 '이동의 상상력'

향수를 가지고 끝없이 후회하고 갈망하며, 항상 휴식에 목말라 하면서 늘 유랑하는,
영원히 길 위에 있는 것이 어쩌면 우리의 진정한 운명이 아닐까.
이 순간 어둠 속, 우리를 기다리는 것이 무엇인지 알지 못하는 위험 속에서,
목적지를 모르지만 발걸음을 따라 걸어가야 하는 길만이 성스럽다.
—슈테판 츠바이크, 『촛대의 전설』

"우리는 어디에 있는가?", "우리는 어디로 가는가?" 현대를 살아가는 우리들은 일상에서, 신문 지면에서, 학계 세미나에서, 혹은 사회적 이슈를 통해 이러한 질문들을 자주 접하고 있다. 그간 인문학에서 흔히 제기되던 "나는 누구인가?"라는 물음은 인간의 고정된 정체성과 합리성을 중시하는 정착민 문명의 전형적인 질문이다. 반면 위의 두 질문은 머물러 있는 인간이 아닌 '길 위의 인간'에게 고유한, 다분히 유목민적인 화두를 담고 있다.

이러한 화두와 더불어 세계적으로 '유목민(노마드nomade)'이라는 말이 문화 현상을 설명하는 용어로 빈번하게 사용되기 시작하고 있다. 미래학, 사회학, 인류학, 문학, 예술 등의 학문 분야에서뿐 아니라, 디지털 기기 광고를 비롯한 각종 광고들, 식당의 음식 메뉴, 예술 전시 기획 용어, 여행 상품 등 실생활 전반에서 '유목주의(노마디즘)', '유목민', '노마드 문화' 등의 말이 쓰이고 있다.

유목주의란 특정한 가치와 삶의 방식에 얽매이지 않고 끊임없이 자기를 부정하면서 새로운 자아를 찾아가는 것을 의미하는 철학적 개념에서 유래한다. 이 개념에서는 고정된 중심에서 탈피하여 이동하는 것이 강조되고 있는데, 이때 '이동'이란 물리적 이동만을 의미하는 것이 아니라 기존 영역을 횡단해 새로운 가치를 창조하는 정신적 이동을 함께 지칭한다.

프랑스의 철학자 질 들뢰즈Gilles Deleuze는 『천 개의 고원Mille plateaux』(1980)에서 국가로 대표되는 억압적인 코드가 인간 삶을 바둑판처럼 구획 지으며 구속하고 있을 때 그러한 억압의 코드를 파괴할 수 있는 새로운 삶의 모습으로 유목주의를 제시했다. 유목민들은 근대적 국가 권력에 의해 배치된 사회 장치 속에서 이를 거스르는 새로운 탈주선을 타고 스스로를 탈영토화한 존재들이며, "유목민은 탈영토화 그 자체에 의해 재영토화된다"고 들뢰즈는 설명하고 있다(들뢰즈, 2001, p.732).

유목에 대한 이러한 철학적 개념은 현대 사회의 문화, 심리 현상을 설명하는 용어로 광범위하게 사용되는 유목의 개념과 구분된다. 현대 유목민 문화에 대해서는 1960년대 초 캐나다의 미디어학자 마샬 맥루한Marshall McLuhan이 처음 언급했다. '지구촌the global village'이란 개념을 창안해낸 그는 미래의 인류가 전자 제품을 이용하는 유목민이 될 것이고, 세계 각지를 돌아다니지만 집은 없을 것이라고 말하면서 현대 디지털 노마드의 탄생을 예견했다(맥루한, 1962).

1990년대 말 독일의 미래학자 군둘라 엥리슈Gundula Englisch는 '잡 노마드Job nomade'라는 개념을 정립한다. 기존의 영어 단어인 '잡 호퍼Job-hopper'는 직업을 자주 바꾸며 직장을 전전하는 사람이라는 부정적인 의미를 지닌다. 하지만 엥리슈가 긍정적으로 의미 부여하는 잡 노마드는 인터넷의 발달로 거리와 시간에 관계 없이 일 처리가 가능해짐으로써 생겨난 새로운 유형의 사람들이다. 시간대를 나누어 여러 회사에서 근무하는 사람들의 탄생은 정보화 사회를 규정짓는 과학 기술 문명을 기초로 한다.

잡 노마드는 어디에도 예속되지 않는 것을 직업적으로 성공하는 것보다 훨씬 더 중요하다고 여긴다. 그들에게 일하는 것은 생계의 수단이 아니라 자신의 욕구를 충족시키는 행동이 된다. 잡 노마드들은 정해진 약속과 장기 계획, 틀에 박힌 일상생활 등을 지독히 혐오하며, 평생 한 직장, 한 지역, 그리고 한 가지 업종에 매어 살지 않는다. 직업 세계에 새로 등장한 이 부류들은 자신들의 가치를 알고 그것을 자신을 위해 이용하는 사람들이다(엥리슈, 2002, p.47).

노마디즘이 현대 문화의 제반 현상을 지칭하는 용어로 본격적으로 사용된 것은 두 프랑스 사회학자에 의해서였다. 자크 아탈리[Jacques Attali]는 『호모 노마드 유목하는 인간[L' homme nomade]』과 『21세기 사전[Dictionnaire du XXIe siècle]』에서 21세기를 유목민의 시대로 규정하며 오랜 정주성 위주의 사유에서 벗어나 유목민적 시각으로 인류 문화를 새롭게 정의해야 한다고 주장했다. 자크 아탈리의 글은 정착민의 평화 지향성과 유목민의 호전성이라는 기존의 시각에 대해 새롭게 생각해보는 계기를 제공한다. 미셸 마페졸리[Michel Maffesoli]는 『노마디즘에 대하여: 입사의식적 방랑들[Du nomadisme: vagabondages initiatiques]』에서 모더니즘 사회에서 포스트모더니즘 사회로 이행하는 과정에서 유목민적 사유로 패러다임이 전환되었다고 보고 있으며 그 핵심이라고 할 수 있는 이동성을 입사의식[入仕儀式, initiation]적인 방랑으로 풀이하고 있다. 입사의식이란 주인공이 의례적 죽음과 재탄생을 통해 신[神]이나 영웅으로 공인받는 것을 의미하는데, 새로운 인물로 거듭나기 위해 거쳐야 하는 모진 고난과 죽음의 과정은 길을 떠나 유랑함으로써 이뤄진다. 인간 내면에 잠재된 오랜 유랑의식의 의미에 천착해서 현대 유목민 문화를 설명한 관점이 주목된다.

사실 오랜 세월 인류의 문화를 지배해왔던 것은 정착민적인 사유였다. 정착민과 더불어 존재했던 유목민에 대한 역사적 평가는 대체로 부정적이었다. 유목민들의 삶을 그린 작품들을 몇 개 떠올려보자.

1989년 런던에서 초연한 뮤지컬 〈미스 사이공〉은 미국 군인 크리스[Chris]와 베트남 소녀 킴[Kim]의 비극적 사랑 이야기로 보트 피플이 되어 공산 사회를 탈출하는 베트남 난민들의 참상을 그리고 있다. 바다를 떠도는 유목민, 보트 피플의 절반 이상은 바다에서 죽는다. 같은 해에 나온 에밀 쿠스투리차 감독의 영화 〈집시의 시간〉은 육지를 떠도는 유목민인 집시들의 지난한 삶을 그리고 있다. 이 영화에서 순수했던 집시 소년 페란은 범죄 조직에 연루되고 이용당하며 세상 속에서 점점 타락해간다.

문자를 발명하고 역사를 기록하며 한 곳에 정착하여 평화롭게 문명을 꽃피웠던 정착민에 비해 집시, 보트 피플, 몽골 등지의 유목민, 음유 시인, 방랑자, 거지 등 떠도는 자들은 늘 척박한 삶을 살았으며, 정착민들을 침략하는 호전적인 집단으로, 혹은 주류에 끼지 못하고 떠돌아다니는 일탈자나 주변부 세력으로 분류되었다. 정착민 사회는 지리적으로 안정되지 않고, 사회적으로 예측 불가능하며, 경제적으로 계획 가능하지 않았던 유목민들을 무시해왔다. 구전으로 떠도는 그들의 역사는 기록되지 못한 채 사라져버리기 일쑤였다. 유목민들은 사막, 숲, 스텝 등 자연에 있어서 변두리에 살았을 뿐 아니라, 사회적으로도 변두리에 살고 있는 사람들이었다.

이와는 대조적으로 현대 유목민에 대한 인식은 대체로 긍정적이다. 과거 아날로그적 유목민과는 대비되는 개념으로 '디지털 유목민digital nomad'이라고 일컬어지는 이들은 휴대전화와 노트북 컴퓨터, 디지털 카메라 등 첨단 장비를 갖추고 있어 시간과 공간에 구애받지 않고 이동하는 사람이며, 특정한 가치와 삶의 방식에 매달리지 않고 끊임없이 자신을 바꾸어가는 창조적 행위자들이다. 디지털 유목민은 세계 곳곳을 옮겨다니면서 현대 문명이 제공하는 고도의 기술을 향유하며 세계 시민으로 살아가고 있다.

그렇다면 유목민에 대한 시각이 부정적인 것에서 긍정적인 것으로 가치 전환된 계기는 무엇인가? 과연 아날로그 유목민은 파괴자이자 일탈자라는 부정적인 면만을 가지고 있고, 디지털 유목민은 자유롭고 창조적이라는 긍정적인 면만을 가지고 있는가? 과거 유목민과 현대 유목민, 정착민과 유목민의 대비를 통해 현대 디지털 유목민의 특성들을 파악하고 이러한 질문에 대한 해답을 모색하는 것은 현대 문화를 진단하고 향후 나아갈 점을 전망하는 데 필요한 작업이 될 것이다.

이는 머무름과 정착이라는 인간의 오랜 화두를 '정착민 대[對] 유목민'이라는 대립적인 입장과는 다른 각도에서 탐색하려는 시도이다. 신유목민은 어떤 특징을 갖고 있는지, 그들이 만들어가는 시간과 공간은 어떠하며 그들의 이동 규칙과 이동의 물품은 무엇인지, 이동의 상상력이 의미하는 바가 무엇인지를 살펴보면서, 유목민들의 이동이 현대를 살아가는 우리들의 삶과 문화에 어떤 영향을 미칠 것인가를 생각해보고, 긍정적으로 평가되는 신유목민들의 문화와 지향점이 과연 전 세계적으로 대두되는 문제점들을 극복할 수 있는 치유책이 될 수 있을 것인지 진단해보자.

5

신유목민의 출현

노마드라 : 이 세상에 움직이지 않는 자들은 가라!
이제 곧 이동하는 자들의 시대가 오리니, 움직여라!
네 시작은 구속적이었으나 그 끝은 자유로우리라.
나는 이 세상에 정착한 것들을 구원하기 위하여 돌아온
이동교 교주, 유목의 상징 노마드라!
– 한주연, 사회과학부, 「노마드라」

정착과 유목, 카인과 아벨의 화해

떠돌이냐 붙박이냐? 인간의 근본적인 구별. 붙박이 농사꾼 카인과 항상 갈등 관계에 있는 떠돌이 목동 아벨. 혹은 붙박이 나무와 떠돌이 카누. 선택할 수밖에 없다. 카누를 만들자면 나무를 베어야 하니 말이다.

– 미셸 투르니에, 2002, p.238

프랑스의 소설가 미셸 투르니에Michel Tournier는 정착과 유목이 공존할 수 없는 관계라고 얘기한다. 과연 그러한가? 나무를 베지 않고 카누를 만들 수는 없는 것일까?

실상 역사적으로 볼 때 정착민과 유목민은 서로 대립하면서도 서로에게 필요한 존재였다. 한편으로 정착민들은 자신들의 영역을 보호하기 위해 유목민들을 몰아내고자 했고, 유목민은 이동의 공간이 막히거나 점령당하는 것을 참지 못했다. 하지만 다른 한편으로 차를 비롯한 정착민들의 농작물이 유목민의 생존에 큰 기여를 했고, 유목민들의 원자재, 보석, 도구들이 정착민들의 대도시를 발생시켰다. 군둘라 엥리슈는 유목민의 정신과 정착민의 정신을 "상반된 삶과 가치관을 가지고 있을 뿐 아니라 진화를 위해서 서로 보완하는 기본 전략"(엥리슈, 2002, p.31)으로 파악한다. 운동과 휴식, 유동성과 부동성, 출발과 정지는 서로 상반되지만 함께 갖춰야 할 상보적인 요소가 된다.

프랑크 미셸Franck Michel은 유목민들이 무엇보다 자유의 의미와 독립성을 실천하는 사람들이며 따라서 미래의 정착민들의 희망이라고 얘기한다. 유목민들은 방랑함으로써 정착민들의 잃어버린 자유에 대한 소멸하지 않는 흔적을 남기고 있으며, '타인'과 '다른 곳'으로의 지향성을 보여준다(Michel, 2005).

프랑수아즈 오뱅Françoise Aubin은 역사가에게 있어서 유목민의 목가적인 사회는 정착민의 농경 사회와 대립되지만, 사회학자의 입장에서 보면 유목민 사회가 도시화된 사회, 산업화된 사회와 구분되는 농경 사회의 한 단면일 뿐이라고 주장한다. 유목민과 정착민의 삶의 방식은 분명 다르지만, 실제적인 관점에서 보면 유목주의에 고유한 인식이 농경 세계의 유형학을 좀 더 풍요롭게 할 수 있으며, 반대로 농경 세계에 의해 제기되는 문제가 유목민 문명에 관해 질문하도록 도움을 준다(Aubin, 1974, pp.79-90).

이 같은 견해들은 유목민과 정착민이 대립적이고 상반되는 공존 불가능한 관계가 아니라 서로에게 상호 보완적인 역할을 해왔음을 보여준다. 유목이냐 정착이냐 하는 양극화된 사고는 지구촌이 하나가 되고 자연과 인간이 한데 어울려 살아가는 21세기의 새로운 문화 패러다임에는 적합하지 않다. 이어령의 지적처럼 "20세기의 정치 이데올로기나 산업사회의 특성은 이것이냐, 저것이냐의 양자택일의 싸움이었지만 21세기는 이것도 저것도 함께 융합시키는 양자병립의 시대"(이어령, 1998, p.15)이기 때문이다.

신유목민의 탄생

자크 아탈리는 『호모 노마드 유목하는 인간』에서 정착민과 유목민의 오랜 대립을 깨뜨릴 신유목민의 탄생을 예견한다. 이를 위해 그는 우선 정주형 위주의 역사에서 유목형 위주의 역사로 인류 문화를 새롭게 봐야 한다고 주장하고 있다. 6백만 년에 이르는 인류 진화의 역사 전체로 볼 때 5천 년 동안의 '정주'는 역사의 극히 일부분에 지나지 않기 때문이다.

자크 아탈리에 따르면 '여행'은 유목민의 본질이자 모든 인류의 진화의 근원이 된다. 인간은 여행에 의해 태어나며, 오랜 여행에서 살아남은 종이 유랑 생활에 가장 잘 적응한 종들이다. 예를 들어 초월적인 것을 인식하고 있었던 호모 사피엔스 사피엔스[Homo sapiens sapiens]는 부족, 불, 도구, 무기, 기억 등 중요한 유목 물품인 휴대 가능한 것만 소유했기 때문에 살아남을 수 있었다. 인간, 언어, 신, 알파벳 등 인류 문화의 산물들은 이러한 여행과 진화의 산물이다. 즉 정착민의 입장에서 일탈자, 범죄자, 소외된 사람들로 취급받았던 양치기, 상인, 예술가, 발견자, 이주자 등 모든 유목민들은 자크 아탈리의 시각에서 보면 불, 예술, 글자, 야금술, 농경, 음악, 신, 민주주의 등 문명의 토대를 발명한 사람들이 된다.

국가가 탄생한 이후 불온한 존재로 여겨져 통제의 대상이었던 유목민들의 삶의 양식은 세계화의 과정을 통해 확산된다. 그 결과 탐험가, 이주 노동자, 식민지 지배자, 출장가는 사람들, 관광객 등 다양하고 새로운 유목민들이 탄생하게 된다.

현대의 새로운 유목민들은 크게 세 계급으로 분류된다. 하이퍼 계급의 부유한 유목민, 한 곳에 정착해서 칩거하는 대다수 가상 유목민, 생존을 위해 평생 이동해야 하는 가난한 유목민이 그것이다(아탈리, 1999 : '유목민'과 '하이퍼 계급' 항목 참조). 물질보다 창의력과 정보가 중시되는 사회에서 부유한 유목민은 정보를 창출하고 향유할 수도 있으며 그것으로 자유롭게 삶을 영유할 수 있는 최상의 계급이다. 하지만 대다수 가상 유목민은 정보를 부분적으로 창출하거나 향유할 능력만을 갖추고 있다. 이들은 언젠가는 하이퍼 계급에 소속될 수 있다는 희망과 가난한 유목민의 상태로 전락하면 어쩌나 하는 두려움 속에서 하이퍼 계급을 모방한다. '인프라 유목민'으로도 일컬어지는 가난한 유목민은 정보를 창출하지도 향유하지도 못하며 자기의 의지와는 상관없이 일자리를 찾아 이동하는 사람들이다.

우리 시대에 자유롭고 창조적이고 긍정적으로 평가되고 있는 '디지털 유목민'은 이 세 계급 중 하이퍼 유목민에 해당된다. 즉 모든 현대 유목민이 과거 유목민과는 다른 긍정적인 이미지를 갖고 있는 것이 아니다. 인프라 유목민은 과거 아날로그 유목민이 갖고 있는 것과 크게 다르지 않은 이미지나 역사적 위상을 갖고 있다.

하이퍼 유목민은 시장 원리와 민주주의가 지배하는 사회의 꼭대기에 위치하며, 반드시 세습되지만은 않는 사회 집단이다. 늘 네트워크에 접속되어 있으며 문화(특허, 노하우, 능력, 혁신, 창작)와 관련된 배당금을 받는 사람들이다. 정착민의 본령이라고 할 수 있는 기업, 토지, 사회 부담에서 자유로운 존재들이어서 이들에게는 공적 업무를 수행하고자 하는 욕망이 없으며, 오로지 창조하고, 즐기고, 움직이는 것을 좋아한다. 자크 아탈리는 이 하이퍼 계급이 얼마나 노마드 사회를 잘 이끌어가느냐에 따라 노마드 제국의 미래가 결정될 것이라 전망한다.

이상적인 미래의 인간형 '트랜스휴먼'

현재의 유목민들은 이중적인 지향성을 갖고 있다. 한편으로 정서적, 직업적, 이데올로기적 안정을 추구하면서도 다른 한편으로 일상의 방랑과 외국에서의 작은 모험을 꿈꾸고 있다. 그들은 테크놀로지의 발전으로 인해 과거와는 다른 새로운 이동을 하고 있다. 인터넷 덕분에 80일간의 세계일주가 아닌 '몇 분만의 세계일주'로 세계 곳곳을 누빌 수 있으며, '미니 홈피'의 파도를 타고 사이버 바다에서 서핑을 즐긴다. 텔레비전을 통해 세계적으로 방영되는 콘서트, 올림픽 경기를 즐기며 전율하는 현대인들은 머물러 있으면서 자유롭게 이동하는 새로운 경험을 하고 있다.

컴퓨터, 사이버 스페이스라는 공간은 기본적으로 '정착', '머무름'의 공간이지만, 이 공간을 통해서 시공을 초월하여 새로운 세계로 '이동'할 수 있다. 마페졸리는 이를 '역동적 정착enracinement dynamique' (Maffesoli, 1997, p.27, p.73, p.141)이라는 용어로 설명한다. 현대인은 사물의 안정성과 관계의 지속성을 추구함과 동시에 움직임과 감정의 새로움을 추구하며, '역동적 정착'이라는 양가적 지향성을 표출하고 있다.

헤르메스 신

여행의 신이자 상업의 신, 도둑의 신인 헤르메스Hermes는 날개 달린 발을 갖고 있다. '발'은 땅을 딛고 있지만, 발에 달린 '날개'는 언제든지 하늘로 날아가고자 하는 인간의 이중적인 욕망을 상징한다. 이처럼 사람들에게는 집에 대한 향수와 집 밖의 모험 가득한 삶에 대한 욕구가 공존한다. 인간에게는 구속적이고 답답하지만 안전한 집에 대한 욕구와 격동적이고 불확실한 것에 열려 있는 삶, 불안함과 위험이 도사리고 있는 모험에 대한 욕구가 뒤섞여 있다.

자크 아탈리는 이러한 신유목민의 양가적 지향성을 더 발전시켜 지향해야 할 미래의 인간형으로 '트랜스휴먼transhumain'을 제시한다. 그것은 정착적이면서 동시에 유목적인 인간을 의미한다.

> 윤리적 가치와 규범은 노마드의 장점(고집, 환대, 용기, 위반, 자유, 기억)을 잃지 않으면서도 머물러 있게 해주고, 정착민들의 장점(경계, 긴 기간과 자연에 대한 감각)을 잃지 않으면서도 여행할 수 있게 해준다
>
> –자크 아탈리, 2005, p.491.

트랜스휴먼의 세계는 통신 기술의 발달로 인해 이동성과 정착성이 하나로 집중됨으로써 탄생될 수 있다. 네트워크들 간의 상호 소통으로 인해 앞으로 전 지구는 국경 없는 단일체가 되고, 더 이상 넘어갈 국경이

사라지게 되면, 유목민들이 아닌 이동형과 정주형을 혼합한 신인류, 트랜스휴먼이 탄생하게 된다. 실제로 현재 통신 기술은 유목성과 정착성을 하나로 집중시킴으로써 트랜스 휴머니티의 탄생에 공헌하고 있다. 자크 아탈리가 예로 들고 있듯이, 누나부트, 그린란드, 사미트 족 등은 휴대전화, 인터넷 같은 새로운 통신 기술 덕분에 유목민의 정체성을 포기하지 않고도 정착민들의 교육, 상업, 오락 문화를 누리고 있다.

상반된 소명들을 가진 부족들이 공존하면서 움직이든 머물러 있든 자유로이 선택할 수 있는 권리를 갖는다. 트랜스휴먼은 "발견과도 같은 뿌리 내리기를 경험하고, 휴식과도 같은 여행을 경험하며, 유목민으로 정착하고 정착민으로서 이동하고, 움직이지 않고도 떠돌아다니고 움직이면서도 명상할 수 있는 방법을 제공할 것"이라고 자크 아탈리는 말한다. 대립과 갈등을 종식시키는 이 양가적인 인간형은 "유배지와 왕국의 화해, 쾌락과 위엄의 화해, 자유와 박애의 화해, 현존과 부재의 화해를 꾀한다"(아탈리, 2005, p.491).

트랜스휴먼의 의무는 어디에 있든지 간에 자기가 통과하고 있는 나라의 시민처럼 행동하는 것이다. 한 장소에 지속적으로 거주하고 있는 때라도 유목민의 권리와 의무를 존중한다. 그리고 내적 여행을 할 수 있는 권리, 즉 생각하고 꿈꾸고, 시장이나 설교자들의 압력에서 벗어나고, 여홍이나 군중에서 벗어날 권리, 고독의 권리를 지킬 수 있어야 한다.

다양한 문화, 신념, 교조, 종교가 섞일 수 있으며, 동시에 여러 부족에 소속될 권리가 존재하는 것이 트랜스휴먼의 세계이다. 이러한 세계는 인류 '공동의 이익'을 위한 보편적 민주주의의 세계이며, 이것이 안정될 경우 모든 사람들이 '우애의 유토피아'를 누리게 될 것이라고 자크 아탈리는 전망한다. 사람들이 과거에 살았거나 지금 살고 있거나 미래에 살게 될 모든 존재의 행복에서 기쁨을 찾게 되며, 모든 타인을 대상으로 하는 보편적인 이타주의를 베풀게 된다.

자크 아탈리의 '트랜스휴먼'은 우리 안에 함께 내재해 있는 유목민과 정착민의 두 성향을 조화롭게 결합할 것을 강조한다. 이들 개념에서는 유목민적인 것과 정착민적인 것이 서로의 영역을 잃고 하나로 융해되는 것이 아니라, 각기 고유의 특성을 유지한 채 공존하여 우리를 움직이는 역동적인 에너지가 된다. 이로부터 평범하면서도 강렬한 삶, 일상적이면서도 모험적인 삶을 추구하는 역동적 정착의 길이 열릴 것이다.

물론 자크 아탈리의 낙관적인 결론은 어디까지나 하나의 전망일 뿐, 과연 미래가 그가 예상하듯 이상적인 공동체로 영위될 수 있을지는 아직 모를 일이다. 모두가 꿈꾸지만 도달할 수 없는 것이 '유토피아'의 세계이듯, 그가 설명하는 보편적인 이타주의 또한 트랜스휴먼이 꿈꾸는 또 하나의 이상 세계로 그치는 것이 아닐지 반문할 수도 있을 것이다. 하지만 대립과 갈등의 20세기를 넘어 상생과 화합의 패러다임으로 전환하고 있는 21세기에, 정착민의 단점과 유목민의 단점을 동시에 극복하고 이 둘의 장점을 모은 트랜스휴먼의 세계가 도래할 수 있도록 노력하는 일은 현대를 살아가고 있는 유목민의 중요한 과제로 떠오른다.

6

유목민의 시공간과 유쾌한 역전의 꿈

어디든지 집으로 삼으나 어디에도 갇히지 않는다.
– 가스통 바슐라르

'떠 있는 영토'와 순간의 시간

> 작은 손잡이가 달린 코냑 잔 네 개를 상자에 넣으면 중앙에 빈자리가 생깁니다. 당신네들은 이것을 아무런 쓸모가 없는 죽은 공간이라 부르지요. 그러나 우리에게는 그것이 바로 삶의 공간입니다. 왜냐고요? 그것은 자유로운 공간이니까 말입니다.
>
> —갈산 치낙(유목민) (엥리슈, 2002, p.87)

유목민의 공간은 비규정적이며 열려 있다. 유목민은 정착민처럼 담을 쌓고, 경계를 긋고, 도로를 만들어 공간을 가두지 않는다. "달려오라, 바다를 건너는 기사들이여/ 나는 하늘 지붕 하나밖에 없느니/ 그대들이 머무를 장소가 있으리라" 고 프랑스 시인 쥘 쉬페르비엘Jules Supervielle이 노래했듯이, 유목민은 하늘을 지붕 삼고 땅을 잠자리 삼아 잠을 잔다.

미셸 마페졸리는 고정된 정착민의 공간과 대비되는 유목민의 공간을 '떠 있는 영토[le territoire flottant]'라고 명명한다(Maffesoli, 1997, p.168). 이는 머무르기 위해서가 아니라 떠나기 위한 출발지로서의 공간이다. '떠 있는 영토'의 유목민들에게 존재는 더 이상 하나의 정체성이나 거주지, 이데올로기적이거나 직업적인 집착에 얽매어 있는 것이 아니라, 자신이 갖고 있는 방랑의 기질로 환원된다. 현대의 유목민들은 사회적, 국가적 소속감보다 각자가 늘 이방인으로 존재하는 부족의 감정을 공유한다.

수렵·채집의 유목주의와 경작의 정착주의는 유동적인 주거와 고정된 주거의 구분을 낳는다. 유목민의 움직이는 주거는 어떤 것에도 뿌리박지 않고 있기 때문에 장소와 결부되어 있지 않으며, 따라서 주거의 정체성은 국가의 영토와 무관하다. 반면 정착민은 땅에 뿌리내리는 식물처럼 땅에 고정된 사람이며 그의 존재는 땅으로부터 나온다.

집은 원초성을 간직한 전형적인 정착민의 산물이다. 어머니의 품과 종종 동일시되는 집은 인간에게 안정을 주고, 외부의 한파와 침략을 막아주는 피난처이자 몸을 웅크리고 쉬는 휴식의 보금자리이다. 집은 '나'와 '내 가족'과 동일시되는 정체성 형성의 공간이자 사적인 공간이다. 집에는 가족과 선조들의 기억과 역사가 보존되어 있다. 따라서 타인과 나, 공적 생활과 사적 생활, 내부와 외부를 확연히 구분해주는 배타적인 장소이자 내밀한 장소이기도 하다.

유목민에게 집은 '도구'일 뿐이다. 자연 환경의 어느 지점에 임시적으로 우연히 놓인 집은 환경을 변화시키지 않는다. 그들이 이동하기 위해 천막을 분해했을 때, 그것은 더 이상 집의 역할을 하는 것이 아니며 단지 하나의 '도구'로 축소된다. 천막이 치워지면, 환경은 예전의 상태 그대로, 자연의 상태로 되돌아간다. "당신은 이 땅을 빌려 쓰고 있을 뿐이

몽골 유목민의 집 게르ger. 유르테jurte라고도 한다.

다"라는 인디언의 슬로건은 세계와 우리가 살고 있는 땅이 모든 사람이 함께 살 수 있는 집이며 누구의 소유물도 아니라는 유목민의 사고에 기원을 두고 있다(엥리슈, 2002, p.216).

씨를 뿌리지 않고 거두기만 하는 유목민들이 환경에 수동적으로 적응하고 있다면, 정착민들은 환경에 적극적으로 개입하고 자신들의 질서를 부여한다. 정착민들은 땅을 경작하여 의도적으로 장소를 밭으로 바꾸며 자연을 문화에 굴복시킨다. 대지에 고정된 정착민의 집은 환경과 밀접하게 연관되어 있다. 정착민은 출생지와 근원지에 의해 자신의 사회적 정체성을 부여받게 된다. 그들에게 집과 부동산은 사적이고 독립적인 소유물이 된다. 반면 유목민들에게 있어 유일한 사적 소유물은 그들의 장비일 뿐이다. 정착민의 영토가 주어진 공간이라면, 유목민의 영토는 만들어가는 공간이다. 이와 더불어 정착민과 유목민의 시간의 대비는 지속성과 순간성으로 유형화할 수 있다.

농사를 짓고 한 곳에 머물러 살아가는 정착민에게 시간과 계절의 흐름에 순응하는 것은 중요하다. 아침, 점심, 저녁이라는 시간, 봄, 여름,

가을, 겨울이라는 계절의 순환에 맞춰 정착민들은 씨를 뿌리고, 동식물을 기르고, 수확하며 살아간다. 반면 삶의 모든 것에 집착하지 않는 유목민들은 시간의 개념에서 자유롭다. 그들에게 있어 시간은 단편화된 현재의 연속일 뿐이다. 항상 새롭게 경신되는 현재를 사는 것, 이것이 영원성의 한 형태를 사는 것이라고 유목민들은 생각한다(Maffesoli, 1997, p.111). 유목민의 시간관은 정착민의 선조적 시간관, 즉 '동질적인 비어 있는 시간'으로서 매 순간이 양적인 차원에서 균등한 가치를 지니도록 배분된 시간이 아니라, 비균질적이고 비연속적인 시간이다. 유목민들은 방랑의 리듬을 통해 스스로 삶의 가능성을 새롭게 인식하게 되는 실존적 시간을 살아간다.

유목민은 명상과 자연을 관망하는 시간, 존재를 응시하는 시간을 충분히 갖는다. 방랑자인 유목민은 삶의 여정에서의 굴곡과 리듬, 쾌락에 관심이 있을 뿐 목적이나 유용성에는 관심이 없다. 따라서 이들에게 중요한 시간은 "쾌락의 현재적 시간"(Maffesoli, 1997, p.113)이다. 이것은 '순간'의 중요성을 인식하는 것이고, 특별한 순간에 위험과 강렬함이 내밀하게 섞인 일시적인 사건 하나하나에 주목하는 것이다. 유목민의 시간은 미리 주어진 시간이 아니라 즉흥적으로 만들어가는 시간이며, 이러한 시간 속에서 존재는 비생산성과 비움의 중요성을 인식한다.

시간에 있어서 '순간'에 대한 중요성은 20세기에 들어오면서 가스통 바슐라르Gaston Bachelard에 의해 강조되었다. 가스통 바슐라르는 시간의 참된 실체를 순간으로 규정하고 시적 순간이란 존재와 창조적 순간이 일치하는 것이며 여기에서 나타나는 고독으로부터 정신의 내재성이 이룩된다고 보았다. 그는 물처럼 수평적으로 흐르는 일상적인 시간을 '순간'의 시간과 구분하기 위해 "수직적 시간"의 개념을 도입한다. 연쇄적으로 이어지는 시간의 단순한 연속성과는 달리, 수직성을 가진 '순간'은 삶에 깊이와 높이를 부여해주며, 존재를 일반적인 지속성 밖으로 끌어낸다. 이러한 '순간' 속에서 시간은 더 이상 흐르지 않으며 솟아오른다. 순간은 "반대 감정을 양립하게 하는 복합체"이며 "두 대립되는 것들의 조화로운 관계"이다(Bachelard, 2002, p.225). 순간의 관점에서 우리는 양가적인 감정들을 길게 경험할 수 있다.

시간에 관한 이러한 성찰은 노마디즘의 현재적 시간 개념에 의해 실천적으로 구현된다. 하루하루 살아가는 존재들은 거창하고 추상적인 계획보다 일상적인 도움의 교환과 사람들 사이의 관계를 중시하며 이상적인 공동체를 욕망한다. 그들은 귀걸이, 동일한 옷들, 모방적인 삶의 방식과 언어 습관, 음악 취향, 육체적 습관들을 통해 동일한 시대정신을 공유한다. 이는 포스트모더니티의 중요한 특성을 이루는 쾌락주의[hédonisme], 상대주의[relativisme], 현재주의[présentéisme] 등의 정신으로 표현된다. 현대의 유목민들은 영원한 현재의 구체적이고 일상적인 놀라운 에너지를 중시한다. 현재를 즐기고자 하는 쾌락주의적 사고와 함께 연대감을 형성하고 이타주의를 실현하고자 하는 현대인들은 이상적인 공동체를 지향하고 있으며 도그마적인 길들임을 거부하고 '연대'와 '관용'을 추구한다(Maffesoli, 1997, p.61).

디지털 유목민과 '디지로그'의 세계

과거 아날로그 유목민의 공간이 국가와 국가, 지역과 지역 간의 경계를 넘나드는 유동성, 그리고 혈연, 지연, 학연에 얽매이지 않는 자유로운 정체성을 상징하고 있다면, 현대 디지털 유목민의 공간은 가상 공간과 현실 공간의 경계를 넘나드는 것이 특징이다. 디지털 유목민들은 세계 도처에서 언제라도 연락할 수 있는 인터넷 홈페이지라는 상징적인 집을 갖고 있다. 홈페이지는 회사이자 집이며, 일의 장소이자 사교의 장소이다. 사이버상의 집은 세계 곳곳의 사람들과 연결될 수 있다. 또한 만들었다가 철거해가지고 이동할 필요도 없다. 즉 사이버상의 집은 과거 정착민의 문화도, 과거 유목민의 문화도 아니다. 그것은 디지털화된 현대 유목민의 문화이다.

과거 유목민들이 부족이라는 단위로 무리지어 이동을 했다면, 현대의 유목민들은 시공간을 넘어 자유롭게 인터넷에 접속하면서 새로운 부족을 형성한다. 전 지역, 전 세계로 연결되어 있는 네트워크를 통해 사람들은 국가, 인종, 종교, 이데올로기 등의 구분 없이 새로운 만남과 상징적인 이동을 하고 있으며, 블로그나 커뮤니티 등을 통한 동호회를 자유롭게 형성하여 자신들이 선호하는 것과 하고 싶은 것을 기준으로 새로운 부족 활동을 전개한다. 네트워크는 혈연이나 지연을 넘어서서 새로운 인맥을 형성하고 사회 활동을 펼쳐나갈 수 있게 해주는 장이 되고 있다. 이러한 현상은 기존의 경직된 상하 위주의 수직적 관계성에서 자유롭고 유연한 수평적 관계성으로 인간의 삶이 전이되고 있음을 보여준다.

그러나 디지털 유목민의 삶이 늘 긍정적인 것만은 아니다. 집에 편리한 디지털 장비를 갖추어놓고 외부 세계와 단절한 채 살아가는 '코쿤족(누에고치족)'들의 새로운 칩거 증후군이 현대 사회의 문제점으로 지적되고 있다. 집에 틀어박혀 게임 중독에 빠지거나, 사이버 세계를 지나치게 탐닉한 나머지 사회생활에 심각한 위기를 맞고 있는 사람들은 디지털 유목민 사회의 한 폐해를 보여준다.

> 21세기에는 모두들 집에서 일하고 집에서 쇼핑하고 집에서 영화 보고, 비디오폰과 이메일을 통해서 친구들 모두와 연락할 것이다. 마치 과학과 문화가 한 가지 목적(영원히 잠옷을 벗지 않아도 되는 상태)을 향해서 진보해온 것 같다.
>
> —『샌프란시스코 크로니클』(레베카 솔닛, 2003, p.430에서 재인용)

영원히 잠옷을 벗지 않아도 되는 상태에서 탈피하려면 디지털 문명의 맹신을 경계하고 디지털과 아날로그가 적절한 조화를 이뤄야 한다. 즉 아날로그 유목민들의 자유로운 이동의 정신과 디지털 유목민의 첨단 장비를 이용한 가상의 이동성을 적절히 조화시켜야 한다. 하이퍼 유목민에 속하는 빌 게이츠는 『미래로 가는 길』에서 자신이 살고자 구상하는 미래의 집을 설명하고 있는데, 그가 구상하는 집이 바로 이러한 디지털적인 요소와 아날로그적인 요소를 함께 담고 있다(게이츠, 1995, pp.285-312).

"조금이라도 앞서갈 수 있는 집"을 꿈꾸는 그는 컴퓨터가 제어하는 다양한 크기의 시설물을 포함하여 첨단 장비를 갖춘 집을 설계하려고 한다. 전자핀, 리모콘, 콘솔 등 첨단 이동기기의 도움으로 집 안에서 모니터를 작동시켜 필요한 내용을 검색할 수 있게 해주는 빌 게이츠의 집은 "거주자를 쫓아다니면서 그때그때의 요구를 만족시켜주는 집"이 된다. 그는 또한 "편안하고 즐겁고 쾌적한 분위기로 창조성을 자극하고 오락을 제공하는 집"을 원한다고 말한다. 궁극적으로 그가 구상하는 집은 정착민의 집과 구별되는, 첨단 디지털 이동 장비를 갖춘 편리성, 창조성, 오락성을 특징으로 하고 있다. 흥미로운 것은 그가 이러한 디지털적인 속성과 더불어 정착민적인 집의 속성을 동시에 꿈꾼다는 점이다.

그는 "주위 환경과 그 안에서 살아갈 사람들의 요구와 조화를 이루는 집"을 강조한다. 환경 친화적인 집을 꿈꾸는 동시에 "편안한 집, 친구 같은 집"을 원하고 있다. "첨단적이면서도 너무 튀지 않는 중후한 집", "새롭게 변화하는 첨단 기술을 수용하면서도 기술이 전면에 나서지 않고 어디까지나 사람을 위해 봉사하는 그런 티 안 나는 집"은 기술과 인간을 동시에 강조하면서 디지털과 아날로그의 결합을 이룬다. 환경과 기술을 조화시키며, 기술을 전면에 내세우지 않으려는 후기정보 사회의 특징을 반영하고 있는 것이다.

이어령은 이를 '디지로그digilog'라는 개념으로 설명한 바 있다. 디지로그는 디지털과 아날로그의 융합을 뜻하는 신조어이다. '온라인과 오프라인'으로 상징되는 가상 현실과 실제 현실의 결합, 각각 정보와 물질의 최소 단위를 뜻하는 '비트bit와 아톰atom'으로 상징되는 정보와 물질의 통합, '클릭click과 브릭brick'으로 상징되는 굴뚝 산업과 온라인 산업의 결합을 포함하면서 IT와 함께 대두된 디지털과 비非디지털의 이항 대립 체계를 해체하거나 그 경계를 관통하는 통합 개념이다(이어령, 2006).

첨단 디지털 장비로 정착성과 역동성을 함께 갖추게 되는 집은 미셸 마페졸리가 말한 "역동적 정착"의 한 예를 보여준다. 정보 고속도로를 통해 가정이 너무 쾌적해지면 사람들이 집 안에만 틀어박힐 우려가 있지만, 인간은 사회적인 동물이기 때문에 갖가지 설비를 집에 설치했어도 여전히 극장, 공원, 박물관, 상점을 출입할 것이라고 빌 게이츠는 말한다. 네트워크를 통해서 맺어진 우정은 자연스럽게 직접적인 만남으로 이어져서 온라인과 오프라인의 활발한 교류를 이룰 수 있다. 현대는 사이버 공간을 통한 가상의 만남이 실제의 만남을 이끌어낼 수 있는 시대이다.

마찬가지로 앞으로 갈 여행지를 방 안의 스크린을 통해 미리 가본다든가, 시각 자료를 데이터베이스화해서 작품을 감상한 후, 이를 통해 그림에 흥미를 갖게 된 사람들이 원작의 감동을 느끼러 박물관에 더 많이 가게 될 것이라고 빌 게이츠는 전망한다. 이러한 전망은 디지털 유목민이 정착민보다 더 심한 칩거와 정착을 하는 것이 아니라, 테크놀로지를 이용해 가상의 이동과 실제 물리적 이동이라는 이중의 이동을 함으로써 과거의 유목민보다 더 활발한 이동을 할 수 있다는 것을 보여준다.

공간의 옷과 시간의 옷

아메리카 인디언 수족의 '티피', 몽골의 '유르테', 에스키모인들의 '이글루', 아프리카의 검은 텐트…… 이 모든 것은 원뿔형, 원형, 사각형 등으로 된 유목민들의 전통적인 이동식 집들이다. 그렇다면 현대 유목민의 집은 어떤 형태와 기능으로 상상되고 있을까?

미국인 빅터 룬디는 미래의 유목민을 위해 '메가 유르테'라는 것을 고안한다. 펼치면 총 사천 제곱미터나 되는 나일론 천으로, 하루 만에 세웠다가 다시 접을 수 있는 둥근 지붕의 천막이다. '아네몬 3SMD'라고 불리는 이 아이디어 물건은 도시에서 유목민처럼 생활하는 베를린 대학생들을 위해 고안해낸 주거지이다. 세 개의 바퀴 위에 철로 만든 갈퀴 발톱 모양의 뚜껑이 있어서 쇼핑할 때 밀고 다니는 카트와 비슷하게 생겼다. 운반 수단과 주거를 동시에 겸한 이 물체는 눈 깜짝할 사이에 텐트가 된다(엥리슈, 2002, p.174).

세계 주요 비엔날레에서 큰 주목을 받고 있는 설치미술가 서도호[1962-]는 정주와 이동이라는 유목민 집의 두 기능에서 더 나아가 집에 새겨진 기억까지 함께 가져갈 수 있는 집을 고안하고 있다. 그는 20대 후반 미

서도호, 〈서울의 집 / LA의 집 / NY의 집〉

Do-Ho Suh, *Seoul Home/L.A. Home/New York Home/Baltimore Home/London Home/Seattle Home/L.A. Home*, 1999, Silk and metal armatures, 149×240×240 in.(378.5×609.6×609.6cm)
The Museum of Contemporary Art, Los Angeles
Purchased with funds provided by an anonymous donor and a gift of the artist

서도호, 〈계단 II〉
Do-Ho Suh, *Staircase II*, 2004, Installation, Translucent nylon, Variable dimensions, National Museum of Contemporary Art, Athens, Courtesy of the Artist and Lehmann Maupin Gallery, New York.

국으로 이주한 후 자신의 정신적 고향인 서울의 집을 LA에 이어 뉴욕으로 공간 이동시킨 〈서울의 집/LA의 집/NY의 집〉을 전시했다. 서울 집의 외관을 한국의 전통적인 옷감인 얇고 투명한 은조사로 제작하여 가볍고 이동하기 편리한 현대 유목민의 천막으로 만들어냈다.

"우리는 모두 한 나라에서 다른 나라로, 한 도시에서 다른 도시로, 한 공간에서 다른 공간으로 이동하고 있으므로, 항상 모든 종류의 경계선들을 넘고 있다"고 서도호는 말한다. 항상 경계선을 넘고 있는 우리 시대의 유목민들에게 '집'이란 어떤 공간인가?

은조사가 주는 가벼움과 투명함, 그리고 떠 있는 집의 외관은 공간의 유연성을 표현한다. 서도호가 환기하는 집은 땅으로부터 하늘로 올라간다. 이 집은 초인종을 누를 필요도, 안이나 밖에서 잠글 필요도 없는 집, "울도 담도 쌓지 않은" 그런 집이다. 밑으로 지붕이 난, 밑이 하늘처럼 트인 집. 그 아래 서 있는 사람들은 누구나 집에 새겨진 개인적이고 문화적인 추억을 작가와 공유하게 된다. 서도호의 집을 통해 이 도시와 저 도시, 이 문화와 저 문화, 사적 공간과 공적 공간, 기억의 집과 현실의 집, 과거의 집과 현재의 집이 자유롭게 섞이며 교류한다.

작가는 자신이 나고 자랐던 집을 "적극적으로 가지고 다닐 수 있게" 만들고자 했다고 설명한다. 신유목민의 집은 우리들이 몸을 담은 적 있었던 모든 집들의 추억을 담고 이동한다. "우리들이 태어난 집은 추억들 너머로, 신체상으로 우리 내부에 새겨져 있다"(바슐라르, 1990, p.129)는 바슐라르의 말처럼, 새 집에 옛 집들의 추억이 들어오고, 함께 실려 들어온 한 문화의 정체성이 다른 문화의 정체성과 정답게 어울려 살게 된다.

서도호는 2004년 서울의 집과는 반대로 자신이 거주하고 있는 뉴욕

아파트의 계단을 서울 로댕 갤러리에 전시하게 된다. 이 계단은 서울의 집과 마찬가지로 투명한 섬유 소재로 되어 있다. 그것은 밑으로 내려가는 계단이 아니라 하늘로 올라가는 계단이다. 비행기 승선로와 같은 이 계단을 오르면 '문화 소통[transcultures]'의 길이 펼쳐질 것 같다.

집과는 달리 계단은 누구나 이용하는 공간이며, 경계와 경계의 이음새의 기능을 한다. 우리들은 우리들의 기억에 남아 있지 않은 많은 층계를 오르내린다. 우리가 오르내리는 시간과 추억의 통로에서, 그 통로를 공유했던 모든 사람들의 기억이 교류하고 엇갈리고 부딪친다.

서도호의 집과 계단은 유목민의 텐트와 닮아 있다. 그것은 가지고 갈 수 있으며, 가볍고, 언제든 설치와 철거가 가능하다. 하지만 그가 환기하는 이 21세기 유목의 매체는 과거 유목민 부족의 유랑의 차원을 넘어선다. 21세기에 떠 있는 투명한 집은 국경과 시공의 장벽을 넘어서서 물리적, 정신적으로 집에 새겨진 한 개인의 기억을 여러 사람들과 공유하게 해준다.

서도호가 기억의 집이라는 옷을 입고 국경을 이동하는 현대 유목민의 모습을 보여주고 있다면, 아멜리 노통브는 소설 『시간의 옷』을 통해 과거와 미래의 시간을 자유롭게 이동한다. 이 소설은 "폼페이 베수비오 화산 폭발은 미래에 일어난 것이다"라는 놀라운 상상력을 중심축으로 하고 있다. 작가인 주인공은 친구와 함께 떠는 일상의 수다 속에서 이러한 가설을 재미삼아 얘기한 죄로 실제 화산을 폭발시킨 미래의 학자에게 납치된다. 문명의 정점에 달한 도시 폼페이를 영원히 간직하고 싶은 소유욕 때문에 미래의 학자가 시간 이동 기구를 타고 가서 잠들어 있던 화산을 일부러 폭발시켰다는 것이다. 뛰어난 상상력 때문에 납치된 작가와 우수한 두뇌를 지닌 미래학자가 주고받는 탄력 있게 튀는 대화들은 탁구공처럼 발랄한 즐거움을 주면서 현재와 미래의 문화에 대해 생각해보게 하는 계기를 부여한다.

> —지금은 모두 홀로그램으로 된 옷만 입습니다.
>
> —그렇다면 속에는 아무것도 안 입는다는 말인가요?
>
> —안 보이는데 무슨 상관입니까? 옷을 아예 없애버릴 수밖에 없었습니다. 옷을 입으려면 돈도 너무 많이 들고 입어도 쉽게 낡아서 금방 입지 못하게 되거든요. 홀로그램으로 된 옷을 입으면 평생에 한 번만 해입으면 됩니다.
>
> —그럼 이제 옷을 갈아입지도 않는다는 말인가요?
>
> —홀로그램을 바꾸려면 에너지 소모가 너무 많습니다. 게다가 갈아입을 이유도 없잖습니까? 홀로그램은 더러움도 안 타고 냄새도 안 납니다. 마음대로 늘어나기도 하고 줄어들기도 하고요. 유행에 뒤떨어지는 일도 없습니다. 일단 홀로그램 옷을 입으면 굳이 벗지 않고도 그냥 몸을 씻을 수도 있습니다. 옷을 벗지 않고 사랑을 나눌 수도 있고, 화장실에 가서 볼일을 볼 수도 있고 말입니다.
>
> —아멜리 노통브, 『시간의 옷』, pp. 18-19.

에너지 자원 고갈 문제가 심각해지는 미래의 대안은 결코 소모되지 않고 바꿔 입을 필요 없는 홀로그램의 옷을 입는 것이다. 패션이나 개성, 쇼핑의 즐거움은 사라진다. 밥을 먹을 필요 없이 알약으로만 식사를 해결하려는 듯이 의·식·주가 편리 위주, 실용성 위주로 변하는 것이다. 지식조차도 간편해진다. 이 소설이 예견하는 바 미래에는 책이 모두 40-50페이지 정도의 다이제스트판으로 줄어들고, 심지어 여러 작가들의 책이 한 권으로 묶여 나온다고 한다. 그래서 샤를르 보들레르Charles Baudelaire의 대표 시집 『악의 꽃』과 요절한 천재 작가 레이몽 라디게Raymond Radiguet의 소설 『오르젤 백작의 무도회』가 합쳐져 『오르젤 백작의 꽃』으로 다시 태어난다.

아멜리 노통브는 외교관의 딸로 일본에서 태어나 일본, 중국, 방글라데시, 미얀마 등지에서 살았고 벨기에에서 학교를 다녔다. 이런 작가에게 일상은 떠돌아다님의 연속이었고, 시간과 공간의 이동이나, 유적지와 여행지라는 머무름과 떠남의 주제에서 독특한 상상력을 길어올릴 수 있었다.

이 소설의 주인공은 '좌약 비슷하게 생긴' 시간 이동 기구에 태워져 현재에서 미래로, 미래에서 다시 현재로 이동한다. 이렇게 해서 1995년의 작가와 2579년 폼페이 화산 폭발을 일으킨 26세기의 과학자가 만나게 된다. 작가와 과학자는 역사와 시간과 문명에 대해 설전을 벌인다. 이들의 대화에서 유쾌함과 염세적 유머, 과장과 날카로운 비판의 목소리를 발견할 수 있다. 노통브는 시공을 넘나들면서 가설이 진실이 되고 진실이 거짓말처럼 느껴지는 세계를 그리고 있으며, 미래의 상상을 통해 문명의 폐해를 낱낱이 파헤치고 있다.

은조사로 된 집이나 홀로그램으로 된 옷은 우리들을 유쾌한 전복의 세계로 초대한다. 기억과 현실의 시공간, 역사와 상상의 시공간이 서로 전복되고 섞이면서 '가벼움'과 '이동'을 향한 21세기 창작가들의 꿈이 구현되고 있는 것이다.

7

유목민의 물품과 이동 규칙

나비는 이 꽃 저 꽃을 옮겨다닌다.
— 조지 M. 화이트사이즈

우애의 유토피아를 향하여

고대 유목민의 법은 정착민의 법과는 현격하게 달랐다. 정착민의 법은 내 국가, 내 영토, 내 가족을 지키기 위해, 내 터전에 잘 머물러 있기 위해 유지되어야 하는 법이었지만 유목민의 법은 언제든 마음대로 떠날 권리를 지키기 위한 법이었다. 유목민에게 있어서 가장 큰 형벌은 사형이 아니라 무리에서 축출하는 것이었다는 사실은 그들이 중시하는 권리가 무엇인지 보여준다. 정해져 있지 않은 길을 개척하며, 오아시스를 찾아 무리를 지어 방랑하는 유목민에게 고립은 곧 죽음을 의미했기 때문이다.

떠돌아다니는 유목민의 법들은 대부분 구전되어 지켜졌기 때문에 정착민처럼 기록하고 보존한 법전을 찾기란 어려운 일이다. 그들의 법전이 지금 발견된다면? 그리고 이를 계승하고 변형해서 21세기 신유목민에게 맞는 법을 만든다면 어떠한 모습이 될 것인가? 다음은 법학과 정수연 학생이 만든 가상의 유목민 법전의 일부이다.

> 개척의 역사와 전통에 빛나는 유목민은 대이동의 시대를 이끈 징기스칸의 개방주의 이념을 계승하고, 가벼움과 자유로움으로써 세상과의 접속을 공고히 하며, 환대와 박애를 바탕으로 개방주의적 기본 질서를 더욱 확고히 한다. 정치, 경제, 사회, 문화의 모든 영역에 있어서 개인의 이동을 존중해주며, 창의성을 최고도로 발휘하게 하고, 자유와 권리에 따르는 책임과 의무를 스스로 완수하여, 안으로는 항구적인 방랑에 의한 정체성 확립에 기여하고 밖으로는 기존 질서에 대한 저항에 이바지함으로써 방랑의 자유와 행복을 영원히 확보할 것을 다짐하면서 무국적자 연합을 필두로 전 세계 투표자들에 의하여 법을 개정한다.
>
> (……)
>
> 제6조 [접속]
>
> 개인은 항상 전체와 연락할 수 있어야 한다. 또한 법률에서 정하고 있는 상당한 전송 수단을 지니고 있어야 한다.
>
> 제7조 [박애]
>
> 방랑의 장소를 공유해야 한다. 본 법에서 방랑이라 함은 물리적 또는 정신적으로 상당한 목적이 없이 계속해서 이동하는 것을 말한다.
>
> 제8조 [범죄의 성립과 처벌]
>
> ① 범죄의 성립과 처벌은 행위 시의 법률에 의한다.
>
> ② 법률에 위반하는 행위를 했을 시에는 지니고 있는 전송 수단을 몰수하고 방랑의 장소를 공유할 수 없게 한다. 또한 위반하는 행위를 하여 타인에게 피해를 가할 시에는 그에 따른 손해 보상을 해야 한다.

정수연의 노마디즘 법전은 자크 아탈리가 『21세기 사전』에서 제시한 유목민의 규칙을 토대로 만들어진 것이다. 자크 아탈리는 "유목민은 누구든지 가볍고, 자유롭고, 타인을 환대하고, 언제나 주의를 게을리하지 않고, 늘 접속되어 있으며 우애를 지녀야 한다"(아탈리, 1999, pp.231-232)라는 말로 유목민이 갖춰야 할 여섯 가지 덕목을 강조하고 있다.

'가벼움'은 이동하는 사람들이 가장 먼저 염두에 두어야 할 사항이다. "물질적인 풍성함은 이동하는 데 불편하기만 하다. 유목민은 오로지 생각과 경험, 지식이나 관계만을 축적해야 한다"라는 아탈리의 언급은 고대 유목민들이나 현대 유목민들에게 모두 통용되는 개념이다.

유목민들은 언제 어느 장소에서도 가지고 있는 몇 가지 장비와 경험, 지혜만으로 살아남아야 하므로 누구나 전문 기술을 익혔다. 따라서 고대 유목민에게 있어 중시되는 것은 체험된 경험이 가져다주는 구체적인 의미였다. 유목민에게 있어 경험과 지식, 인간관계 같은 비非물질적이고 고갈되지 않는 자원은 사회에서 높은 평가를 받았다. 자연 관찰, 선禪, 음악, 이야기, 대화를 포함한 명상은 일상생활에서 노동처럼 높은 가치를 가졌다(엥리슈, 2002, p.89).

현대 유목민 또한 물질에 대한 소유의 개념보다는 여행이나 풍요로운 경험을 통해 지혜를 쌓으려는 경향을 보여주고 있다. '노블레스 노마드noblesse nomade'라는 신조어는 물질적인 풍요보다 경험이나 지식 등을 중시하고 추구하는 사람들을 높게 평가하는 현대 사회의 한 단면을 드러낸다. 군둘라 엥리슈가 제시한 '잡 노마드' 또한 한 직장에 안주해서 경제적 안정을 쌓는 것을 바라기보다는 다른 직장들을 자유롭게 경험하면서 자신의 능력과 경험을 쌓는 것을 더 선호하는 '가벼움'의 지향성을 보여주고 있다.

'자유로움'은 유목민이 갖춰야 할 두 번째 덕목이다.

> 늘 창의적으로 중요한 것에만 집중해야 한다. 이제는 특정 영토로 정체성이 규정되는 것이 아니라, 자신이 함께 하는 문화나 이데올로기 혹은 신을 통해서 정체성이 정해진다. 또 자신이 지켜야만 하는 부족을 통해서도 정체성이 규정되는데, 이 경우 필요에 따라서는 자신의 본거지를 이동하기도 해야 한다. 마치 바다 한가운데서 다음 목적지인 항구를 향하면서도 바람에 적응하기 위해 끊임없이 항로를 변경하는 것과 흡사하다.
>
> —자크 아탈리, 1999, p.232.

유목민적인 '자유로움'은 특정한 사고 방식, 이데올로기, 하나의 고정된 정체성에 머무르는 것이 아니라 끊임없이 유랑하며 새로운 것을 받아들일 수 있는 유연한 사고와 모든 경계를 무너뜨릴 수 있는 힘을 의미한다. 국가, 혈연, 지연, 학연 관계들의 그물망에 얽매어 정해지는 '나'의 정체성이 아니라, 뜻이 맞는 사람들끼리 적극적으로 함께 만들어가는 소집단 문화나 혹은 함께 공유하는 이데올로기에 따라 복합적이고 다양한 정체성이 만들어진다. 사이버 공간에서 동호회 집단을 통해 새로운 인맥이 활발히 형성되고 있는 현상이 바로 그 구체적인 예라고 할 수 있다. 현대인의 취업이 아직도 혈연, 지연, 학연에 의해 이뤄지고 있는 부분이 적지 않지만, 인터넷 동호회를 통해 자유로운 '부족'을 결성한 사람들이 서로를 끌어주며 취업이나 사회생활을 위한 중요한 인맥이 되고 있는 새로운 현상이 주목된다.

현대 유목민 사회에서 필요한 인간은 실적 위주의 'best one'보다는 특별한 상황에서 자신만의 창의력을 발휘할 수 있는 창조적 인간형인

'only one'이다. 즉 부모, 학교, 국가를 통해 윗 세대가 이미 이룬 것을 계승하는 것이 관건이 아니라, 자신이 쌓은 경험과 지혜를 가지고 기존에 없던 것을 어떻게 독창적으로 만들어내는가가 중요하다. 이렇게 되면 유목민적 자유로움을 통해 개개인이 가진 유일한 것을 나누고 타인에게 기여하는 공동체 문화가 형성된다.

자크 아탈리가 세 번째와 네 번째로 지적하는 유목민의 덕목인 '환대'와 '경계심'은 일견 서로 상반되어 보이지만 유목민 문화에서는 공존해야만 하는 중요한 항목들이다. 방랑자가 집에서 묵어가길 청할 때 설령 그가 적이라 할지라도 극진히 대접해야 하며, 아무리 사적인 것일지라도 가장 귀한 것을 내어줘야 한다는 '환대'의 법칙은 고대 유목민의 오래된 불문율이었다. 방랑자인 유목민은 자기가 다른 사람을 대접하는 것과 마찬가지로 늘 다른 사람의 신세를 지고 대접받아야 할 처지에 놓일 수 있기 때문이다.

하지만 타인을 '환대'한다고 해서 '경계심'을 늦춰서는 안 된다. "남을 환대했다 하더라도 적은 언제 어디서나 튀어나올 수 있다. 유목민은 늘 텐트를 철수할 준비를 하고 사막이나 숲에서 튀어나올 적과 맞서야만 한다. 영원한 항해자인 유목민은 언제나 암초와 폭풍을 만난다." 울타리도 담도 없이 떠돌아 다녀야 하고 위험에 노출되어 있어야 하는 유목민은 자신을 보호하기 위해 항상 경계 상태에 있어야 한다. 이는 언제나 '길 위에 있는 인간'의 숙명이다.

'환대'와 '경계심'을 현대 유목민의 경우를 통해 생각해본다면 '사이버 문화'를 떠올릴 수 있다. 현대 유목민들은 정보를 독점하는 것은 아무 소용이 없으며 정보를 공유해야 함께 살아나갈 수 있음을 알고 있다. 사이버 공간은 쌍방향적 소통을 강조한다. 정보를 요구해오는 사람을 늘 '환대'하고 친절하게 가르쳐주는 힘으로 '지식 검색'의 폭이 확장되고 위키페디아wikipedia라는 거대한 백과사전이 존재할 수 있게 된다.

> 이제 지식은 다시 유목민처럼 돌아다니게 되었다. 지식은 아무런 어려움 없이 세계 곳곳을 넘나들게 되었고, 관리자들의 통제에서 벗어나 자유자재로 이동하고 있다.
>
> —군둘라 엥리슈, 2002, p.65.

지식이 유목화된 시대에 한 사람만 소유하고 있는 지식은 아무 쓸모가 없다. 많은 사람들이 사용할 수 있으면 그만큼 지식의 가치가 커지게 된다. 한편 그렇다고 해서 '경계심'을 늦춘다면 개인 사생활의 유출이나 심각한 정보 유출, 유해 사이트에 노출될 위험에 빠지게 된다.

앞에서 언급한 빌 게이츠의 집은 세계 어느 곳으로든 연결과 접속이 가능한 개방적인 집이지만, '환대'와 '경계심'이라는 두 개념이 공존하는, 외부의 위협이나 침략에 대한 '경계'가 가능한 집이다. "진입이 허용되는 대상을 명확히 규정함으로써 당신은 가정—또는 당신이 선택한 공간—을 당신만의 성역으로 가꿀 수 있을 것이다"(게이츠, 1995, p.297)라는 언급이나, 스팸 메일을 거르는 장치, 전화를 선택해서 받는 것 등의 사례는 나의 시간을 빼앗고, 사생활을 침해하며, 내 자유와 정서를 해하는 것에 대한 '경계심'의 표시라고 할 수 있다.

'접속'은 다섯 번째 유목민의 덕목이다. "살아남기 위해서 유목민은 항상 부족 전체와 연결되어 있어야 하고 필요하다면 가까운 오아시스와도 연결되어 있어야 한다. 그래서 그는 전송 수단을 늘 몸에 휴대하고 다닌다"라는 언급은 현대 디지털 유목민의 특성인 '접속'의 중요성을 잘 보여준다. 현대인이 늘 네트워크상에 접속해 있고 휴대전화를 잠시도 놓고 살지 못하는 이유가 바로 유목민의 '접속'의 필요성 때문이다. 혼자서는 살아갈 수 없는 유목민들은 접속을 통해 정보를 찾고, 새로운 공동체 문화와 관계망을 만들어간다.

자크 아탈리가 제시하는 유목민의 여섯 번째 덕목은 '우애'이다.

> 유목민이라는 단어(nomade)는 함께 나눈다는 의미의 그리스어다. 다른 부족과 방랑의 장소를 공유해야만 유목민은 살아남을 수 있다. 소외는 곧 죽음을 의미하며 망을 보지 않고는 살아갈 수 없다. 차례대로 불침번을 서지 않고서는, 즉 조직적인 우애 없이 혼자서 망을 볼 수 없다.
>
> —자크 아탈리, 1999, p.232.

우애의 유토피아는 궁극적으로 노마드가 지향해야 할 보편적 이타주의의 세계를 만들어간다. 유목 생활의 기본은 공동 생활이다. 모든 사람은 언제라도 다른 사람을 필요로 하고, 모든 이들은 서로 파트너의 입장에 있다. 유목민들의 공동체 의식은 배우자, 가족, 이웃의 단계를 뛰어넘어 사람뿐만 아니라 우주 전체를 포괄한다. 관계라는 네트워크 안에서 모두는 평등한 공동체의 일원이 되며, 이 안에서 개인 하나하나의 중요성이 인정되고 존중된다.

시대를 앞서는 힘, 21세기 유목 물품

유목민들은 가벼움, 자유로움, 환대, 경계심, 접속, 박애의 법칙을 갖고 자유롭게 이동하기 위해 이에 맞는 유목 물품들을 소지하고 다닌다. 고대 유목민은 이동에 편리한 물품, 휴대 가능한 물품만을 가지고 다녔으며, 낯선 곳으로 옮길 때 쉽게 갖고 갈 수 있도록 현금과 보석류를 지녔다. 그 결과 음악, 보석, 작은 조각 작품, 그림, 구전 문학이 발달했다. 몽골 유목민들의 집인 양모 천막 '유르테'는 매우 가볍고 유동적이어서 낙타에도 쉽게 실을 정도였다. 현대 유목민 또한 노트북, 휴대전화, PDA 등 이동에 편리한 작고 간편한 디지털 기기를 가지고 다니면서 시간과 공간에 구애받지 않고 자유롭게 이동하고 있다. 그리하여 이제 디지털 유목민들에게는 디지털화되지 않은 사람이, 비록 그들이 친척이나 이웃일지라도 생소해질 수 있다.

아탈리는 유목 물품의 예로 과거에는 책, 반지, 안경, 시계를, 현대에는 자동차, 워크맨, 휴대전화, 노트북을, 현재와 가까운 미래에는 벽걸이 TV, 스크린 안경, 의복, 의공학 보정술을 들고 있다. 이러한 이상적인 유목 물품의 공통된 특징은 "유목민을 항상 접속 상태로 있게 하는 휴대 가능한 사물, 어떠한 방법으로든 살아 있게 하고 이동성을 부여해주는 것, 다시 말해 시대를 앞서가고 소외되지 않게 해주는 것"이다.

12세기 대이동의 시대에 몽골의 유목민은 이동하기 편리하도록 고깃덩어리를 말려 만든 군용 식량인 '보르츠'를 휴대하고 다녔다. 아이슬란드 서사시에는 노르웨이인들이 986년에서 1011년 사이에 아메리카 대륙을 다섯 번 탐험했다고 되어 있는데 그 탐험 기간에 노르웨이인들이 먹었던 것은 말린 대구 조각이었다. 그들은 추운 겨울 날씨 속에 무게가 5분의 1로 바짝 줄어 마치 질긴 나무껍질처럼 될 때까지 대구를 말려 보존하는 법을 터득하고 있었다. 그런 방법으로 그들은 머나먼 불모의 지역을 여행할 수 있었다(데이비스, 2002, p.43).

그렇다면 물리적 공간뿐 아니라 가상의 사이버 공간까지 넘나드는 21세기 유목민들이 휴대하고 다니는 것은 무엇일까? 학생들은 다음과 같이 상상하고 있다.

정이선의 〈피코휴먼로봇정〉(p.120 참조)은 유목민의 필수품들을 우리의 신체 내에 직접 결합해주는 21세기형 의약품이다. 흔히 인체를 대우주와 소우주가 소통하는 신비한 곳이라고 말한다. 지금 이 순간에도 어떠한 알 수 없는 힘에 의해 우리 인체 내의 기관들은 끊임없이 움직이고 있다. 바로 이러한 힘을 활용하여 지금까지의 약과는 다른 차원의 의약품이 탄생한다.

이 약에는 수많은 피코로봇들이 들어 있다. 약을 섭취하게 되면 로봇들은 심장의 펌프 작용을 에너지원으로 하여 온몸 구석구석에 퍼진 뒤, 뇌의 명령에 따라 인간이 원하는 기능을 수행한다. 예를 들어 눈과 인접한 곳에 있는 로봇들은 원하는 영상을 눈에서 바로 재생시킨다. 이동식 TV나 스크린 안경보다 고차원적인 발전이라 할 수 있다. 마찬가지로 스피커나 이어폰의 기능도 귀에 있는 로봇들이 대신한다. 이렇게 뇌의 명령을 따르는 로봇들에 의해서 각종 질병들도 사라지게 된다. 또한 명령을 내리는 최고 기관인 뇌는 네트워크에 접속이 가능하게 되고 이것으로 살아 있는 모든 생명 간의 의사소통이 가능하게 된다.

이 약이 실용화된다면 대부분의 질병이 사라지는 것은 물론, 거의 한계점에 달한 우리의 환경을 더 이상 훼손시키지 않고도 우리 몸 안에 있는 원료의 사용으로 편리한 생활이 가능해지며, 생명을 가진 모든 것들이 상생[相生]하며 살아갈 수 있는 새로운 문화가 형성될 것이라 전망된다.

수학과 윤경진의 〈Nomade car 루돌이〉(p.121 참조)는 디지털 유목민에게 필요한 교통 수단이다. 루돌이는 휴식처를 제공하고 안전을 확보

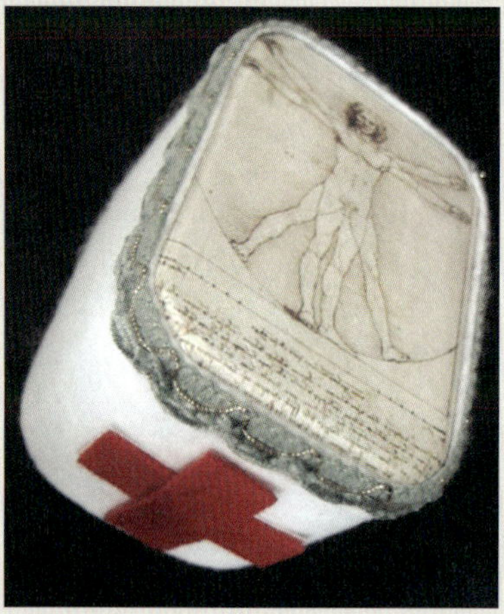

정이선, 무용과, 〈피코휴먼로봇정〉

윤경진, 수학과, 〈Nomade car 루돌이〉

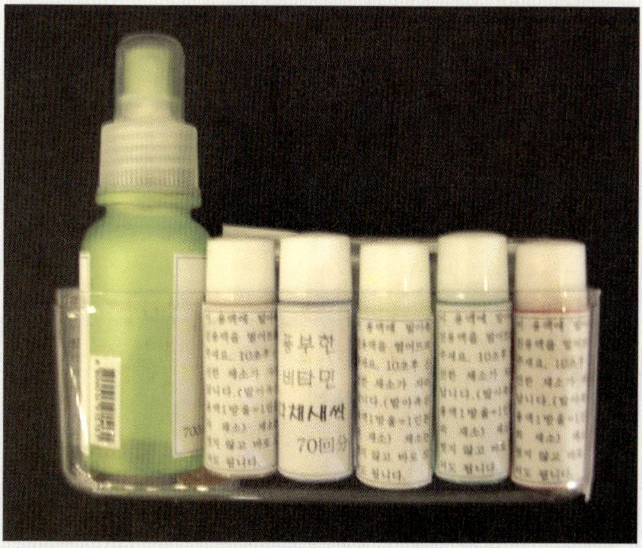

김지인, 특수교육과, 〈휴대용 샐러드 바〉

하며 가고 싶은 곳은 어디든 갈 수 있게 해준다. 이동할 때에도 공해가 발생하지 않는다. 루돌이의 배설물 또한 거름으로 활용된다. 유비쿼터스 컴퓨팅이 되어 있어 지능이 높고, 전자 공간에 연결되어 서로 정보를 주고받을 수도 있다.

디지털 유목민인 우리는 루돌이를 타고 이동하면서 노트북, PDA를 이용해 수업 자료를 준비한다. 점심은 일본에 가서 인터넷 수학동호회 친구들과 함께하고, 저녁엔 프랑스에 있는 가족과 시간을 보낸다. 루돌이 프로젝트가 실현되면 우리 모두는 세상 어디든 넘나들며 행복을 공유할 수 있는 산타가 될 것이다.

특수교육과 김지인의 〈휴대용 샐러드 바〉(p.121 참조)는 21세기 유목민 문화에 웰빙 문화를 함께 고려했다. 이동성과 창의력, 자유로움을 지향하는 유목민의 삶을 위해서는 건강이라는 요소가 필수적이다. 이를 위해 언제 어디서든지 신선한 채소를 단시간에 재배해서 바로 먹을 수 있는 〈휴대용 샐러드 바〉가 제공된다.

앞으로는 씨앗이 아닌 DNA 세포로 식물을 손쉽게 재배할 수 있게 된다. 각종 채소의 DNA 세포 용액이 담긴 작은 병에 발아촉진용액을 떨어뜨리면 단시간에 신선한 채소가 자랄 수 있다. 이 액체는 DNA 세포가 채소로 자라는 데 걸리는 시간과 양을 조절해준다. 즉 1인분이든 2인분이든 얻게 되는 채소에 쓰인 DNA 세포의 양은 똑같고, 발아촉진용액의 양에 따라 채소의 양이 달라진다. 채소가 자라는 시간은 대개 10초 전후이다. 다 자란 채소는 씻을 필요 없이 바로 드레싱을 곁들이면 훌륭한 샐러드가 된다. 이 재배 기구는 작은 크기로 이동하기 편리하고 원하는 채소만 골라 휴대하기도 좋다. 그래서 항상 이동하는 유목민들에게 언제 어디서나 신선한 채소를 제공해줄 수 있다.

타키구치 히토미, 사학과, 〈언어 스프레이〉

일본에서 온 교환학생인 사학과 타키구치 히토미는 의사소통 때문에 고생을 한 경험을 바탕으로 〈언어 스프레이〉라는 유목 물품을 제안한다. 국경을 넘어 자유롭게 이동하는 유목민이 되는데 가장 큰 장벽이 언어의 차이라고 느꼈기 때문이다. 〈언어 스프레이〉는 두세 번 스프레이를 목에 뿌리면 누구하고도 의사소통이 될 수 있게 하는 묘약이다. 또한 이 스프레이는 말을 못 하는 갓난아기, 동물들이나 식물들, 사물들과도 소통할 수 있게 하여 진정한 유목민의 가치인 개방성과 환대를 실천하도록 하는 유목 도구가 되고 있다.

건축학과 한지완의 〈그녀의 유목 물품 4종 세트〉는 옷 자체가 유목 물품이 되는 자유로움을 꿈꾼다. 옷이 사람을 보호하는 일차적인 수단이 된다면, 공간, 즉 건축적인 요소는 그것의 확장적인 개념이 될 수 있

한지완, 건축학과, 〈그녀의 유목 물품 4종 세트〉

다. 즉 옷도 집이 될 수 있고 집도 옷이 될 수 있다.

유목 물품 4종 세트를 자세히 살펴보자. 첫 번째로 그녀의 모자. 모자는 챙이 넓어 햇빛과 바람을 잘 가려준다. 모자의 뿔 장식은 그녀의 독특하고 자유로운 성격을 드러내준다. 하지만 모자가 언제나 머리 위에만 있는 것은 아니다. 길을 가다가 잠시 앉아서 메모를 하고 싶거나 그림을 그리고 싶을 때, 마음에 맞는 사람을 만나 차 한 잔을 마시고 싶을 때, 모자는 책상으로, 티테이블로 변신한다.

두 번째로 티셔츠. 분홍 재킷 안에 입고 있는 그녀의 연노랑 티셔츠는 잘 시간이 되면 침낭이 된다. 안으로 말아 올렸던 티셔츠의 아랫부분을 발목까지 내린 후 끝에 달려 있는 지퍼를 잠그면 포근한 잠자리가 완성된다. 입고 있는 옷이 바로 침대가 되니 언제든지 원할 때 쉬었다 가는 것이 부담스럽지 않고, 따로 침낭을 가지고 다닐 필요가 없으니 짐도 가볍다.

세 번째로 그녀의 가방. 이것은 유사시에 의자로 변한다. 잠시 쉬고 싶을 때, 한가로이 일광욕을 할 때, 혹은 좋은 사람을 만났을 때 의자를 내어주기 위해 가방에 달려 있는 리본을 풀기만 하면 가방은 입을 쩍 벌린 것처럼 두 부분으로 나눠진다. 그러면 바로 가방 속이 보이지 않고 칸막이가 보이는데 이 칸막이는 큰 가방을 편리하게 수납할 수 있도록 해주기도 하고, 의자로 사용할 때 엉덩이와 등을 받쳐주는 역할도 한다. 그 다음에는 가방 한쪽 면에 구부러져 있는 철사 같은 것을 펴면 되는데 이것이 의자 다리가 된다. 의자 다리로 의자를 세우고 둘로 나누어져 있는 가방을 직각이 되도록 맞추어주면 의자가 완성된다. 가방을 의자로 만들려고 짐을 다 꺼낼 필요도 없고, 의자 다리도 접었다 폈다 하기만 하면 되니 간편하다. 또 접힌 의자 다리에도 물건을 수납할 수 있다.

네 번째는 그녀의 화려한 치마. 치마는 그녀가 어딘가에서 머무를 때 그녀의 영역을 설정해준다. 누워서 잘 때는 하늘을 가려주기도 하고, 그 안에 몸을 숨길 수도 있으며, 파라솔이 되기도 한다. 치마는 그녀에게 은신처가 되며, 결국 그녀는 자신의 집을 입고 다니는 셈이다.

달팽이는 자기 몸이 집이자 짐이자 옷이다. 〈그녀의 유목 물품 4종 세트〉를 구비하게 된다면 현대의 유목민은 빠른 속도로 정신없이 질주하는 시대에 숨 돌림을 할 수 있는 자유로운 여행자 달팽이가 된다.

8

방랑, 길, '이동의 상상력'

상상의 지도를 그려요.
가고 싶은 곳에 표시를 해요.
지도에 있는 대로 진짜 거리를 걸어가요.
지도엔 길이 있는데 진짜 땅엔 길이 없으면
장애물을 치우고 길을 만들어서라도.
목적지에 닿으면 도시의 이름을 물어보고
처음 만난 사람에게도 꽃다발을 건네줘요.
– 오노 요코, 「지도」

길 위의 인간 '호모 비아토르'

기사도 이야기에 심취한 나머지 스스로 편력하는 기사가 되어버린 돈키호테. 먼지를 일으키며 지나가는 양떼를 백만 군졸로 착각하고, 풍차를 흉악한 거인으로 착각해서 무조건 돌격하는 이 주인공은 현실보다는 꿈과 이상의 세계를, 이성보다는 감성과 광기, 열정의 세계를 찾아 유영하는 인간상을 보여준다. 이러한 돈키호테가 바로 '호모 비아토르homo viator', 길 위의 인간의 전범이 아닐까. 돈키호테는 자신을 무수한 타인과 동일화시키며 다변하는 정체성을 보여준다. 그는 자기 자신 너머의 세계로 이끌려 가는 인물이다. 돈키호테처럼 방랑하는 삶은 복수적이고 모순적인 정체성을 담은 삶이다. 여기에서 주체는 자신의 한결같음과 이타성 사이에서 방황하게 된다.

인간이라면 누구나 갖고 있는 여행과 방랑의 욕망, 즉 '길을 가기'와

'떠돎'에 대한 욕구는 유목주의의 중심을 이룬다. 유동성을 타락이나 추락이라고 생각하여 극단적으로 거부한 입장들이 있어 왔다. 심리학에서 과도한 유동성을 병리학적 흥분 상태나 히스테리로 여긴다든지, 정치에서 유동성을 폭동이나 사회의 내적인 폭발의 징후로 보는 예들은 '움직임' 자체에 대한 두려움과 거부를 잘 보여준다. 하지만 유목민들은 고정성이야말로 죽음으로 향하는 충동이라 여기며 방랑을 소중히 여긴다.

방랑은 유일한 정체성을 추구하는 정착민적 사고에서 벗어나 인간 존재의 복합성을 일깨우는 계기가 된다. 여행하는 사람은 자기 자신과 자신이 사는 세계의 울타리를 떠나 스스로를 '거리화', '객관화'할 수 있게 되기 때문이다. 미셸 마페졸리는 "방랑 자체와 방랑이 초래하는 다양한 정체성들은 무엇보다 생명력의 징표이며, 기쁨과 고통을 통해 강렬하게 현재를 살아갈 수 있는 불안정한 것의 진정한 지혜의 표현이다"(Maffesoli, 1997, p.109)라며 방랑의 가치를 높게 평가한다. 방랑하는 자아는 타인과 외계와의 교류를 통해 지금까지 깨닫지 못했던 자신의 새로운 모습들을 발견하게 되고, 자아가 하나의 모습으로 고정되어 있는 것이 아니라 끊임없이 변화됨을 느끼게 된다. 즉 인간 존재가 단 하나의 정체성으로 정립되는 것이 아니라 다면적이고 복합적임을 알게 된다.

미셸 마페졸리는 유목주의를 인간의 근원적이고 내면적이며 실존적인 문제로 접근하면서, 정착적인 성향과 유목적인 성향의 양면을 고찰한다. 그는 '유목주의'로의 역사적 이행을 모더니티와 포스트모더니티의 차이로 설명한다. 자연의 정복, 합리성의 세계이자 과학, 테크놀로지의 발전을 중시했던 모던 사회는 전형적인 부계형 중심 사회였다. 반면 포스트모던 사회는 모계형 사회이며, 자연의 에너지와 사회 구조의 감성적이고 정서적인 측면을 강조한다. 모던 사회가 합리적, 이성적인 서구 사회를 지향한다면, 포스트모던 사회는 감성적인 동양 사회를 지향하고 있다. 포스트모던 사회가 도래하면서 모더니즘의 합리주의, 이성에 대한 반발로 '혼돈', '뒤섞임'을 중시하는 디오니소스적인 가치가 다시금 조명되고 있다. 또한 도시 젊은이들의 소집단 현상 등에서 볼 수 있듯 부족 사회[tribalisme]로 회귀하려는 시도가 모더니즘의 획일적인 사회의 붕괴를 알린다. 이에 따라 다시금 유목민에 고유한 방랑의 충동이 부각되었다고 미셸 마페졸리는 분석한다.

'중심'과 '질서'를 강조하는 모던의 사유에서 가장 두려운 대상은 중심의 시선에서 벗어나는 자들이다. 즉 히피, 방랑자, 시인, 목적지 없이 방황하는 젊은이들, 여행객들이 그 예이다. 그러나 유폐의 이데올로기가 지배했던 모던 사회에서 벗어나 포스트모던적 사유의 등장과 더불어 '순환'이 재개되면서 정치, 이데올로기, 직업, 감정, 문화, 종교 등 모든 분야의 한계와 금기가 무너지게 되었다. 또한 상상계, 욕망, 쾌락, 유용하지 않은 모든 것, 비합리적인 것이 가치를 부여받게 되었다(Maffesoli, 1997, pp.22-25).

유목주의의 탈근대성은 중세를 현대의 유목주의와 연계하여 새롭게 볼 수 있게 한다. 유목주의의 시각에서 보면 중세는 암흑의 시기, 폐쇄성의 시기가 아니라 오히려 소통의 시기이다. 십자군의 서사는 다른 곳에 대한 열망을 보여주었고, 성배의 추구는 귀족뿐 아니라 서민 모두의 열망이었다. 근대 시기가 길들임의 역사였다면, 중세는 혼합, 움직임, 즐거운 역동성 위에서 세워졌다(Maffesoli, 1997, pp.45-47). 미셸 마페졸리는 중세의 성배를 찾아가는 모험이 현대 유목주의가 갖고 있는 패턴과 다르지 않다고 보면서, 유목주의를 역동적인 유배와 복귀의 과정을 거치는 입사의식적[initiation]인 방랑으로 풀이하고 있다. 콩트, 전설, 시, 소설들이 무수히 다루었던 방랑의 주제는 '길 떠나기'를 통한 탄생, 성장,

교육이라는 시원적인 모험을 일깨우고 있다.

방랑하는 사람들은 '다른 곳'을 추구한다. 방랑은 합리성과 기능주의와의 결별을 의미한다. 이성, 과학, 진보의 가치보다는 상상계, 쾌락, 꿈, 축제라는 문화적 가치를 더 중요시하는 것이다. 방랑자들에게 있어서 이 세계는 결코 시작과 끝이 정해진 완결된 세계가 아니라 진행 중인 세계이다. '다른 곳'은 물질적 재산이나 돈의 소유를 의미하는 것이 아니라 자신을 찾아가는 여정에 대한 끝없는 추구를 상징한다. 다른 곳을 추구하며 그곳을 향해가는 여정에 방랑과 입사의식의 연결점이 있다.

방랑과 시련을 거쳐 새로운 존재로 거듭나는 입사의식적인 구조는 율리시즈의 모험, 동화 『오즈의 마법사』, 성장 소설, 로드 무비 등 과거와 현재를 막론하고 신화, 전설, 민담, 소설, 영화에서 인간의 상상력을 지배해왔다. 미셸 마페졸리는 입사의식 단계에서 추락, 시련은 완전함 속으로의 재복귀를 지향하는 무한한 과정 가운데 한 순간일 뿐이며, '출발한다는 것'은 자신을 되찾기 위해서 자신을 잃는 하나의 '치료책'이라고 설명한다. 방랑이라는 입사의식을 다 겪어내고 나면, 궁극적으로 방랑은 나와 자연, 나와 타인과의 일체감을 회복시켜준다. 방랑은 개인적인 작은 나를 총체적인 큰 나 속으로 복귀시킨다. 방랑은 보다 유연하고 자연스러운 삶, 환경과 조화를 이루는 삶에 대한 비전을 복원시킨다 (Maffesoli, 1997, pp.150-151).

굴러가는 돌의 문화적 상상력

레베카 솔닛은 걷기를 의도적인 문화 행위로 보고 있으며, 이러한 문화의 대부분은 고대의 관습, 즉 소요(逍遙, Peripatetics, 그리스어로 '주변을 걷다'라는 뜻, 영어로는 '습관적으로 먼 길을 걷는 사람'이라는 의미)학파 철학자들, 걸으며 창작한 시인들, 걸으며 명상한 순례자와 불교도의 오래된 관습들(도보 여행, 만보)에서 유래한다고 설명한다.

> 걷기는 인간 문화의 하늘에 펼쳐진 별자리 중 하나이며, 이것을 이루는 세 별은 육체, 상상력, 드넓게 펼쳐진 세상이다. 세 별은 독립적으로 존재하지만, 별 사이에 그어진 선은(선을 긋는 것은 문화적인 목적을 위해서 걷는 행위다) 별들을 별자리로 만든다. 별자리는 저절로 생기는 것이 아니라 문화적으로 부과된 것이다. 별 사이에 그어진 선은 앞서간 사람들의 상상력에 의해서 만들어진 길과 같다. 걷기라는 이 별자리에는 역사가 있으며, 이 역사를 걸어간 사람은 시인과 철학자와 반란자, 무단 횡단자, 창녀, 순례자, 관광객, 도보 여행자, 등산가 모두이다. 그러나 이 역사에 미래가 있는가는 아직도 이 연결 통로를 지나는 사람들이 있는가에 달려 있다.
>
> — 레베카 솔닛, 2003, p.452.

방랑하는 자들은 길들여지지 않은 삶, 열려 있는 삶을 추구한다. 걷기는 산업 혁명의 속도와 소외에 대한 반작용으로서 주류에 저항하는 행위를 의미했다. 발터 벤야민[Walter Benjamin]은 1840년경 길이나 통로를 산책했던 파리의 산책자들[flâneurs parisiens]을 언급하면서, 산책을 우아함의 상징이자 도발의 행위로 파악한다. 그는 산책자들의 느린 걸음이 일방적으로 생산에만 초점이 맞춰진 삶의 리듬에 대해 항의이자 상업적인 효율성과 그것이 강요하는 서두름에 대한 저항이라고 분석했다(Benjamin, 1979, p.175).

리처드 롱, 〈다섯 갈래의 길〉, 2002

이렇게 방랑의 꿈은 오래전부터 인간의 무의식 속에 내재되어 있었으며, 문학이나 예술 작품을 비롯하여 인간의 삶과 문화 속에서 끊임없이 구체적으로 표출되어왔다. 샤를르 보들레르Charles Baudelaire는 "다른 곳ailleurs"에의 열망을 시화詩化했으며, 아르튀르 랭보Arthur Rimbaud는 삶과 시를 통해서 끝없는 도피를 감행했다. 초현실주의 시인들은 특히 파리라는 도시의 밤거리를 떠돌아다니며 일상의 단조로운 표면에 묻혀 보이지 않던 신비를 발견하려 했다.

영국의 리처드 롱Richard Long은 걷기를 예술 매체로 탐구했다. 그는 자신이 산책한 궤적을 종이에 기록한 작품들이나 풍경 속을 걸을 때 생긴 자취를 찍은 사진들을 통해 걷기가 거대한 규모의 그림 그리기이고, 펜과 지도의 관계는 걷기와 대지의 관계와 같음을 보여준다. 또한 뉴욕의 행위 예술가 비토 아콘치Vito Acconci는 1969년에 23일 동안 〈따라가기〉를 공연했다. 당대의 수많은 개념 미술과 마찬가지로, 이 작품은 자의적 규칙과 무작위적 현상의 교차를 실험했으며, 이를 위해 그는 거리를 지나가는 한 사람을 선택해서 그가 건물에 들어갈 때까지 따라갔다(솔닛, 2003, p.420, p.424).

방랑하는 사람들은 경계를 부수는 사람들이다. 통치자들은 이상한 것, 예측할 수 없는 것을 거부한다. 따라서 새로운 문물과 다른 문화를 전파하는 여행자는 질서를 유지하는 사람들의 입장에서 볼 때 질서와 안정을 해치는 위험한 인물이다. 사회에서 배척된, 혹은 스스로 유배된 보헤미안들의 존재와 활동 자체는 국가와 권력에 대한 저항이자 사회에 대한 문제 제기로 파악될 수 있다. 마르케스의 소설『백년 동안의 고독』에서 이러한 위험성이 묘사된다. 가장 질서 있고 열심히 일하는 곳이며 누구도 사망하지 않는 영생의 낙원은 집시들이 가져온 "끓고 있는 얼음", "북만큼이나 큼지막한 확대경", "마케도니아의 연금술사들이 발명한 세계의 여덟 번째 불가사의인 자석" 때문에 큰 혼란과 변화를 겪게 된다.

방랑자라는 인물은 양가적이다. 방랑자는 새로운 문물의 전파자이며, 사회의 유동성과 소통을 가능하게 해주는 사람이라는 점에서 긍정적이지만, 안정적인 질서, 제도의 파괴자라는 점에서 질서 잡힌 사회에 위협이 되는 부정적인 존재가 된다.

방랑은 저항을 의미한다. 고정된 사회, 획일적인 사회, 중심이 상정된 사회에서 중심과 감시로부터 벗어나는 '움직이는 사람들'의 행위는 기존 사회에 대한 저항의 몸짓이 된다. "방랑에의 욕구는 모든 사회 구조의 중요한 쟁점 중 하나이다. 그것은 합리성과 일의 분업에 대한 저항이며, 안일함, 게으름, 비움의 중요성에 대한 강조이다"(Maffesoli, 1997, p.29)라고 마페졸리는 지적한다.

소요자는 더욱 열려 있는 삶, 길들여지지 않은 삶, 모험에 대한 향수를 갖고 있다. 록의 역사는 '굴러가는 돌'의 역사이고, 따라서 저항의 역사이다. "I'm a rollin' stone", "나는 길 위에 있다"는 선언은 고정되지 않고 기존의 제도에 순응하지 않겠다는 의지를 표명한다. 시위가 '안'에서 이뤄지는 것이 아니라 '거리'에서 이뤄지는 것도 제도권 밖의 장소라는 상징성 때문이라고 할 수 있다.

방랑의 문화 공간, 홍대 지역

"레이브 파티 레이브 파티 레이브 파티 레이브 파티……" 길거리 조그만 스테이지 위에서 깡충깡충 뛰며 "레이브 파티"만을 끝없이 반복하는 한 인디 가수에게 폭발적인 환호성과 박수가 쏟아진다. 같이 레이브 파티를 외치며 방방 뛰는 사람, 가방을 깔고 길바닥에 앉은 사람, 휘이익 휘파람을 부는 사람, 아이를 목말 태운 아빠, 서로 팔을 끼고 행복한 표정을 짓고 있는 연인들…… 매년 서울 프린지 페스티벌^Seoul Fringe festival^이 열리는 홍대 지역의 거리 풍경은 발랄한 젊음과 자유, 흥분으로 넘친다.

프린지^fringe^의 명칭이 '변방', '주변'이라는 뜻을 가진 것에서 볼 수 있듯이 프린지 페스티벌은 연극, 무용, 마임, 퍼포먼스, 음악, 미술, 독립영화 등 다양한 분야의 인디 예술가들의 자발적인 참여로 이뤄지는 독립 예술 축제이다. 정형화된 예술의 틀을 부수고 경계를 넘나드는 실험을 하기 위해, 자유로운 축제의 한마당을 펼치기 위해, 홍대 주변의 거리들은 자생적 문화 공간으로서의 역할을 하고 있다.

틀에 박힌 삶을 거부하고 자유롭고 즐거운 삶의 공간을 스스로 창출하려는 도시 유목민들의 욕구는 홍대 지역이라는 복합 문화 공간을 탄생시켰다. 젊은 실험 정신과 자유로 넘쳐나는 문화 예술 공간을 사랑하고, 홍대 지역의 거리 문화, 인디 문화를 즐기고자 하는 수많은 '보통 사람들'이 독특한 홍대 문화의 정체성을 형성했다.

홍대 지역은 무엇보다 언더그라운드 클럽 문화의 천국이다. 클럽은 1990년대 중반 라이브 클럽과 테크노 클럽을 중심으로 언더그라운드^underground^, 인디^indi^, 얼터너티브^alternative^를 표방하는, 실험적이고 파격적이며 창조적인 반문화^反文化^들이 대학 캠퍼스에서 지하 클럽으로 무대를 이

2004 서울 프린지 페스티벌 포스터

전한 것에서 유래했다(이무용, 2005, p.212).

인디 가수가 찬미했던 '레이브 파티'가 벌어지는 곳도 바로 이런 클럽들에서이다. '레이브[rave]'는 기존의 댄스가 열리는 장소에서 벗어나, 버려진 창고, 비행기 격납고, 농장에 설치된 천막 등 틀에 박히지 않은 장소를 사용하는 클럽이다. 레이브에서 주로 나오는 음악은 테크노 음악이다. 그러니까 레이브 파티는 클럽이나 야외에 많은 사람들이 모여, 디제이가 즉석에서 믹싱[mixing]하는 테크노 음악에 맞춰 밤새 집단적으로 춤을 추는 흥겨운 파티를 일컫는다. 이것은 음악과 춤을 즐기는 사람이라면 누구나 다 쉽게 어울리고 즐길 수 있는 개방적인 파티이다.

매달 셋째 주 금요일에 열리는 '사운드 데이sound day' 에는 티켓 한 장으로 여섯 개 클럽에서 열리는 20여 개의 공연을 마음껏 관람할 수 있다. 음악과 실험을 사랑하는 도시 유목민들은 한 곳에 정착하지 않고 테크노, 퓨전, 재즈, 크로스오버와 실험적 공연까지 자신이 원하는 음악을 듣기 위해 밤이 새도록 이곳저곳으로 이동한다.

클럽에서는 하고 싶은 음악을 하는 가수와 뮤지션들이 직설적이고 솔직한 가사와 자유로운 장르의 음악으로 다양한 문화적 실험을 한다. 또한 클럽은 이러한 뮤지션들의 음악과 춤을 사랑하는 젊은이들이 서로 자유롭게 만나고 교감하는 쉼터 및 새로운 정체성을 형성해가는 커뮤니티의 공간으로서 기능하고 있다.

홍대 지역은 '홍대 거리미술전', '홍대 앞 아트 프로젝트', '프린지 페스티벌' 등 다양한 문화적 실험이 이뤄지고, 패션, 영상, 미술, 테크놀로지, 음악, 춤 등 최첨단 문화적 흐름을 읽을 수 있는 문화 발전소이다. 거리미술전의 흔적들은 거리와 담벼락 곳곳에 남아서 일상과 예술의 자연스러운 융합을 체험하게 한다. 또한 '실험', '예술', '독창성' 이라는 홍대 지역의 정체성을 표방한 최초의 실험 예술 극장인 '씨어터 제로' 에서는 예술가들의 실험 정신이 담긴 무용, 연극, 퍼포먼스 공연이 열린다.

그 밖에도 독특하고 다양한 전문 요리를 맛볼 수 있는 음식점들이라든가, 조용하고 고급스러우면서도 자유로운 카페 공간들, 매주 토요일, 일요일 아침마다 홍대 앞 놀이터에서 열리는 프리 마켓 등 홍대 지역에는 "지배적인 사회 체제와 규범을 부정하고 아래로부터 창조적이고 생산적인 문화를 창출해내려는 '언더 인디 정신' 과 자신이 하고 싶은 일을 맘대로 펼쳐 보이겠다는 '자유 펑크 정신' 이 충만해 있다" (이무용,

2005, p.217).

홍대 지역의 구석구석을 걸으며 새로운 문화를 만들어내고 있는 사람들은 마페졸리가 말한 "명확하지 않은 공동체communauté en pointillé" (Maffesoli, 1997, p.67)를 이룬다. 각자 자유롭게 걷고 방랑하면서 우연한 만남으로 이뤄진 공동체를 뜻하는 것인데, 이렇게 모인 사람들은 고독하지만 고립적이지 않은, 개방적인 방랑자들의 집단이 된다.

자신보다 앞서 살아가기, 다른 곳과 낯선 곳에서 온 것들에 개방적인 태도를 보이면서 끊임없이 자신의 밖에 몸을 내맡기며 살아가기, 이것이 방랑하는 사람들의 삶의 태도이다. 유목민적 존재는 현재의 나에 의해서가 아니라 앞으로 내가 될 어떤 것에 의해서 결정된다. 아는 것에 의해서가 아니라, 추구하는 것에 의해서 결정된다. 가진 것에 의해서가 아니라, 부족한 것, 욕망하는 것에 의해서 결정되는 것이다. 홍대 거리를 방랑하는 사람들은 독자성과 잠재력이 풍부한 대안 문화 공간을 끊임없이 욕망하고 즐기고 그들이 원하는 대로 바꿔나간다.

유목민의 '방랑'의 사유는 편안한 길을 버리고 도전하는 삶이야말로 자기 안에 숨은 '가능성'과 '창조성'을 끊임없이 발견할 수 있는 계기가 됨을 알려준다. 방랑하는 현대의 유목민들은 문화, 언어, 국가, 풍경을 횡단하고 현실 세계와 사이버 세계를 넘나들면서 새로운 발견을 하고, 자신의 가치 실현을 이루며, 일상적인 삶과 사물의 비루함을 넘어선다. 마페졸리가 "바람이 부는 곳에 정신이 숨을 쉰다"고 적절히 언급했듯이 유목민들의 이동의 정신은 꽉 막히고, 제도들로 경계 지워진 모든 틀을 뛰어넘어 세계와 존재의 숨통을 틔워준다. 이러한 유연한 환경 속에서 창의력이 싹트고 늘 변화하는 새로운 삶이 꿈꾸어진다.

3부

뉴 테크놀로지 문화와 '매체의 상상력'

우리는 우리의 도구를 만든다. 그리고 그 다음에는
우리의 도구가 우리를 만든다.
– 마샬 맥루한

예술가들은 종이나 캔버스, 붓이나 연필 이외의 다른 매체와 도구들을 사용하여 끊임없이 실험하며 새로운 탐구와 발견을 이뤄왔다. 똑같은 물체를 평면적인 흰 스크린말고 다른 곳에 투영해보자. 물 위, 땅, 구겨진 종이, 유리, 접시, 벽 등에 똑같은 물체를 투영해보면 그것이 주는 효과는 투영한 매체에 따라 가지각색으로 달라질 것이다. 그렇다면 매체와 도구가 단지 예술가나 인간의 상상력의 내용을 담는 '수단'에 불과한 것이라 말할 수 있을까?

유화 물감을 튜브에 담는 획기적인 기술로 물감을 가지고 다닐 수 있게 되자 19세기 인상파 화가들의 풍경화가 성행하게 되었다. 신기술은 언제나 폭발적인 새로운 창조를 낳는다. 상상력이 신기술을 낳는 원동력이 되기도 하지만, 신기술이 우리의 새로운 상상력을 촉발하는 계기로 작용하기도 한다. 사진, 컴퓨터, 비디오, 하이퍼텍스트 등 새로운 테크놀로지의 시대에 살고 있는 우리가 주목해야 할 부분은 테크놀로지가 단지 기술과 편리함에만 그치는 것이 아니라 우리의 상상력을 촉발하고 문화 전반에 큰 영향을 미친다는 사실이다.

테크놀로지는 기술, 기능을 의미하는 그리스어 '테크네[techne]'에서 유래했다. 응용과학, 응용공학적 지식이나 시스템적 처리를 지칭하기도 하고, 사진, 영화, TV, 비디오 등 뉴 미디어를 지칭하기도 한다. 테크놀로지 예술은 이러한 새로운 기술을 십분 활용하는 예술을 의미한다. 종래에 테크놀로지가 기술이나 수단, 도구로만 인식되었던 것에서 벗어나 테크놀로지의 중요성을 극대화한 테크놀로지 결정주의자들의 언급이 뉴 테크놀로지 문화의 중요성을 인식시키는 계기로 작용했다.

레이먼드 윌리엄스는 테크놀로지를 현대 미디어(텔레비전 등)가 존재할 수 있게 하는 전제 조건으로 간주한다. 그는 테크놀로지가 인간의 상상력과 창조성을 담고 있는 문화 형태이자 예술이라고 주장한다. 뉴 테크놀로지가 인간의 생각과 행동을 변화시킨다는 것이다.

가장 극명하게 테크놀로지와 매체의 중요성을 주장한 사람은 캐나다 출신의 미디어 이론가 마샬 맥루한[Herbert Marshall McLuhan, 1911-1981]이다. 맥루한의 "미디어는 메시지다[The medium is the message]"라는 선언은 '미디어=형식, 전달 수단', '메시지=내용'이라는 종래의 고정관념을 뒤집어 우리들에게 큰 인식론적 충격을 주었다.

맥루한은 이를 통해 매체가 단순히 전달 도구가 아니라 그것을 뛰어넘어 메시지와 동일화되는 중요성을 가지고 있음을 언급하고 있다. 그에 의하면 모든 미디어는 인간의 감각들의 확장이다. 책은 눈의 확장이고 바퀴는 다리의 확장이고 옷은 피부의 확장이고 전자 회로는 중추신경 계통의 확장이 된다. 이러한 인간의 감각들이 우리 개개인의 의식과 경험을 형성하고 있다.

맥루한은 심리학자 융의 언급을 예로 들어 미디어의 침투력을 비유적으로 설명하고 있다. 융에 의하면 모든 로마인들은 노예에게 둘러싸여 있었기 때문에 내면적으로 노예가 되어버렸다. 언제나 노예들의 분위기 속에서 생활했기 때문에 무의식을 통해 노예의 심리에 젖어들었다는 것이다. 노예와 로마인들의 관계를 미디어와 현대인의 관계로 치환해보면, 모든 현대인들은 미디어에 둘러싸여 있기 때문에 내면적으로 혹은 무의식적으로 미디어 자체가 되어버린다. 이렇게 매체의 기술적 특성은 은연중에 그것을 사용하는 사람들의 사고 방식에 결정적인 영향을 미친다. 나아가 미디어는 인간의 사고 방식을 형성하며 새로운 사회를 출현하게 하는 의미 생성의 한 과정이 된다. 새로운 미디어의 등장은 새로운 문화 형성을 의미하게 된다.

이를 근거로 맥루한은 커뮤니케이션 현상에서 본질적으로 중요한 것은 전달되는 메시지가 아니라 언어, 화폐, 활자, 사진, 영화, 텔레비전, 컴퓨터와 같은 매체라고 주장한다. 그렇다면 어떤 내용을 전달하느냐가 중요한 것이 아니라 어떤 매체를 통해 전달하느냐가 더 중요해진다. 맥루한은 한 사회에서 지배적으로 사용되는 매체의 특성이 그 사회의 구성원들이 생각하고 행동하는 방식을 결정한다고 주장한다. 미디어의 가장 중요한 인식론적 효과는 전달되는 내용보다는 오히려 미디어의 형식에서 야기된다.

맥루한이 정의하는 매체는 전화나 텔레비전뿐 아니라 자동차와 의복과 같은 일상용품까지를 포괄하며, 매체가 메시지라는 언급은 이러한 정의를 전제로 할 때 그 의미를 지닌다. 매체가 다르면 메시지도 달라지고 수용자가 세계를 인식하는 방식도 달라진다. 내용이 형식을 따르며, 혁신적인 기술들은 정서와 사고의 새로운 구조들을 낳는다는 맥루한의 이러한 기술 결정론적 관점은 분명 논란의 여지가 있고, 실제로 많은 논쟁을 불러일으켰다. 하지만 대중 매체와 테크놀로지가 어느 때보다 중심으로 부각되고 있는 이 시대에 "미디어는 메시지다"라는 선언은 다각도로 생각할 거리를 제공해준다.

매체의 개념은 매우 광범위하게 정의될 수 있다. 일반적으로는 어떤 일을 전달하는 데 매개가 되는 것을 지칭한다. 또는 언어적 기호를 말하기도 하며, 정보 사회의 가상 현실을 창출하는 기술공학을 지칭하거나, 사진과 영화와 같은 예술적 표현의 가능성을 말하기도 한다.

미디어는 인간 상호 간에 정보, 지식, 감정, 의사 등을 전달하는 수단을 의미한다. 한편으로 어떤 것을 표현하는 매체라는 뜻이며, 다른 한편으로 어떤 것을 전달하는 수단이라는 뜻으로 신문과 방송 등을 대중 매체라고 부른다. 매체의 종류로는 인쇄 매체, 영상 매체, 대중 매체, 정보 매체 등이 있다. 그 중 컴퓨터와 영화 등은 20세기에 등장한 특수한 매체라고 할 수 있다.

미디어는 상대방에게 지식이나 정보를 알려줌으로써 서로 나누어 갖는다는 뜻을 포함하고 있다. 멀티미디어는 어떤 것을 표현하는 여러 개의 수단, 즉 다중 매체를 뜻한다. 또한 디지털 미디어는 디지털 매체를 의미한다. 새로운 매체의 의미는 그것을 어떻게 사용하는가에 따라 결정되며, 문자 텍스트 위주의 사고 방식과 아날로그 매체를 전제로 한 아이디어 표현 방식의 한계를 벗어나려는 실험 정신에 디지털 미디어의 미래가 달려 있다.

상상력이 매체와 기법의 발견 내지 발전의 계기가 되기도 하지만, 역으로 매체 및 기법의 발견 및 발전이 상상력을 낳기도 하는데 후자를 '매체의 상상력'이라고 정의하기로 한다. 새로운 장르, 새로운 표현, 새로운 매체, 새로운 테크놀로지가 이끌어가는 상상력을 찾아보고 창작 기법으로도 응용해보자.

우리 일상에서 자주 접하는 사진, 만화, 비디오, 하이퍼텍스트는 과거와는 다른 새로운 상상력을 펼쳐내고 있다. 과거 아날로그 방식과 비교하여 디지털 방식을 활용한 예술은 뉴 미디어 아트라고 하여 새로운 매체적 개념으로 부상하고 있다. 그렇다면 새로운 매체의 도입이 이끌어내는 상상력은 기존 매체의 상상력과 어떻게 다를 것인가. 이들이 우리의 인식과 사고 방식에 가져온 변화는 무엇인가.

9

사진의 상상력: 폭발과 정지의 순간

순간을 포착한다는 것은 현존을 포착하고 응결시키는 것이다.
— 로잘린 크라우스

디지털 카메라와 사진의 새로운 모색

'카메라'라는 매체가 예술가들의 사고 방식을 변화시킨 것은 19세기 말에서 20세기 초였다. 아방가르드 예술가들은 사진이 표현해내는 새로운 이미지에 심취하여 포토몽타주photomontage, 콜라주collage, 화면 삽입incrustation, 미장아빔mise en abîme, 심연으로 밀어넣기 등의 기법을 실험하고 발전시켜나갔다.

21세기 초인 지금 사진은 그 어느 때보다 각광받는 매체이자 상상력을 자극하는 도구로 새롭게 기능하고 있다. 디지털 카메라나 카메라폰 등의 보편화로 누구나 아주 쉽게 일상의 풍경들을 담을 수 있게 되면서 대중들은 사진에 대한 관심의 폭을 넓히고 있다. 순간 스쳐 지나가는 일상의 놀라운 풍경이나 놓치고 싶지 않은 순간, 함께 기억하고 싶은 사람들이나 풍경들을 우리는 쉽게 카메라에 담으면서 일상을 살아간다.

카메라의 디지털화 현상과 포토샵 등의 프로그램으로 사진 이미지 조작이 쉬워짐으로써 대중들은 사진을 특별한 기술이 필요하지 않은, 누구나 쉽게 찍고 블로그나 싸이월드 등 웹상에 올릴 수 있는 일상의 도구로 여기게 된다.

흥미로운 현상은 사진이 한편으로는 대중화, 일반화되고 있지만, 다른 한편으로는 전문화된 예술 장르와 학문으로 인정받고 있다는 사실이다. 사진이 회화나 조각처럼 예술이며 사고를 표현하는 수단이라는 생각은 예전부터 있었지만 오늘날처럼 예술계, 교육 기관, 비평가 집단, 미디어, 갤러리, 학술서에서 사진에 대한 진지한 관심을 보여주고, 사진의 기법과 상상력을 연구하고 도입했던 사례는 찾기 어려웠다. 우리 시대의 사진은 회화, 설치, 디지털, 조각 등 다양한 분야와 접목하여 상상력의 폭을 점점 넓혀가고 있다.

전문가 못지않은 아마추어들과 직접 찍은 사진 못지않은 합성 사진들이 양산되는 이 시대에 사진 예술가들은 어떤 방법으로 현대 문화 예술 전반을 사로잡는 작품들을 만들어내고 있는 것일까. 사진의 테크놀로지는 우리의 상상력을 어떻게 이끌어가고 변화시키고 있는 것일까.

셔터: 시간과 대상의 사유 매체

사진에서 셔터는 카메라로 들어오는 빛의 양과 피사체의 움직임을 조절해주는 역할을 한다. 셔터의 이러한 매체적 특성을 이용해서 사진가 지온 밀리^Gjon Mili, 1904-1984^는 피카소가 빛으로 신화적 동물을 그리고 있는 작업 과정을 생생하게 보여주고 있다. 피카소는 미궁 속에 사는 크레타

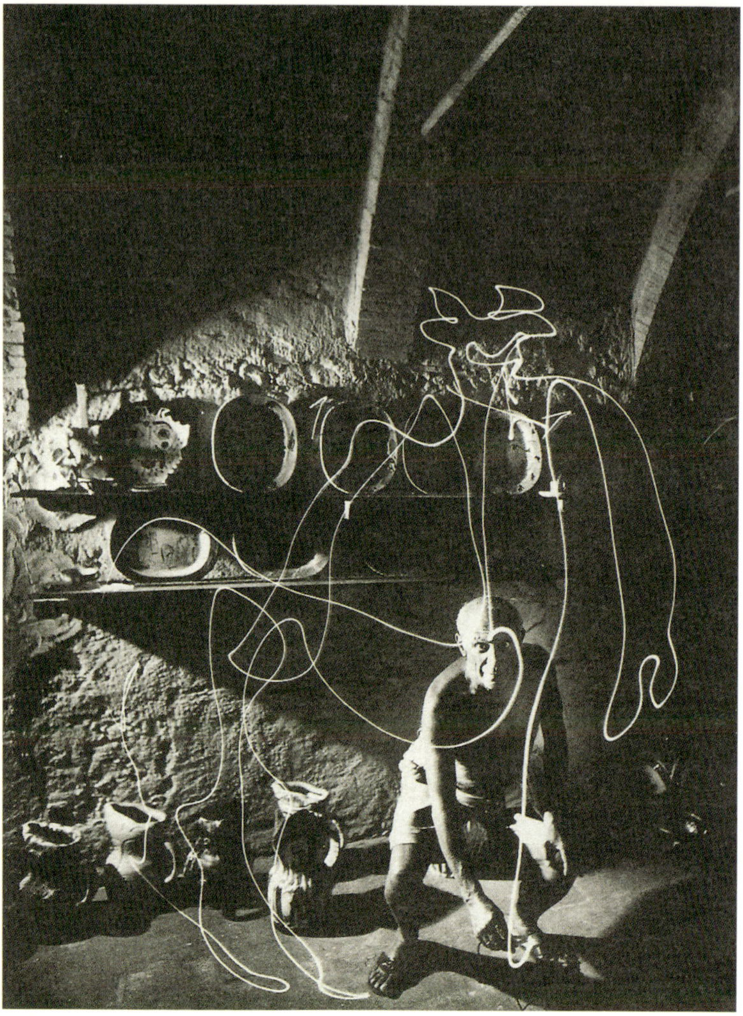

지온 밀리, 〈빛으로 신화적 동물을 그리고 있는 피카소〉, 1949

의 괴물 미노토르[minotaure]의 신화적 모티프에 '축제'와 '위반'이라는 개인적인 상징성을 부여하여 데생, 유화물감, 수채물감 등으로 다양한 미노토르를 창조했다. 캔버스에 물감이나 연필로 그려진 미노토르와, 옛 접시들과 도자기 그릇들이 진열된 어두운 공간에서 빛으로 탄생하는 미노토르는 우리에게 어떤 다른 느낌을 주고 있는가.

지온 밀리는 우선 방의 문과 카메라의 셔터를 모두 열어두고 피카소가 그림 그릴 준비를 하는 첫 이미지를 포착했다. 그리고 나서 문을 닫은 후 어두운 공간에서 셔터가 열려 있도록 내버려두었다. 그 순간 피카소는 그의 앞에 펼쳐진 허공에 손전등을 이용해서 괴물 미노토르를 그리기 시작했다.

어두운 공간에서 빛으로 만들어지는 작품은 마치 암실에서의 사진 인화 작업을 보는 것 같은 느낌을 준다. 캔버스에 유화 물감으로 그려진 동물은 2차원적이지만, 빛으로 그린 그림은 3차원적인 입체감을 느끼게 한다. 또한 이미 완성된 회화 작품으로서의 미노토르와 달리, 밀리의 사진은 마치 허공에서 유령이 나타나고 있는 듯한 미노토르의 탄생 과정을 볼 수 있게 한다.

세계적으로 주목받는 한국 출신 사진가 아타 김 Atta Kim, 1956- 은 이러한 셔터의 노출 시간을 이용해서 또 다른 독특한 상상력을 펼치고 있다.

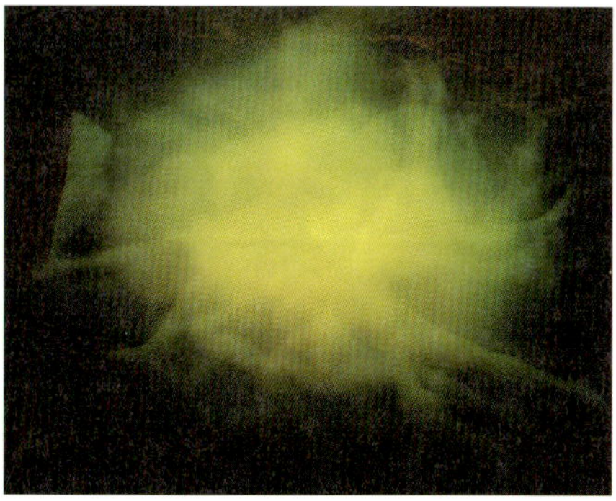

아타 김, 〈섹스 시리즈〉, 2006

그는 최근 뉴욕에서 연 개인전 〈방송 중[On-Air]〉에서 성행위 장면을 1시간 동안 노출해서 찍은 〈섹스 시리즈The Sex Series〉를 발표한다. 장시간의 노출을 통해 사진의 정지된 프레임과 영화의 연속된 프레임 사이의 형태를 보여준 것인데, 두 육체가 융합되어 녹아내리는 모습으로 포착된 사진은 우주의 행성들이 서로 부딪쳐서 폭발하는 장엄함을 느끼게 한다. 그는 성性의 주제뿐 아니라, 축구 경기, 군대의 체조, 자연의 풍경 등 다양한 주제를 다루면서 서로 다른 방식으로 시간의 이행을 지각해보기를 관람자들에게 권유하고 있다.

또한 〈얼음의 독백〉 시리즈를 통해 얼음으로 마오쩌둥, 마릴린 먼로, 피라미드, 붓다 등을 조각한 후 그것이 서서히 녹아내리는 모습을 여러 장의 사진으로 표현하여 '존재하는 모든 것은 사라진다'는 철학적 믿음을 구현하고 있다. 보통 사람들이 사진을 찍고 간직하는 이유는 그것이 한번 흘러가면 되돌아오지 않는 삶의 시간을 순간 정지시켜 회상하고 되살리게 만드는 기억의 매체이기 때문이다. 그런데 아타 김의 사진들은 간직하기 위해서가 아니라 사라지게 하기 위해서 사물을 포착한다. 얼음으로 300m 길이의 만리장성을 만들어 사진에 담는 프로젝트 등을 통해 영원불멸한 위대함으로 남아 있는 우상이나 상징물들은 모두 그의 카메라 앞에서 하나하나 사라져가며 존재와 시간, 영원함과 사라짐의 의미를 새롭게 일깨우게 된다.

클로즈업: 일상 신비로의 접근

최근 사진들은 일상적으로 우리가 주목하지 않는 대상이나 장소를 주제로 잡는 경향을 보여준다. 길거리의 쓰레기통, 버려진 집의 가구들,

피터 프레이저,
〈무제〉, 2002

더러운 행주 등을 카메라에 담아 현실 세계를 이루고 있는 모든 것이 사진의 주제가 될 수 있음을 보여준다.

현대 예술가들은 대중들이 손쉽게 포착하여 웹상에 순식간에 유포시키는 흔한 일상의 풍경이 아니라, 가장 의미 없어 보이는 일상의 주제를 상상력의 강력한 촉발제로 변모시킬 수 있는 사진, 일상의 사물들을 한 번도 탐험해보지 않은 새로운 세계로 인도하는 사진들을 보여준다.

피터 프레이저Peter Fraser, 1953-는 어떻게 사진이 일상적으로 보이는 대상의 물질성을 간직하면서도 상상력과 주관성을 보여줄 수많은 가능성을 갖고 있는가를 탐색한다.

〈물질들Materials〉 시리즈 중 〈무제Untitled〉로 되어 있는 2002년 작품을 보면, 뭉치를 이루거나 흩뿌려진 먼지들의 소용돌이가 클로즈업되어 있다. 그는 이러한 이미지를 통해 미시적인 세계를 들여다보았을 때 발견되는 거대 우주의 모습을 환기시킨다. 마룻바닥에 흩어진 미세 먼지라는 전혀 주목하지 않은 주제를 가지고, 미천한 사물들이 가지고 있는 마술적인 의미와 상상력을 불러일으키고 있다.

대상의 디테일이나 한 단편을 부각시키는 클로즈업은 미시 세계에 접근하는 효과적인 방법이다. 클로즈업된 사진을 대하게 되면 우리들의 눈은 보고 있는 대상과 가까워질 뿐 아니라 일상적인 공간에서 빠져나와 완전히 다른 차원으로 들어가는 느낌을 받는다. 프레임에 가득 찬 대상을 통해 우리는 평소에는 인지하지 못했던 피사체의 세부 사항에 주목하게 되고, 반대로 사진이 보여주지 않는 틀 밖의 정보와는 완전히 차단된다.

클로즈업은 관객을 자신의 감각과는 다른 차원으로 인도한다. 촉감, 후각, 미각과 같은 다른 지각 체계들이 강조되는 것이다. 그럼으로써 우리가 볼 수 없었던 세상의 숨겨진 차원을 드러내는 효과가 있으며, 우리는 이러한 사진들을 통해 사소하게 흘려보냈던 것들에 대해 주목하고, 현실의 눈으로 인지하지 못했던 내밀한 것, 볼 수 없는 것에 새롭게 접근하게 된다.

클로즈업은 초기부터 사용되던 사진의 기법이었지만, 프레이저를 비롯한 현대 사진가들은 이 기법을 통해 일상적인 사물들이 갖고 있는 풍요한 개념적 깊이를 끄집어내고 있다.

연출: 계획된 상상력의 힘

빛과 그림자의 예술인 사진은 다른 이미지들에 비해 현실과 매우 흡사한 이미지이기 때문에, 사람들은 사진의 객관성, 증거 가치를 믿도록 교육받아왔다. 따라서 그들은 사진의 진실성에 대한 굳은 믿음을 갖고 있다. 구성이 엄격하고 경직된 그림과는 반대로 사진에는 우발적인 어떤 것이 있기 때문에 모델을 순간 포착한 것처럼 보이는 사진이 현실의 실제 이미지라고 믿게 한다.

하지만 사진은 결코 현실의 복제이거나 완전한 재구성이 아니다. 구도를 잡고, 필름의 감도를 조절하고, 렌즈의 초점 길이를 선택하고, 찍고, 인화하는 매 순간 사진가의 특별한 개입이 필요하다. 현대 사진가들은 이를 보여주기 위해 종종 사진들을 '연출'한다. 설치미술가이자 조각가이기도 한 사진가 필립 라메트Philippe Ramette, 1961-는 동료 사진가 마크 도마주Marc Domage와의 협동 작업을 통해 유머러스하고 시적이면서도 당혹감을 불러일으키는 독특한 작품들을 만들어낸다. 발코니에 수평으로 매달려 바다에 떠 있는 사람, 곡예사처럼 나무 위를 수평 상태를 유지하며 걸어 올라가고 있는 사람…… 라메트의 사진 작품을 보면 여러 가지 질문이 머릿속에 맴돌게 된다. 어떻게 정장을 한 점잖고 '멀쩡한' 남자가 허공 위에서 공중부양을 할 수 있을까? 코믹 영화의 한 장면일까? 아니면 초현실주의적인 작품인가? 디지털의 합성을 이용한 개그일까?

그의 사진 속 모델은 모두 필립 라메트 자신이다. 중력의 법칙을 무시하듯 허공 위에 누워서 떠 있는 이 믿을 수 없는 사진은 게다가 합성을 하거나 조작을 한 것이 아니다!

〈발코니 2〉의 사진 촬영은 2001년 5월 22일 홍콩의 만灣에서 이뤄졌다. 라메트가 자신의 옷 아래 숨긴 인공 보정 장치 덕분에 가로로 '떠' 있을 수 있게 되었다. 사진의 프레임 밖에는 쌓아올린 목재 더미와 기중기가 있어서 물 위에 발코니를 올려놓을 수 있도록 했다(p.152 참조).

남자의 뒤로 홍콩의 산과 빌딩, 간판들이 그대로 보인다. 하늘과 바다와 평행을 이루고 있는 사색에 잠긴 남자는 무한을 응시한다. 그는 바다

필립 라메트, 〈발코니 2〉, 2001

필립 라메트, 〈비합리적인 산책〉, 2003

위 허공에 수평으로 누워 흘러가는 인간의 시간과 잠시 정지된 기다림의 시간을 명상하는 듯하다. 이러한 방식으로 사진가이자 사진의 모델이자 작품이 된 그는 순간을 정지시키고 포착하는 사진의 예술을 자신의 몸으로 재현해보인다.

〈발코니 2〉에서 남자가 홍콩의 풍경과 수직 관계를 이뤘다면, 〈비합리적인 산책〉에서는 나무와 수평, 수직의 대조를 이루고 있다. 역시 나무 위를 '누워서 걸어가는' 남자 때문에 지극히 평범하고 평화스런 자연의 풍경 속에 비합리적인 풍경이 끼어든다. 익숙했던 일상의 풍경이 순간적으로 낯설어지고, 우리는 여기가 아닌 '다른 곳'에 놓여 있다는 느낌을 갖게 된다.

필립 라메트는 우리로 하여금 우리의 인간 조건에 대해서 생각해보도록 하는 것을 즐기고 있다. 일견 우스꽝스러워 보이는 퍼포먼스를 통해 그는 말도 안 되는 상황들을 연출한다. 그러나 이 허공의 연극과 그것을 담은 사진 이미지는 우리를 매혹시킨다. 일상과 비일상, 합리성과 비합리성, 수평과 수직의 충돌! 그로 인한 긴장은 현실이 갖고 있는 수수께끼를 보여준다. 그는 자신이 고안한 여러 보정 기구들의 도움으로 하늘과 땅 사이 허공에 균형을 잡고 서 있음으로써 사물들을 더욱더 가볍게 하고, 상식을 뒤엎고 우리의 생각들을 유영하게 한다. 몸, 오브제, 개념들의 문제를 고찰하면서 생각의 과정을 직접 육체로 체험하고 있다. 이를 통해 육체가 세계의 풍경과 맺는 지각의 관계가 숙고된다.

진짜가 가짜 같고 가짜가 진짜 같은 우리 시대에 그의 사진은 사실 여부에 대해서 의심을 불러일으킨다. 그는 부조리함의 경계에서 자신의 작품을 제작하면서 자신의 말대로 "비합리적인 것을 합리화"하고자 한다. 그의 사진의 이미지는 높은 것과 낮은 것, 깊이와 표면이 서로 자리를 바꾸는 지점에 대한, 또한 중력의 법칙과 원근법의 규칙들에 대한 철학적인 사색의 세계로 우리를 인도한다.

이러한 종류의 사진들이 보여주는 연극성은 일견 1960년대 개념 미술의 일부인 퍼포먼스의 반향 같아 보인다. 하지만 이것들은 퍼포먼스의 기록이 아니라 의도적으로 사진을 찍기 위해 연출한 것이라는 점에서 개념 미술과 구별된다. 사진가들은 그들의 작품 속에 미리 계획했던 장치들과 의도들을 감춘다. 그럼으로써 사진 이미지는 감상자에게 자유롭게 열린다. 감상자들은 이미지를 해석하기 위해 스스로의 상상력을 발휘해야 하는 능동적인 즐거움을 누리게 된다.

10

만화의 상상력: 영상 문화의 새로운 꽃

"나는 엄마가 양파보다는 더 중요한 이유로 눈물을 흘려야 된다고
생각하시는 분인 줄 알았어요."
– 키노, 『마팔다』

'보여주며 말하는' 연속 예술

한때 저속한 대중 문화의 전형으로 폄하되었던 만화는 '영상 문화 시대'에 제9의 예술로 당당히 평가받으면서 21세기 멀티미디어형 커뮤니케이션의 핵심 장르로 주목받고 있다. 만화는 더 이상 어린이, 청소년들만을 위한 문화 매체가 아닌, 대중적이고 보편적인 문화 코드로 자리 잡고 있다. 움직이는 만화라고 할 수 있는 애니메이션은 최근 다양한 가능성을 지닌 새로운 영상 문화 매체로서 크게 부각된다.

만화는 그 어떤 것보다 상상력이 풍부한 장르이며, 독자들의 상상력을 능동적으로 불러일으키는 매체이다. 만화는 독자의 자발적 연상력을 유도하여 상상력의 여백을 제공한다. 특히 칸과 칸 사이의 공간을 통해 독자의 상상력은 정지된 그림을 살아 움직이게 만든다. 어떠한 상상도 허용되며, 어떠한 표현의 제약도 없는 만화는 현실에 근거하되 현실을 비껴가게 만드는 해방의 묘약을 갖고 있다.

윌 아이스너가 정의하듯 만화는 "연속 예술"이다. 만화는 평면적이고 고정되어 있지만 연속된 이야기를 갖는 그림이라는 점에서 끊임없이 상상력을 제공하는 움직이는 미술이다. 만화는 하나의 칸 뒤에 다른 칸의 그림을 붙임으로써 시간의 경과와 이야기의 흐름을 나타낸다. 만화의 이론을 체계적으로 정립한 스콧 맥클루드는 이 정의를 보완하여 만화를 "의도된 순서로 나란히 놓인 그림과 그 밖의 형상들"로 정의한다(맥클루드, 1995, p.17).

만화는 시각적 연속성에 의존하면서 시간을 공간으로 대체한다. 시간의 이동은 공간의 크고 작은 분할에 의해 표현된다. 시간을 공간으로 대체하는 만화의 이러한 기법은 만화라는 장르가 정립되기 훨씬 오래전부터 시도되어왔다.

만화의 기원은 원시 시대 동굴 벽화로 거슬러 올라간다. 라스코[Lascaux] 동굴 벽화 중에서 사슴의 장면은 만화의 가장 오래된 사례로 꼽힌다. 뉴욕 대학 자연사박물관 측의 설명에 의하면 이것은 세 마리의 사슴이 아니라 한 마리의 사슴이 물길 속에 뛰어들어 강을 건너가는 장면을 묘사하고 있다. 이것은 한 순간에서 다음 순간으로 가는 경로를 보여줌으로써 시간을 공간성으로 표현하는 만화의 원

라스코 동굴 벽화 중 사슴의 장면

바이외 태피스트리의 장면

형이 되고 있다.

만화의 또 다른 기원으로는 이집트 및 고대 멕시코 벽화를 들 수 있다. 멕시코 원주민들의 그림 설화는 아코디언 식으로 접히는 사슴 가죽 위에 정복담을 펼치고 있다. 펼쳐놓으면 오른쪽에서 왼쪽으로 휘어지지만 끊어지지는 않는 지그재그 방향을 취한다. 또한 중세 기독교의 수사본 삽화라든가 1066년 노르만의 잉글랜드 정복 이야기를 그림으로 전달하고 있는 〈바이외 태피스트리Bayeux Tapestry〉는 장면의 이어짐으로 이뤄진 만화의 형태를 이미 갖추고 있다.

현대적인 모습으로의 만화의 기원은 19세기 중반 로돌프 퇴퍼Rodolphe

Töpffer, 1799-1846의 〈자보 씨 이야기〉(1833)로 보고 있다. 퇴퍼는 여기에서 만화의 3대 구성 요소인 '화면', '칸의 분할', '말풍선'을 정립했다. 만화의 양식과 기법의 측면이 아니라 일상의 시각으로 보면 만화의 기원을 화장실 벽이나 수업 노트 위의 낙서에서 찾을 수 있겠다. 만화는 은밀하고, 사적이며, 무의식을 억압하는 족쇄를 풀어내는 이야기이다. 마치 배설을 하듯 내밀한 이야기를 주고받으며 카타르시스를 느끼는 원초적인 소통의 산물인 것이다.

칸, 페이지, 말풍선의 비약이 만드는 즐거움

칸은 만화 언어의 기본 요소이다. 작가는 칸의 변화와 연출을 통해 서술의 흐름에 변화를 주고 완급을 조절할 수 있다(최혜실, 2003, p.168). 만화가들은 페이지나 양면의 시작 부분에 풍경 도입 장면을 삽입해서 다음 칸들 안에 공간감을 만들어내곤 한다. 그들은 스토리상 필요하든지 필요 없든지 간에 종종 오른쪽 페이지 하단의 마지막 칸을 조절하여 다음 페이지를 궁금하게 만든다. 그래서 대부분 마지막 칸에는 "누가?", "왜?", "어디에?" 등 독자의 궁금증을 유도하는 질문이 나온다. 예를 들면 유시진의 만화 『마니』에서 각 페이지의 마지막 칸들을 보자. "그게 뭔데?", "왜?"라는 등장인물들의 질문은 독자들로 하여금 궁금증을 유발하여 다음 페이지를 넘겨 빨리 내용을 보도록 유도하고 있다.

만화가들은 칸과 칸 사이의 여백을 십분 활용한다. 이 여백에서 바로 만화적 상상력이 촉발된다. 스콧 맥클루드의 『만화의 이해』에는 칸과 칸 사이의 상상력을 보여주는 대표적인 예가 실려 있다. 한 장면에서 다

어머니가
널…?
우습게 들리겠지만
그게 사실이에요.
이런 소릴 한다고 해서 당신 어머니에 대한 당신의 애정이 줄어드는 일은 없길 바래요.
뭐…?
……
난… 다만 놀랐을 뿐이야. 뜻밖의 일이라.
뭘 가지고 협박을 당한 거지?
쏴아아…
저에게 있어서는 가장 소중한 것을 걸고.
그게 뭔데?
너에게 가장 소중한 것…?

그렇게 잘났대?
그렇게 믿고 사는 것 같더라.
크큭…
민형이 너라도 가야지–
걔들 얼마나 콧대가 높은데 그래.
민형아!
어… 웬일이냐, 서산이?
잠깐 나 좀 봐.
왜?

유시진, 『마니』, 2002

스콧 맥클루드, 『만화의 이해』 예시 그림

음 장면으로 넘어갈 때 그 사이에서 이뤄지는 많은 이야기들을 만화에서는 굳이 다 설명할 필요가 없다. 바로 칸과 칸 사이의 공간에서 독자들이 스스로 상상할 수 있기 때문이다. 맥클루드는 이것을 "빗물 받는 홈통"이라고 부르며 상상력의 피돌림을 가능하게 하는 중요한 요소라고 설명하고 있다(맥클루드, 1995, p.74). 만화의 핵심이라고 할 수 있는 마술적인 요소와 신비 효과를 가져오는 장치가 바로 이 홈통이다. 만화의 칸과 칸 사이라는 단절되고 정적인 제약이 오히려 활발한 동적 상상력을 촉발시키는 계기가 되고 있다.

한편 형상적인 것과 언어적인 것이 가장 활발하게 만나는 장르가 바로 만화이다. 언어적 메시지는 형상화되며 그림은 언어의 의미론적 가치를 시각적으로 역동화시킨다. 글자의 형태나 활자, 손으로 쓴 글씨 등을 통해서, 그리고 말풍선을 통해서 언어적, 음성적 메시지는 공간의 형태로 새겨진다.

말풍선은 만화만이 가지고 있는 독특한 상상력의 중심 표현체이다. 등장인물의 말을 풍선이나 구름 모양의 테두리 안에 표현한다. 말풍선은 애초에 글과 그림의 혼합 장르인 만화에서 그림과 구별되는 글의 공간을 확보하기 위해 만들어졌다. 하지만 만화가들은 이 공간을 개성적으로 운용하여 말풍선 안에 글이 아닌 "?, !!!, ZZZ" 등의 기호가 들어가게 하기도 하고, 등장인물의 생각을 그림으로 표현하기도 한다. 또한 화남, 놀람, 기쁨, 공포 등 등장인물의 감정에 따라 말풍선 자체의 모양이나 그 안의 활자의 모양을 달리 표현하여 표현력을 증폭시킨다. 말풍선은 "하나의 시각적인 이미지로 작용하면서 말과 글의 융합인 이코노텍스트의 경향"을 보인다(최혜실, 2003, p.168).

천계영의 만화 『DVD』의 한 장면을 보자. 남자친구가 자기를 좋아하는 것인지 아닌지를 고민하는 주인공 땀이에게 룸메이트가 밥주걱을 가지고 와서 밥풀로 점을 쳐주고 있는 장면이다. 옛날 우리 어머니, 아버

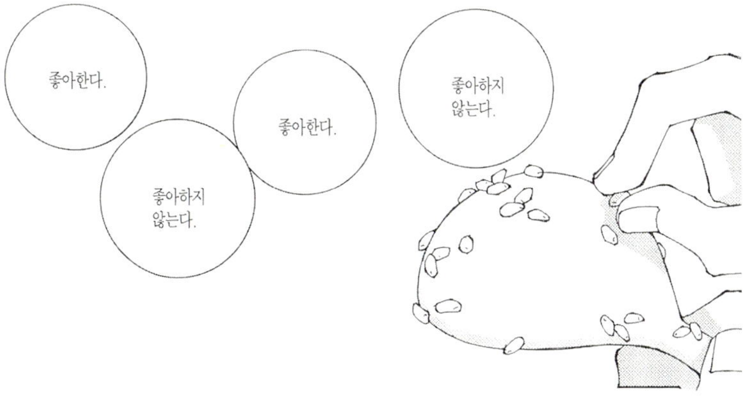

천계영, 『DVD』, 2004

지들이 두근거리는 마음으로 아카시아 잎이나 꽃잎을 하나씩 떼며 사랑점을 친 것을 이 만화에서는 '밥풀점'을 치는 모습으로 변형하고 있다. 흥부전에서 가난과 궁상의 상징이었던 밥주걱은 유쾌하게 변용되어 사랑을 알려주는 제의적 도구가 되고 있다.

밥풀을 하나씩 떼어 먹으면서 "좋아한다", "좋아하지 않는다"라고 외우는 '주문'이 말풍선 하나하나에 실려 표현되는 것이다. 말풍선의 둥근 모양은 밥알 하나하나의 모양을 연상시키기도 하고, 꽃잎처럼 한 장 한 장 떨어져 허공에 날아가는 모습으로 보이기도 한다.

전 세계적으로 사랑받고 있는 고시니Goscinny와 우데르조Uderzo의 만화 『아스테릭스Astérix』는 스토리만큼이나 말풍선의 독창적인 운용으로 만화를 보는 재미를 배가한다. 화가 난 등장인물의 말은 굵고 큰 활자와 뾰족뾰족 날선 신경을 가시화하는 듯한 말풍선의 모습으로 표현된다. 공포에 질린 등장인물의 언어는 말풍선 안에서 활자 하나하나가 마치 공포에 질린 생명체인 양 부들부들 떠는 모습으로 제시된다.

이 만화에서 말풍선은 과거의 시간과 현재의 시간을 구분해주는 기능을 담당하기도 한다. 말풍선 안에 글과 그림이 공존하면서 등장인물이 과거의 사실을 진술하는 모습을 효과적으로 나타내고 있다.

만화 읽기의 즐거움을 선사하는 도구인 말풍선은 타 장르의 작가에게도 즐거운 상상력의 원천을 제공해준다. 소설가 김영하는 만화의 '말풍선' 기능을 가지고 '개인휴대 말풍선 발생기'라는 신종 개인 커뮤니케이션 수단을 상상한다.

> 현실을 만화로 바꾸어버릴 이 대담하고도 놀라운 장치는 삐삐처럼 생겼다. 허리춤에 차고 다니거나 목걸이처럼 만들어 걸고 다니는 것이다. 우리

"그러니까 나를 들 때는 재채기하지 말라고 이미 말했잖아!"

고시니와 우데르조, 『아스테릭스』, 1961-

"헉! 으! ㅂ… ㅂ…보세요! 그들이 와요!"

"……베르생제토릭스가 투항하자, 마침내 나는 이 방패를 빼앗았지요……"

> 가 말을 하면 이 기기가 그것을 말풍선으로 만들어 공중에 띄우게 된다. 내가 "안녕하세요"라고 말하면 그 말은 상대방의 고막을 울리기도 하지만 내 머리 위에 떠오른 말풍선 위에도 그대로 나타난다. 아마도 3차원 홀로그램 기술이 필요할 텐데 가까운 미래에 곧 실용화될 것으로 믿는다(가까운 미래가 언제인지는 《소년중앙》에 묻기 바란다. 그들은 모든 것을 알고 있다). 이 '개인휴대 말풍선 발생기'는 큰 소리는 큰 글자로, 작은 소리는 작은 글자로 표기한다. 화를 내면 글자가 떨리고 울면서 말할 때에는 글자도 눈물을 흘린다. 물론 내밀한 이야기를 할 때에는 스위치를 꺼야 한다.
>
> — 김영하, 2005, p.56

빌 게이츠가 조금만 분발한다면 말풍선 기기는 사용자의 말을 파일로 기록하여 컴퓨터에 저장할 수도 있을 것이며, 교실에서는 학생들이 손을 들고 "선생님, 잘 안 보여요. 말풍선 좀 키워주세요"라고 말할 것이라는 등 말풍선이 이 유쾌한 소설가에게 촉발하는 상상은 끝이 없다. 김영하의 말대로 말풍선 복합기의 등장, 말풍선 PDA, 말풍선 요요, 말풍선 카스테레오, 핸즈프리 말풍선, 말풍선 전자책, 말풍선 교통정보, 말풍선 일기예보, 말풍선 개그콘서트의 출현 등이 현실화될 날을 즐겁게 꿈꾸어본다.

보통 만화를 읽는 방향은 왼쪽에서 오른쪽, 위에서 아래로 마치 문자를 읽듯 읽어내려가지만, 만일 이 순서에서 벗어나게 되면 새로운 표현력이 생겨나게 된다. 또한 하나의 칸이 다른 칸 안으로 침투한다든가, 이미지를 왜곡하거나 잡아늘인다든가, 틀을 파괴할 수도 있다. 주인공은 지면의 공간을 자유롭게 돌아다닐 수도 있으며, 갑자기 만화가가 익살스럽게 개입하기도 한다. 만화에서 불가능한 것은 없으며 모든 금기는 유쾌하게 위반된다.

칸과 페이지라는 만화의 제약을 뛰어넘어 상상력을 펼치는 독특한 만화가들이 있다. 프레드Fred, 1931-의 경우가 그러한데, 그는 1965년 초현실주의적인 분위기를 보여주는 〈필레몽의 모험Philémon〉 시리즈를 출간한 이래 가장 시적이고 독창적인 만화를 그리는 사람으로 꼽히고 있다.

프레드의 만화에서는 특히 칸의 고정관념과 제약을 깨는 독창적인 페이지 운용이 돋보인다. 그의 주인공은 사각형의 칸 속에서 탈출하기 위해 칸 속을 더듬고 아래 칸을 내려다보며 칸과 칸 사이에 매달려 모든 칸의 미로에서 벗어난다.

보이는 가시적인 세계 너머의 비가시적인 세계로 모험을 떠나는 주인공이 끊임없이 세계의 밖 혹은 이 세계의 이면을 탐험하듯, 만화의 형식도 칸과 페이지라는 제약에서 넘어서서 끊임없이 그 너머의 세계를 제

프레드, 『유령들의 지옥』, 2002

프레드, 『필레몽, 배트배트의 심바드』, 2003

시하고 있다. 프레드의 만화는 좌에서 우로, 위에서 아래로 읽는 문자와도 비슷한 만화의 종래의 진행 방식에서 탈피한다. 『필레몽, 배트배트의 심바드』의 한 페이지를 보면, 만화의 왼편의 칸과 오른편의 칸이 대조를 이루어 주인공들이 대화를 나누고 있으며, 납작하게 누워 있었던 칸이 주인공에 의해 일으켜 세워짐으로써 비로소 없었던 칸이 생성된다. 그 밖에도 프레드는 한 페이지 전체를 과감하게 활용하는 독창적인 공간 운용으로, 땅인 줄 알았던 공간이 거대 괴물의 일부임을 깨닫게 되는 주인공의 상대적인 감각의 인식을 페이지 전체로 표현하고 있기도 하다.

이렇게 칸, 페이지의 독창적인 운용을 보여주는 만화들에서 영감을 얻은 두 학생의 작품이 김이정의 〈피코만세〉와 성혜현의 〈칸을 부수는 소년〉이다.

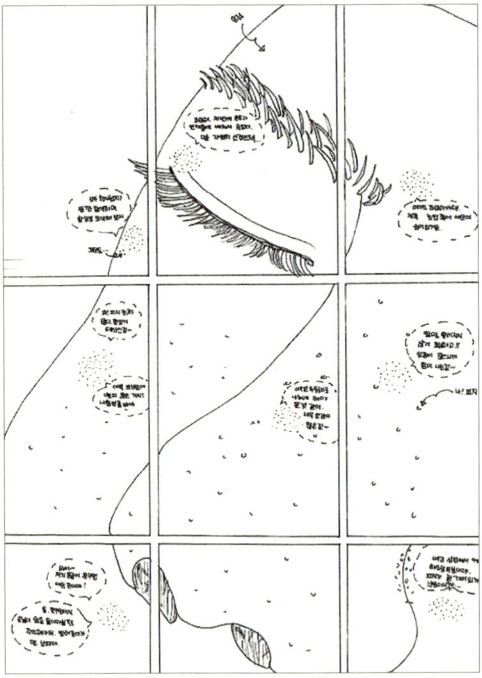

김이정, 생물학과, 〈피코만세〉

〈피코만세〉는 나노 기술로 여드름을 치료하는 내용으로 되어 있다. 나노라는 미시적 세계와 인간의 얼굴이라는 상대적으로 거시적인 세계의 대조를 효과적으로 나타내기 위해 칸과 페이지가 한눈에 파악되도록 구성하고 있다.

성혜현은 〈칸을 부수는 소년〉에서 소년이 '칸'이라는 제약에서 벗어나기 위해 열심히 발버

성혜현, 인문과학부, 〈칸을 부수는 소년〉

둥치지만, 그것 또한 책이라는 더 거대한 세계 속의 일부에 지나지 않음을 미장아빔의 기법을 통해 보여주고 있다. 만화의 '칸'을 통해 틀과 틀, 경계와 경계, 미시와 거시의 세계, 현실과 작품이라는 허구의 세계의 넘나듦에 대한 질문이 표현된다.

다매체 시대의 만화와 웹툰

만화를 보기 위해 '왔다 초코바'나 '풍선껌'을 산 기억이 있는지. 포장을 벗기면 초콜릿이나 풍선껌과 함께 부록으로 들어 있던 아주 조그마한 만화책! 인쇄 상태가 무척 조악해서 만화의 망점이 다 드러나고 싼

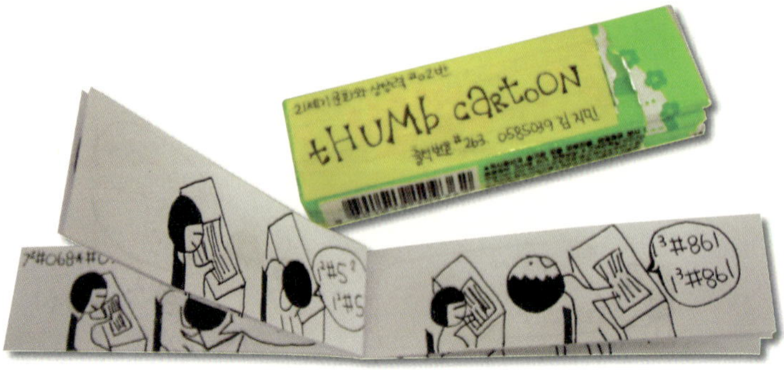

김지민, 경영학부, 〈Thumb Cartoon〉

종이와 잉크 냄새가 진하게 났지만 풍선껌을 씹으며 깔깔대고 그 자리에 서서 즐겁게 만화를 보았던 기억이 있다.

김지민 학생은 이런 딱지 만화를 우리 시대 버전으로 새롭게 부활시킨다. 일명 〈Thumb Cartoon〉이라고 하여 휴대전화 키패드를 보지 않고도 문자를 보내는 21세기 엄지족을 위한 현대인의 딱지 만화를 만들고 있다. 이 만화는 책과 휴대전화의 경계를 없앤다. 어디에나 간편하게 휴대할 수 있고 지식을 담고 있는 책과, 휴대전화의 문자 메시지 기능이 혼합되고 있다. 휴대전화의 문자 메시지를 암호화해서 대화 내용을 썼기 때문에 엄지족들에게 더 친숙하게 다가갈 수 있는 만화라고 김지민은 설명한다.

1950년대에 시작된 딱지 만화를 21세기가 된 지금 다시 부활시켜 과거에 존재한 만화책에 휴대전화 문자 메시지 암호라는 현대적인 특징을 집어넣은 이 작품처럼 21세기 상상력은 종종 고전과 현대, 복고와 미래의 비전을 아우른다.

다매체 시대에 만화는 애니메이션, 영화, 드라마, 게임, 캐릭터 상품 등으로 만들어지고 있고, 반대로 만화 소설, 만화로 보는 경제, 만화 천자문 등의 경우에서 볼 수 있듯이 만화와 크게 관계 없을 것으로 간주되었던 내용이 만화로 만들어지고 있다. 온라인과 오프라인을 넘나들며 웹툰webtoon(웹사이트의 웹web과 만화를 뜻하는 카툰cartoon의 합성어)이 각광받고 있고, 형식은 디지털이고 내용은 복고적 감성을 담은 에세이툰도 유행하고 있다.

디지털 만화는 순수한 정보로서 존재하는 만화로, 멀티미디어의 요소가 시각이라는 만화의 기본 틀 위에, 소리, 움직임, 그리고 상호 작용성을 제공해준다. 그 주요한 목적은 만화를 살아 움직이도록 만들고자 하는 데 있다.

지금의 웹 카투니스트들은 종래의 만화와는 달리 스크롤, 하이퍼텍스트, 모션 등을 통해 페이지가 아닌 인터넷 '창'의 개념을 십분 활용하고 있다. 예를 들면 인터넷 포털 사이트 '다음daum'에 연재한 최인종의 웹카툰 『한컷세상』(2003-2004) 같은 경우 스크롤바를 이용해 하늘에서 떨어지면서 연속적으로 이어지는 장면을 표현하는 스토리 형식의 한 컷을 만든 것이 돋보인다.

그중 〈창작과 복제〉를 보자. 딱따구리는 나무

최인종, 〈창작과 복제〉, 한컷세상 cartoon.media.daum.net, 2004

를 쪼아 자신과 닮은 형상을 만들고, 석공은 이를 보고 딱따구리 조각을 만들고, 사진가는 이 모습 그대로를 사진에 담고, 프린트는 이를 고화질로 잘 출력해내며, 만화가는 이를 본떠서 그림으로 옮기고 있다.

작가는 복제에 복제를 거듭하는 우리 시대 문화를 길고 긴 한 컷으로 표현해내고 있다. 스크롤바라는 기능은 손가락의 움직임 하나로 아무리 긴 내용이라도 지면의 제약 없이 얼마든지 감상할 수 있게 해준다. 최인종 작가에 의해서 만화의 한 컷은 무궁무진하게 펼쳐지는 세계의 모습을 담아낼 수 있는 거시적인 틀이 된다.

스콧 맥클루드는 『만화의 미래』에서 디지털 환경 속에서 만화의 범위를 넓혀나가야 한다고 말하면서, 그 방법으로 만화의 공간적 속성을 단순히 보존하는 것이 아니라 오히려 최대한도로 끌어내야 한다고 주장하고 있다. 미래의 만화는 인쇄 매체 이전의 만화 형태(라스코 동굴 벽화, 태피스트리 등)에서 단서를 찾아야 하며, 페이지의 개념에서 창의 개념으로 패러다임을 전환해야 한다(맥클루드, 2001, pp.209-222).

페이지라는 개념이 인쇄의 산물이라면 디지털 환경에서는 창의 개념이 통용된다. 이제 디지털 환경에서는 500칸짜리 이야기가 세로로 나열되거나 가로로 나열될 수도, 또한 모든 것을 천천히 회전하는 정육면체에 올릴 수도 있다. 만화는 '창'을 통해 거의 모든 크기와 형태를 취할 수 있으며 그림을 페이지의 경계선 너머에서까지 진행시켜 '무한 캔버스'의 꿈을 꿀 수 있게 된다(맥클루드, 2001, p.229).

11

비디오 아트의 상상력: 장엄한 빛의 서사시

지금, 여기라는 현장에 관객을 참여하게 하는 현장 미학.
–존 케이지

창조적 매체로서의 TV

부처가 가부좌를 틀고 TV를 시청하고 있다. 모니터 뒤의 카메라가 부처를 정면으로 촬영하고 있으며, 부처가 보는 TV에는 그의 영상이 어린다. 백남준의 비디오 아트 〈TV 부처〉(1974)에서 부처는 벽을 마주대고 자아를 비우는 무념무상의 수련을 하지 않는다. 그는 대중 매체의 전형인 TV를 매개로 하여 자신의 모습을 무한히 들여다본다.

TV 앞에서 몇 시간씩 부동의 자세로 몰입하는 시청자들이 드디어 깨달음을 얻고 부처가 되어버린 것일까? 아니면 부처가 이 현란한 욕망의 산물에 현혹되어 공空의 경지를 버리고 현대판 나르시스가 된 것인가? TV라는 이 유혹과 매력의 덩어리 앞에서 현혹되지 않는 자, 진정한 부처가 되리라.

백남준은 부처와 TV를 대면시킴으로써 동양의 종교와 서양의 테크놀

백남준, 〈TV 부처〉, 1974
Closed-Circuit Video Installation with Bronze Sculpture, Monitor and Video Camera, Black-and-White, Silent, Dimensions Vary with Installation, Stedelijk Museum, Amsterdam

로지를 결합시키고 있다. 이를 통해 성스러운 영역과 속된 영역의 경계는 무너진다. 실제로 TV를 통해 오락 프로나 뉴스가 흘러나올 뿐 아니라 교황의 미사가 진행되고, 불교의 교리가 설파되며, 문화의 다양한 모습이 소개되는 오늘날, TV는 종교, 문화, 사회, 정치 등 모든 분야의 경계를 무너뜨리고 있다. 이러한 모습을 반영하듯 백남준의 〈TV 부처〉에서는 우상이 파괴되고, 예술과 일상이 자연스럽게 결합된다. 이 세계적인 비디오 아티스트는 참선이라는 정신 세계와 TV가 상징하는 물질 세계, 중심 문화와 주변 문화, 성과 속 등의 구분을 무화하면서 종교, 삶, 그리고 예술에서 심각함과 무거움을 제거하고 있다.

〈TV 부처〉는 반영 대상이 영상과 직면하게 되는 '폐쇄 회로' 구조로 되어 있다. '폐쇄 회로'는 비디오 카메라에 의해 만들어진 신호가 케이블을 통해 직접 모니터로 전달되어 영상으로 다시 전환되는 것을 의미한다. 이 경우 촬영된 것은 동시에 모니터에서 검사된다(데커, 2001, p.99). 비디오로 촬영되는 자신의 모습을 관조하게 하는 것은 한 이미지를 그 자체 속에 새기는 미장아빔 기법을 사용하여 자신의 정체성을 탐색하고자 시도하는 것이다.

비디오 아트의 대표적인 예술가 백남준은 1960년대 독일을 중심으로 일어난 국제적 전위 예술 운동 '플럭서스[Fluxus] 그룹(포스텔[Wolf Vostell], 백남준, 마키우나스[G. Maciunas], 보이스[J. Beuys] 등)'의 멤버로 활동했다. 그는 캔버스를 TV 모니터로, 물감을 신시사이저로 대체하며 예술의 연장에서 비디오 아트를 발전시켰다. 그는 20세기 초 캔버스에서 콜라주 기법이 유화를 대신했듯 21세기에는 브라운관이 캔버스를 대신할 것으로 전망했다.

백남준은 '플럭서스' 멤버로 함께 활동한 샬로트 무어맨을 위해 〈TV

브라〉(1969), 〈TV 첼로〉(1971), 〈TV 침대〉(1972) 등을 만들게 된다. 예술과 기술에 내포된 진정한 문제는 또 다른 과학적 장난감을 만드는 것이 아니라 어떻게 기술과 전자적 매체를 인간화하느냐 하는 것에 있다고 한 백남준의 언급에서 볼 수 있듯이, 그는 TV라는 테크놀로지의 산물인 전자 매체를 가지고 인간 삶의 모습 하나하나를 표현하고자 했다.

〈TV 첼로〉에서 무어맨은 TV 첼로를 연주하는 행위를 함으로써 연주하는 소리를 화면 위의 이미지로 표출한다. 백남준은 소리와 시각의 상관관계를 TV 첼로를 통해 실험했으며, 무어맨이 악기를 연주해감에 따라 연주자가 화면 위의 이미지를 조절할 수 있고 재생할 수 있음을 보여주었다.

백남준은 "비디오 예술은 단지 TV 화면과 테이프를 의미하는 것이 아니다. 이것은 전체적인 삶, 하나의 새로운 삶의 방식이다. 그녀 몸에 부착된 TV 화면은 문자 그대로 라이브 비디오 예술의 체현이다"(배트코크, 1990, p.195)라고 선언하면서 마치 진실의 한 조각처럼 예술 작품으로서 매매가 불가능한 라이브 비디오 예술의 매력을 보여주고 있다.

백남준의 또 다른 작품 〈하늘을 나는 물고기들〉(1976)에서는 약 30여 대의 컬러 TV 모니터들이 지면을 향한 채 천장에 매달려 있다. 이를 통해 전통적인 수직적 중력은 파괴된다. 관람객들은 천장에 매달린 모니터들을 보다 편안하게 바라보기 위해서 마룻바닥 위에 눕도록 권유받는다. 수직적 위치 혹은 선 위치에서 그림을 감상해야 한다는 규칙을 깨고 마치 편하게 누워서 TV를 보듯, 눕는 자세로의 변화를 도입함으로써 예술을 보는 관점의 변화를 가져오고 있다.

우리 시대의 사람들은 마치 평상에 누워 별을 바라보며 상상의 나래를 펼치듯 천장에 달린 모니터를 보면서 평화와 안정감을 느끼게 된다.

이렇게 백남준이 표현하는 디지털적인 것은 아날로그적인 감수성과 모순되는 것이 아니라 끊임없이 인간적인 것, 아날로그적인 것과 얽혀서 표현된다. 모니터에서 반복적으로 보여지는 헤엄치는 물고기와 하늘을 나는 비행기의 이미지는 자연과 기술의 결합을 상징적으로 암시하고 있다.

> 나의 실험적 TV는 항상 재미있지 않다.
> 그러나
> 항상 재미없는 것도 아니다.
> 자연의 아름다움처럼, 아름답게 변화하기 때문이 아니라,
> 단지 변화하기 때문이다.
>
> ─백남준(배트코크, 1990, p.203 재인용)

백남준은 TV라는 매체가 상업성을 갖거나 대중의 바보상자 구실을 하는 것이 아니라 도구성에서 벗어나 창조적 매체가 될 수 있음을 보여준다. 그는 1969년 뉴욕에 있는 하워드 와이즈 갤러리에서 〈창조적 매체로서의 TV〉라는 전시회를 가진 바 있다. 백남준과 초기 비디오 아티스트들이 열어놓은 길을 따라 많은 예술가들이 TV 수상기 혹은 비디오라는 매체를 그들의 새로운 상상력의 표현체로 기능하게 하고 있다. 그렇다면 비디오 아티스트들은 매체의 도구성에서 어떤 방식으로 탈피하여 상상력을 불어넣고 있는가? 관객들은 다른 조각 작품이나 회화 작품을 대할 때와는 달리 끊임없이 명멸하며 화면이 바뀌는 비디오 작품 앞에서 어떤 느낌을 받게 되는가?

빛으로 표현되는 동시성의 예술

비디오 아트란 비디오를 통해 이야기를 서술하거나, 그림을 그리거나, 하나의 독특한 시각적 언어를 만들어내는 예술이다. 비디오 아트는 개념 미술, 다다이즘, 행위 예술, 아방가르드 영화와 같은 예술사 내부로부터의 흐름에 큰 영향을 받아 1960년대 중반 미술계에 등장했다. 테크놀로지와 예술이 결합한 최초의 전자 매체 예술 형식이라는 점에서 테크놀로지의 발달에 따른 사회 변화와 밀접한 관련성 속에서 발생했다. 또한 비디오 아트의 등장 배경에는 1950년대 중반 이후 후기산업사회 자본주의 논리를 대변하면서 대중 문화를 주도하던 텔레비전과의 역학 관계가 직접적으로 작용했다.

하지만 비디오 아트는 TV 수상기를 매체로 사용하기만 할 뿐 반[反] TV의 기치를 걸고 TV의 상업지향적인 것 대신 무엇을 표현할 것인지를 탐구했다. 비디오 아티스트들은 작품이 대중 소비를 위한 생산물이 아님을 확실히 했다. 그들은 비디오가 가지고 있는 전자 이미지를 탐구하면서 기술적 진보가 예술과 삶을 어떻게 변화시킬 수 있을 것인가에 주목했으며 매체의 기술적 가능성을 실험했다. 상업 텔레비전의 기술자들이 상업적 영상을 얼마나 더 좋은 화질로 송출할 수 있는가에 관심을 가지는 데 반해 이들은 예술적으로 기능하는 비디오의 메커니즘에 관심을 가졌다(러시, 2003, p.102).

비디오 아트는 비디오테이프(다큐멘터리 혹은 실험적 이미지), 설치 비디오 및 비디오 조각, 비디오 행위 예술로 세분된다. 비디오테이프 작품이란 비디오테이프와 TV 수상기의 결합으로 이루어진 작품 형태로, 비디오 예술가가 비디오 카메라를 사용하여 촬영, 편집한 비디오테이프를 틀게 된다. 우리는 일반적으로 소규모 전시관이나 미술관에서 비디오테이프를 감상할 수 있다. 비디오테이프로 작업하는 아티스트는 즉각적인 비디오테이프의 되감기, 겹녹음, 실제 시간 속에 이뤄지는 이미지의 왜곡 등 비디오 매체가 가진 고유의 특성들을 표현한다.

설치 비디오는 비디오 장비, 주로 TV 수상기를 이용한 설치물을 말한다. 일반적으로 여러 대에서 수십, 수백 대의 TV 수상기를 이용해 작품을 꾸미는 경향이 있다. 비디오 조각이란 조각물에 비디오 카메라, 모니터 등을 부착하거나 조각물과 함께 놓여 있는 작품을 말한다. 비디오 장비를 제거한다면 하나의 조각 작품으로도 보인다. 마지막으로 비디오 행위 예술은 행위자가 어떤 형태로든 비디오 매체와 관련된 행위를 보여주는 행위 예술의 한 형태를 말한다.

'빛'을 주 요소로 삼는 비디오 아트는 비물질성, 변형가능성, 시간성 등 매체 자체의 특성을 강조한다. 메르디외가 비디오를 "생략적인 마티에르"(메르디외, 2005, p.809)라고 일컬은 바와 같이 매체로서의 비디오는 부유浮游하고 유동적이며 부정확한 성질을 지니고 있다.

예술가들과 관객들은 영상과 소리가 복합적으로 어우러진 새로운 시청각 매체, 대중 매체로서 비디오가 가진 매력에 사로잡힌다. 회화나 조각과 같이 정지된 예술 형식의 물질적 가치를 거부하던 당시의 예술가들에게 비디오는 작품이 탄생하는 과정을 중시하는 프로세스 미학의 주요 중개자로 인식되었다.

서양 미학은 전통적으로 공간에 중심을 두어왔기 때문에 시간에 중요성을 부여하는 비디오 아트는 조형 예술에 혁명적인 변화를 불러일으키고 있다. 비디오는 무엇보다 동시적 매체이다. 비디오에 녹화되는 대상물은 시간차를 두지 않고 동시에 모니터의 스크린 위에 나타날 수 있다.

필름의 경우 가공과 현상의 과정을 거쳐야 하는 데 비해, 비디오는 즉각적으로 기록하고 보여줄 수 있기 때문에, 예술가들은 비디오의 자발성과 즉각성을 통해 시간과 기억에 관한 주제들에 몰두한다.

여기에서 시간과 공간의 논리적 연결은 무시된다. 비디오는 순차적인 진행이 무시된 시간이어서 비디오에 녹화된 미세한 사건들이 하나의 붕괴된 공간 속에서 전진하기도 후퇴하기도 한다. 비디오 아트의 TV 화면들은 맥락을 뛰어넘어 한국 전통 무용이 나오다 마라톤 장면이 나오고, 일본 스모가 나오고 뉴욕 거리가 나와서, 다 감상하고 나면 마치 복잡한 꿈을 꾸고 깨어난 듯한 느낌을 갖게 된다. 우리의 주목을 끌기 위해 서로 경쟁하는 다중적 이미지들은 혼돈스럽고 무작위적인 느낌을 전달한다. 이미지는 분할되고, 서로에게 침투하면서 겹쳐진다. 이미지 자체의 가독성은 부차적인 요소로 밀려나게 된다. 관객들은 눈앞에서 끊임없이 변형되고 이어지는 이미지의 무시무시한 속도에 삼켜진다. 예술가들은 이를 통해 추상적 공간과 추상적 시간을 표현한다.

21세기 비디오 아트의 현장 미학

세 번째 밀레니엄으로 접어든 지 얼마 되지 않은 지금에도 비디오 아트는 여전히 급속도로 팽창하고 있다. 백남준1932-2006, 게리 힐Gary Hill, 1951-, 브루스 노먼Bruce Nauman, 1941-, 빌 비올라Bill Viola, 1951-, 토니 아우어슬러Tony Oursler, 1957-, 피피로티 리스트Pipilotti Rist, 1962-, 티에리 쿤첼Thierry Kuntzel, 1948- 등 주요 비디오 아티스트들은 이미지를 즉각적으로 전송해줄 수 있는 비디오의 특징을 십분 활용하여 다른 매체와 구별되는 비디오의 잠재력과 상상력을 표출하고 있다.

그중 스위스 출신의 피피로티 리스트는 현재 가장 활약이 두드러진 여성 비디오 아티스트로 꼽히고 있다. 뮤직 비디오 같은 그녀의 화려한 작품은 각각 다른 분야의 예술 형태가 제휴해 만들어낸 새로운 장르의 시작이 되었다. 그녀는 친숙한 것을 확대하고 낯설게 만들어서 변화와 충격을 준다.

피피로티 리스트의 비디오 작품 〈비의 여인〉에서는 태아의 자세로 웅크리고 있는 벌거벗은 여성이 보인다. 영화 속 한 장면인 것처럼 푸

피피로티 리스트, 〈비의 여인〉, 1999

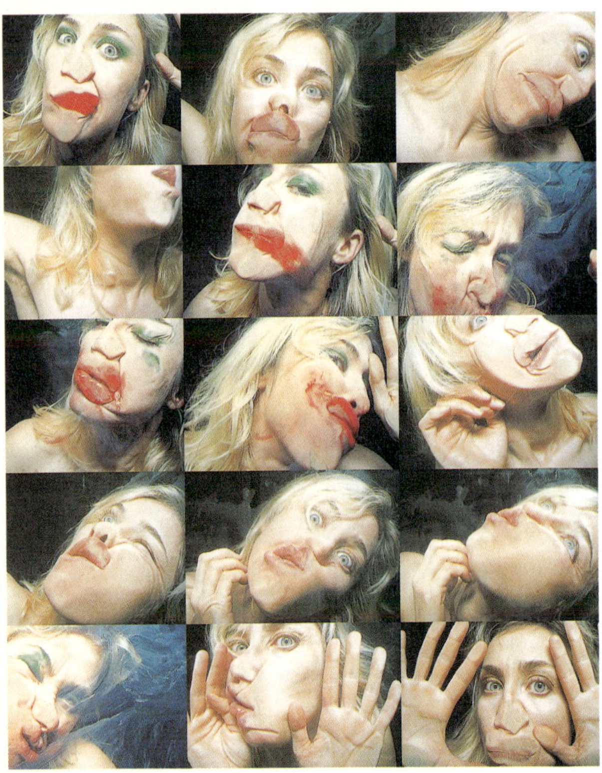

피피로티 리스트, 〈내 오솔길을 열어라〉, 2000

른빛이 화면 전체를 감싼다. 거대한 규모의 스크린은 관객들을 압도하며, 그들은 공간 속으로 함몰되는 느낌을 받는다. 그런데 이것은 영화가 아닌 피피로티 리스트의 비디오 설치 작품이다. 자세히 살펴보면 영사된 장소가 스크린이 아닌 부엌의 타일 벽과 싱크대임을 알아볼 수 있다. 그로 인해 화면 속 여성의 몸은 기이하게 분할되고 있다.

피피로티 리스트의 이 낯선 작품 속에서 부엌이라는 평범한 가정의 공간이 스펙터클의 공간으로 전환된다. 밥을 짓고 설거지를 하는 일상의 지극히 현실적인 공간이 환상과 뒤얽힌다. 부엌은 여성의 공간이다. 특히 밥을 준비하는 엄마라는 여성의 역할로 상징화되는 공간이다. 그러나 영사된 여성의 모습은 그것과는 정반대의 모습이다. 엉덩이를 관객 쪽으로 향하고 있는 벌거벗은 빨강 머리의 젊은 여성은 에로티즘과 욕망과 섹스의 세계로 우리를 인도한다.

피피로티 리스트는 〈내 오솔길을 열어라Open My Glade〉(2000)라는 비디오 작품에서 뉴욕 타임즈 스퀘어Times Square의 거대한 전광판을 이용하기도 한다. 화면에 코, 입, 볼, 얼굴, 손바닥 등을 바싹 대고 얼굴을 일그러뜨릴 수 있는 대로 일그러뜨린 여성이 답답한 광고판의 공간 밖으로 빠져나가려고 안간힘을 쓰고 있다. 늘 세상의 아름답고, 좋고, 완벽하고, 즐거운 측면을 강조하는 광고와는 대조적인 모습이다. 이 작가는 선전과 상업성으로 상징되는 광고판을 예술적인 목적으로 사용함으로써 장소의 의미를 전환하고 있다. 이 작품에서 여성은 우스꽝스럽기도 하고, 불쌍하기도 하고, 전투적이기도 하다. 〈비의 여인〉에서도 보았듯이 피피로티 리스트의 비디오 아트 속에서 여성의 이미지는 양가적으로 그려지면서 불안한 낯섦을 자아낸다.

'불안한 낯섦'은 유희적인 즐거움과 함께 현대 비디오 아티스트들이 두드러지게 표현하는 주제이다. 게리 힐은 〈나는 이것이 '타자'의 입장에서 본 이미지라 생각한다 I believe It is an Image in Light of the Other〉(1991-1992)에서 글자 모양이 변하는 텍스트가 빈번하게 나타나면서 낯선 인물이 등장했다가 사라지는 비디오 설치 작품을 보여준다. 그의 작품은 변형시킨 흑백 TV, 튜브, 음향 장치, 책, 음향, 싱크로나이저, 개집 등 다양하고 복잡한 장치들을 동원하여 파편화된 인간 육체의 이미지와 세상에서 들을 수 있는 온갖 다양한 소리들을 부각시킨다.

토니 아우어슬러는 몽환적이거나 부풀어 있는 얼굴, 조각난 신체 등으로 혼성적이고 분열적인 인간의 모습을 표현한다. 그는 1990년대 초부터 LCD 프로젝터를 이용하여 흰 천으로 만든 둥근 모양의 인형에 찡그리거나 무표정한 사람의 실제 얼굴과 목소리를 담은 움직이는 이미지를 투영하는 작업을 하고 있다. LCD 프로젝터라는 새로운 테크놀로지가 일반 컴퓨터 화면과 같은 품질을 보장하게 되자 수조, 인형 등 일반 오브제를 모니터 대용으로 사용하는 새롭고 기발한 상상력이 촉발될 수 있었다. 예를 들어 〈수중 underwater〉(1995)이라는 작품은 물이 가득 찬 유리 속에 사람 얼굴을 투사하여 마치 잘려진 목이 유리 속에 담긴 느낌을 전달한다.

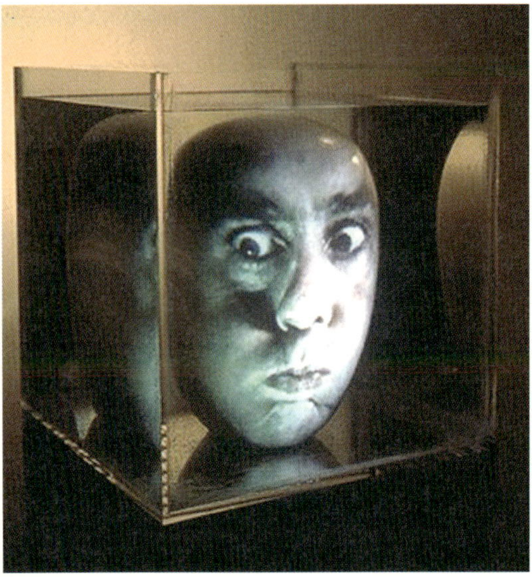

토니 아우어슬러, 〈수중〉, 1995

메르디외는 그를 "시청각

매체를 보며 성장하여, 새로운 기술에 전혀 반감이 없는 세대"(메르디 외, 2005, p.130)라고 지칭한다. 그는 F/X 플로터[Plotter]를 사용한다든가 특수 유리인 플렉시글래스[Plexiglas]를 사용하는 등 다양한 영사의 바탕을 통해 그 위로 비치는 인물의 얼굴이 유리병 안에 갇힌 것처럼 뿌옇고 부유하는 듯 보이게 한다. 비디오 테크놀로지를 이용해 우리가 세계를 바라보는 방식을 확장하고 변화시키고 있는 것이다.

이제 비디오는 점점 더 여러 기술을 도입함으로써 혼융의 성격을 더해가고 있다. 비디오 아트는 디지털과 합쳐져서 발전에 발전을 거듭하게 되고 인터넷 아트 등과 같은 새로운 형태의 예술을 탄생시킨다.

12

디지털 미학과 하이퍼텍스트의 상상력

작품은 한 작가에 의해서가 아니라 모두에 의해서 창조된다.
- 로트레아몽

물질을 초월한 현실과 가상의 교류

컴퓨터와 인터넷은 오브제나 지시 대상물에 의존하지 않고 이미지를 무한히 생산해내는 새로운 종류의 상상력을 탄생시켰다. 디지털 아트 digital art 혹은 웹 아트 web art 로 불리는 컴퓨터 예술은 1996년 무렵에 처음으로 나타났다. 이로써 컴퓨터를 기반으로 하여 상호 작용성, 하이퍼텍스트, 글로벌 네트워킹, 화려한 그래픽과 3차원 애니메이션 이미지 등을 특징으로 하는 새로운 장르가 탄생한다.

20세기에 미술과 일상이 만났다면, 21세기에는 디지털을 통해 현실과 가상의 교류가 이뤄지고 있다. 디지털 세계는 스스로를 계속해서 복제하거나 모방하면서 현실에 대해서 현실보다 더욱더 '현실적인' 이미지를 제공한다. 물질성을 초월한 디지털 아트는 무한 공간, 무한 시간, 무한 이미지의 경험을 가능하게 하고 있으며, 예술 경험을 시각적인 것에서 촉각적인 것으로, 수동적인 것에서 참여적인 것으로 확장한다.

디지털 예술은 감상자가 작품에 직접 개입하고 만들어나간다는 의미에서 쌍방향성이 강조된 '인터렉티브 아트interactive art'이다. 예술가들이 미리 프로그램화한 작품에 관람자들이 참여함으로써 예술가와 관람자의 상호 작용이 이뤄진다. 관람자들은 작품의 메커니즘을 발동시키고 조작할 수 있으며, 그들의 움직임에 따라 이미지와 전개 방향을 바꿀 수 있다. 관람자들이 작품을 시작하고 내용을 부여하며 완성한다는 점에서 더 이상 수동적인 관람자가 아닌 참여자의 입장에서 작품을 대하게 된다. 또한 작가는 전능한 창조자의 지위에서 내려와 참여자들을 위한 안내인 혹은 프로그래머의 역할을 맡는다.

선택 가능한 내용을 결정하는 것은 예술가들이지만, 참여자들이 이 내용을 가지고 무엇을 하느냐에 따라 수많은 변이가 나타난다. 쌍방향성이 강조되고 인터넷 사용이 보편화됨으로써 개인의 창조성이 더욱 부각되고 있으며, 수용자들은 모두가 향유할 수 있는 예술 형태가 문화의 장 안에 자리 잡아가기를 점점 더 바라고 있다. 그들은 미완의 작품을 완성해가는 기쁨을 누리고 싶어하며, 디지털 공간은 문화 생산자와 소비자, 창작자와 관객이 직접 소통하는 새로운 매체 실험의 장이 된다.

카오스 컴퓨터 클럽Chaos Computer Clubs은 파리 "밤지새우기Nuit blanche" 페스티벌의 일환으로 프랑스 국립 도서관Bibliothèque Nationale de France의 책 모양으로 된 네 개의 타워를 거대한 컴퓨터 스크린으로 변모시킨다. 공공 장소에서 컴퓨터와 빛을 가지고 인터렉티브 아트의 신나는 축제를 한판 크게 벌인 것이다.

카오스 컴퓨터 클럽의 '해커들'은 도서관 유리벽을 온통 빛의 향연장으로 바꿔놓는다. 그들은 컴퓨터의 조작을 통해 빌딩 위로 달리는 옛날

카오스 컴퓨터 클럽, 〈아케이드〉, 2003

컴퓨터 게임의 새 버전을 홍보했는데, 모든 사람들은 자신의 휴대전화로 빌딩 위에서 게임을 즐기며 대형 화면에 나타난 화면의 형태를 변모시킬 수 있었다. 그중에서는 고전적인 게임인 테트리스도 있었다.

이제 예술 작품은 공개된 장소에서 제작되고 관객의 참여를 필요로 한다. 디지털이 일반 대중이나 가정에 광범위하게 전파된 만큼, 디지털 예술은 대중들과 함께 공유하고 참여하는 즐거운 축제의 장을 제공한다. 인터렉티브를 지향하는 예술은 컴퓨터 아트뿐 아니라, 관객과의 또 다른 유희적인 소통을 지향하는 '휴대전화 아트' 등의 새로운 방식으로 급속도로 전파될 것이다.

컴퓨터 아트와 전자의 축제

미국의 존 사이먼John Simon은 〈모든 아이콘Every icon〉(1997)이라는 작품을 통해 컴퓨터의 메커니즘과 컴퓨터에 고유한 언어 자체를 보여준다.

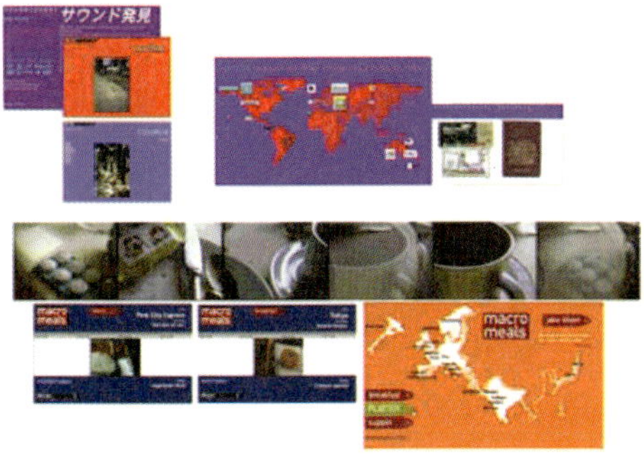

제이크 틸슨,
〈thecooker.com〉, 1994

웹 사이트 http://www.numeral.com/everyicon.html에서 직접 감상할 수 있는 이 작품은 32×32인치의 정사각형을 분할한 1,024개의 작은 정사각형의 틀로 되어 있고, 맨 윗줄 왼쪽에서부터 정사각형 안이 흑과 백의 다른 조합으로 계속해서 변화한다. 모든 정보를 0과 1, 전자의 꺼짐과 켜짐으로 조합하는 디지털 방식 자체를 흑과 백의 변화하는 작품으로 표현하고 있다. 이 모든 조합을 다 하자면 무한대에 가까운 시간이 걸리는 만큼, 무한의 관념은 컴퓨터의 언어로 시각화된다.

그래픽 디자이너인 제이크 틸슨Jake Tilson은 1994년 〈thecooker.com〉이라는 웹 사이트를 열어 자신의 세계 여행 경험을 바탕으로 방문객들과의 상호 작용을 꾀하고 있다.

그는 여행의 풍경 가운데에서 중심이 아니라 주변의 것, 주목하지 않는 것, 우리의 일상적 비전에서 비껴난 요소를 드러내고자 한다. 그중에서 음식이라는 문화를 중점적으로 다루고 있는데, 음식이 도시 풍경을 보는 중요한 열쇠이자 도시의 사회적, 인류학적 역사를 이해하는 핵심이라고 생각하기 때문이다.

〈thecooker〉는 웹만을 사용한 예술 작품으로 이뤄진 'here', 웹 이외의 프로젝트로 이뤄진 'there', 이전에 했던 프로젝트 리스트로 되어 있는 'files'라는 세 영역으로 나뉘어 있다. 그중 'here'의 한 항목을 이루는 〈대규모 식사Macro Meal〉 프로젝트는 세계 지도 위에 펼쳐진 도시명을 클릭하고, 아침, 점심, 저녁 식사 중 하나를 클릭하면 그 지역 레스토랑의 풍경이 동영상으로 뜨고 음식을 즐기는 사람들의 와글거리는 소리가 들린다. 방문객들은 이런 방식으로 전 세계의 레스토랑을 '방문'하면서 전 지구의 다문화적인 측면을 체감할 수 있다. 지금까지 계속되고 있는 틸슨의 이 프로젝트는 웹 아트가 책이나 물리적인 작품과는 달리 완결되지 않은 예술, 끊임없이 변화하는 순간성의 예술임을 보여준다.

웹 아트의 중요한 특성인 '인터렉티브'를 배제하는 아티스트도 있다. 장영혜는 1999년 마크 보주Marc Voge와 함께 '장영혜중공업'이라는 웹 아티스트 그룹을 결성해 활동하고 있다. 이 그룹은 '중공업'이라는 이름하에 산업화 시대를 상징하는 기업인 것처럼 위장하고 있지만 물질과 정반대 선상에 있는 비물질적 매체의 전형인 인터넷을 이용해 작품 활동을 펼치고 있다. 디지털 아트는 산업화 시대에서 정보화 시대로 넘어가는 우리 시대상을 상징하는 대표적인 산물인데, 역설적이게도 이들은 산업화 시대의 전형인 '중공업'이라는 이름으로 가장하고 있다.

웹 사이트 〈www.yhchang.com〉을 통해 소개되는 이들의 웹 아트는 플래시 프로그램을 이용하여 만든 움직이는 텍스트와 음악으로 이뤄진다. 항상 음악과 함께, 마치 옛날 영화를 보듯, "십, 구, 팔, 칠……"로 카운트다운을 하면서 "장영혜중공업이 소개하는"으로 시작하는 이들의 작품은 강렬하고 단순한 배경색 위에 빠르게 점멸하는 고딕체 문자와 음악으로 구성된다. 한국어, 영어, 프랑스어, 스페인어, 일어 등 다국적의 언어로 되어 있는 텍스트가 움직이면서 소리와 결합되어 문학, 미술, 음악이 통합된 하나의 작품을 이룬다.

이중 〈다코타Dakota〉란 작품은 한글, 영어, 스페인어, 프랑스어로 볼 수 있는데, 고딕체로 된 큰 글자가 빠른 리듬을 타고 명멸하는 작품을 보면서 관람객들은 글자들에 쫓기는 기분이나 혹은 글자들의 강렬한 공격에 상처를 입는 듯한 기분을 느끼게 된다. 구어체로 되어 있는 텍스트, 비속어라든가 문법에 맞지 않는 언어, 직설적인 어조 등 날것 그대로의 언어 사용은 관람객들을 당황시킨다.

내용은 성욕이나 음식 등 원초적인 욕망, 대기업이나 자본주의 사회에 대한 직설적인 비판으로 되어 있다. 하지만 이야기 자체의 서사성은 있으나 지나치게 빨리 지나가고 명멸하는 글자-이미지는 의미 파악을 힘들게 한다. 관람객들이 읽는 속도와 리듬을 마음대로 조절할 수 없으며, 단어나 문장은 음악의 리듬과 함께 임의적으로 때로는 길게 때로는 짧게 때로는 빠르게 때로는 느리게 끊긴다. 이를 통해 작가는 새로운 읽기-보기 경험을 관람객에게 선사하게 된다.

장영혜중공업은 인터넷이 가지는 접근의 용이성, 익명성, 음악, 미술, 문학을 통합하는 종합 예술성을 기본적으로 활용하는 웹 아트의 전형적인 특징을 보여주고 있지만, 다른 한편으로는 웹의 다른 특성인 하이퍼텍스트성이나 상호성, 그리고 이미지 요소를 배제하고 있다. 관람자들은 보통의 웹 아트 작품처럼 장영혜중공업의 작품을 자신의 의지대로 클릭하거나 넘길 수 없다. 오로지 작품이 시작하는 대로 그리고 보여주는 대로 끝날 때까지 가만히 응시할 수밖에 없는 수동적인 역할을 담당할 뿐이다. 이것은 디지털 이미지와 아날로그 이미지의 결합을 꾀하는 새로운 웹 아트라고 볼 수 있다. 장영혜와 마크 보주는 일방성이나 서사 구조 등과 같은 전통적인 예술의 형태를 웹에 도입하여 독특한 장르의 예술 형태를 창조하고 있다.

하이퍼텍스트의 작가와 독자

하이퍼텍스트는 1960년대 컴퓨터의 개척자 테오도르 넬슨Theodore Nelson이 'hyper(건너편의, 초월, 과도한)'와 'text'를 합성해 만든 컴퓨터 및 인터넷 관련 용어이다. 독자들에게 다양한 경로를 허용하는 링크들에 의해 연결된 일련의 텍스트 덩어리로, 순서를 갖지 않은 글쓰기 방식을 의미한다. 일반 문서나 텍스트는 사용자의 필요나 사고의 흐름과는 무관하게 계속 일정한 정보를 순차적으로 얻을 수 있지만, 하이퍼텍스트는 사용자가 연상하는 순서에 따라 원하는 정보를 얻을 수 있는 시스템이다.

하이퍼텍스트는 종이와 펜에서 모니터와 자판으로 문학의 매체를 변화시켰다. 판형이 다양하고 손으로 만지고 책장을 넘길 수 있으며, 우리 마음대로 휴대하면서 밑줄을 그을 수 있는 종이책과는 달리 디지털 텍스트는 비물질적이다. 모니터상으로 존재하는 텍스트는 컴퓨터를 끄면 사라진다.

종이 위에 인쇄되어 있는 문자들과는 달리 하이퍼텍스트의 웹 공간은 고정되어 있지 않고 항상 움직인다. 여기에서는 어느 것이나 중심부가 될 수 있고, 또한 주변부가 될 수 있다. 종이책에서 각주의 방식이 하이퍼텍스트의 본질이 될 정도로 주변과 중심이 변화하며, 작품이나 텍스트는 무수한 다른 텍스트들과의 영향 관계에 놓이게 된다.

전통적인 종이책이 시작과 끝이 있는 선형적인 구조를 가지고 있다면, 하이퍼텍스트는 서로 동떨어진 여러 조각들이 링크link 기능을 통해 비선형적인 네트워크로 연결되어 있다. 하이퍼텍스트의 링크 기능은 텍스트를 유동적인 망상 구조로 변환시킴으로써 시작과 끝이 분명하지 않은 비선조적인 특징을 부여한다. 이는 들뢰즈와 가타리가 나무 구조로 파악하는 위계질서의 반대항으로 제시한 리좀 구조를 연상시킨다. 중심 없이 서로 얽혀 있는 줄기 식물의 뿌리 형태인 리좀은 모든 구성 요소가 서로 접속할 수 있는 횡적인 구조로 되어 있다. 마찬가지로 하이퍼텍스트는 링크를 통해 얼마든지 원하는 텍스트로 한 번에 이동이 가능하기 때문에 전통적인 텍스트와는 달리 다순차적인 특성을 갖는다. 따라서 하이퍼텍스트의 이야기는 기승전결에 따라 논리적이고 일방적인 고리로 전개되는 것이 아니라, 독자의 다양한 선택에 따라 얼마든지 다른 순서와 다른 이야기로 전개될 수 있다.

단절과 불연속적 글쓰기의 지표인 비선조성은 전통적인 문학에 있어서도 확정된 의미를 거부하는 의도적인 산물이었던 경우가 많았다. 18세기 로렌스 스턴Laurence Sterne은 『트리스트람 샌디Tristram Shandy』에서 몇몇 글자를 일부러 지우고 빠진 글자가 무엇인지 맞춰보라고 독자에게 요구하기도 하고 어떤 부분을 텅 비워놓고 빈자리를 독자가 채우게 함으로써 독자와 함께 만들어가는 텍스트를 시도했다. 제임스 조이스James Joyce의 『율리시즈Ulysses』(1922) 또한 이야기의 내용에 끊임없이 의식의 흐름이 삽입되어 단선적인 글쓰기의 방식을 탈피했다.

이러한 전통을 이어받아 보르헤스를 비롯한 현대 소설가나 홍상수 감독의 영화에서처럼 한 가지 이야기가 관점에 따라 상황이 조금씩 바뀌면서 계속 반복되는 등 이야기의 비순차적인 흐름을 도입하는 작품의 사례는 무수히 많아졌다. 이는 작품을 읽는 독자가 작품 속의 각 단계에서 이후의 진행을 선택하는 '사용자 중심 문학ergodic literature'의 전통과도 닿아 있다.

하이퍼텍스트가 이들과 차별화되는 점은 이러한 선택 가능한 구조가 기술적인 뒷받침으로 실제로 가능하다는 점이다. 마치 롤 플레잉 시뮬레이션 게임처럼 가상의 삶을 실제적으로 살아갈 수 있게 된다. 하이퍼텍스트로 인해 문학과 게임과 예술은 서로 만나고 소통한다.

하이퍼픽션hyperfiction은 하이퍼텍스트를 기반으로 작성된 문학 작품이다. 1990년대 중반에 등장하여 '미래의 문학'의 가능성으로 주목받고 있다. 마이클 조이스Michael Joyce의 『오후, 어떤 이야기Afternoon : a Story』(1987)는 최초의 상업화된 하이퍼픽션으로 꼽힌다. 소프트웨어 회사에서 전문 작가로 일하는 시인 피터와 그의 사장 워트, 워트의 아내 롤리, 그리고 회사 동료 노시카 등의 인물이 등장하면서 독자가 선택하는 경로에 따라 새로운 공간으로 진입하여 다양한 이야기를 만들어낸다.

하이퍼픽션의 가장 큰 특징은 하이퍼텍스트 글쓰기 도구인 '스토리스페이스Storyspace'를 사용한다는 사실이다. 이것은 글쓰기 공간이라는 조그마한 사각형의 상자들을 원하는 만큼 열어서 각 상자마다 하나의 아이디어나 생각을 표현할 수 있도록 한다. 이렇게 해서 만들어진 '글쓰여진 공간'들을 작가가 상자 사이를 선으로 이어주기만 하면 서로 연결된다. 그리하여 『오후, 어떤 이야기』는 539개의 텍스트가 951개의 링크로 연결되어 있다. 한편 독자는 단어나 아래쪽 도구상자의 화살표를 클릭하거나 Y/N 아이콘에서 예Yes, 아니오No를 선택함에 따라 스스로 이야기를 만들어가게 된다(배식한, 2000, pp.25-28).

이렇게 하이퍼픽션은 서로 다른 많은 경로를 제공한다. 독자는 자신이 가야 할 길들을 스스로 선택하고 저자의 의도와는 다른 독자적인 글읽기를 함으로써 일종의 창작자가 될 수 있다. 종이책이 단 하나의 출발점을 보여주는 반면 하이퍼텍스트는 여러 개의 입구를 제공하므로 독자가 어디로 들어갈지 선택할 수 있으며, 마찬가지로 여러 가지 출구 중에서 어디로 나갈지를 선택할 수 있다.

하이퍼픽션의 경우에서 본 것처럼 하이퍼텍스트의 비선조적이고 다순차적인 특성은 작가와 독자의 관계에 영향을 미친다. 하이퍼텍스트상의 독자는 더 이상 작가가 만들어놓은 텍스트를 일방적으로 수용하는 수동적인 입장에 머물지 않는다.

작가는 독자에게 여러 가지 선택의 가능성을 제시하고 독자는 이를 통해 자신이 원하는 선택을 함으로써 스스로 텍스트의 내용과 결말을 구성해나간다. 그래서 하이퍼텍스트의 독자는 상호텍스트성이 보장되는 한에서 작가에 필적하는 지위에 오를 수 있다. 독자는 마우스로 텍스트를 건드려보거나 특정 단어(혹은 이미지)를 선택함에 따라 텍스트의 모양을 변화시키기도 한다. 이때 작가의 역할은 창작자, 전능한 신의 역할에서 프로그래머, 혹은 안내자의 역할로 전이되게 된다.

그렇다고 해서 서사적 통일성에 질서를 부여하는 역할이 작가에게서 전적으로 독자에게로 옮겨갔다고 말할 수는 없다. 작가는 여전히 제공자로서의 특권을 누리고 있으며, 독자에게 어떤 링크를 제공할지를 결정하기 때문이다. 독자는 어떤 링크를 따라가야 할지, 앞으로 전개될 대목을 어떻게 예견해야 할지, 또 지금 이야기가 어느 정도까지 진행되었는지를 생각하는 과정에서 작가와 인지적 불일치를 경험하게 된다.

활자, 그래픽, 이미지, 사진, 동영상, 소리가 결합하는 하이퍼텍스트는 독자들에게 오감을 동원하는 새로운 읽기 경험을 선사한다. 작가는 한순간 어떤 공간으로 이동할지 모르는 독자의 시선을 자신의 텍스트 위에 고정시키기 위해 여러 가지 새로운 형식과 다양한 감각에 호소하는 입체적 장치들을 만들어낸다.

내러티브의 미궁 속으로 우리를 이끄는 하이퍼텍스트들의 세계 속에서 작가는 이제 미궁의 창조자인 다이달로스가 되어야 한다. 더 정확히는 독자들이 클릭 한 번으로 몇 차원의 텍스트를 순식간에 넘나들 수 있도록, 작가는 빠져나올 수 있는 미궁을 만드는 정교한 프로그래머로 변신해야 한다. 또한 독자들이 탈방향성의 늪에서 허우적대지 않도록 스스로 미궁의 안내자인 아리아드네의 역할까지도 수행해야 한다. 이를 위해 현대 작가들은 이야기가 극단적으로 변질되지 않도록 다양한 활자체, 색채, 커서 등을 사용하여 관계들의 의미망을 강화하고 독자들의 예상을 유도하는 중요한 도구인 주변텍스트paratext를 즐겨 사용하고 있다.

끈과 마디의 구조를 가진 하이퍼텍스트는 전 지구에 흩어진 정보들을 다양한 관점과 관심, 목적에 따라 중첩적으로 서로 연결시켜준다. 하이퍼텍스트는 시간으로부터 우리를 해방시키고 시간이 강요하는 단선적이고 선형적인 구조로부터도 자유를 부여한다. 또한 디지털 매체는 예술가와 감상자의 관계를 재구성하여 감상자가 예술의 창조를 겸하는 프로슈머prosumer의 탄생을 낳는다.

하이퍼텍스트가 이러한 많은 장점을 가지고 널리 사용되고 있다면, 디지털 시대에 책은 종말을 고할 것인가? 다행히도 많은 사람들이 그렇지 않을 것이라고 전망한다. 어떤 이들은 인터넷의 잠재력 확장이 책을 소멸시키기는커녕 출판을 장려할 것이라고 전망하기도 한다. 실제로 인터넷상에서 연재되는 소설, 웹 카툰, 카툰 에세이들은 큰 호응을 얻고 나면 종이책으로 다시 출간되고 있다. 새로운 테크놀로지가 끊임없이 책의 유일성을 재확인하기 때문일 것이다.

또한 웹 아트나 하이퍼텍스트를 통해 종이책에 대한 향수나 특징을 표현하는 작가들을 찾아볼 수 있다. 예를 들면 박경일의 『헬로북』이라는 웹 아트에서는 물리적인 책과 책장을 넘기는 손이 등장한다. 이는 후기정보사회의 예술가들이 디지털과 아날로그의 적절한 조화를 지향하고 있음을 보여준다.

따라서 앞으로는 책의 소멸을 성급하게 이야기하기보다는, 디지털의 방식과 아날로그적인 종이책의 방식, 디지털 예술과 아날로그 예술이 어떤 방식으로 공존하는지에 주목해야 한다. 작가의 입장에서는 미학적 감수성과 매체를 능숙하게 다루는 기술의 조화가 필요하다. 이 시대의 문맹이 되지 않도록 디지털 매체의 새로운 기술에 적응하는 수용자의 역할 또한 중요해진다.

문학의 숲을 거닐다

4부

인터뷰

상상력의 리더들과 창조력의 근원

내 마음이 착해진다, 그럴 때 글이 나온다 수필가 장영희

런던, 비 온 후 하늘색 컬러리스트 한승희

동네 친구 대신 온라인 친구를 게임 아트디렉터 장홍주

거리의 예술가를 만나다 그래피티 아티스트 JNJCREW

무엇이든 상상하면 악기가 된다 생태주의 뮤직 퍼포먼스 그룹 노리단

시시껄렁함이 널 구할 거야 아티스트 김치샐러드

21세기 문화를 주도하는 상상력의 근원은 무엇일까? 지금까지 우리는 이 질문에서 출발하여 현 문화 현상들에 관한 이론과 상상력의 산물들을 살펴보았다. 그렇다면 작가, 조형예술가, 만화가, 영화감독, 무용가, 광고제작자 등 문화 현장에서 상상력을 만들어나가는 이들의 생각은 어떠할까? 각 분야의 문화 생산자들은 구체적으로 어디에서 영감을 얻고 있으며, 이들이 바라보는 현재와 미래 문화의 비전은 무엇일까?

이러한 궁금증을 풀기 위해 이화여자대학교 교양과목인 〈21세기 문화와 상상력〉 수업을 듣는 학생들은 3-5명씩 조를 이루어 자신들이 선정한 대상에 대해 자료를 조사하고, 질문지를 준비해서 직접 인터뷰하거나, 동행 취재를 하는 현장 실습을 했다. 21세기 문화와 상상력의 일면을 대변한다고 생각되는 작가라면 문학, 미술, 영화, 무용, 만화, 광고, 기술, 요리, 패션, 게임, 대중 예술 등 장르를 불문하고 취재의 대상으로 삼았다.

인터뷰의 목표는 궁극적으로 해당 작가의 상상력의 근원을 유추해내고, 이를 통해 21세기적 상상력의 특성을 파악하는 것이었다. 조원들은 직접 찍어온 인터뷰 영상 자료 및 녹취 자료, 상상력이 산출되는 현장인 작가의 작업실 모습, 작업 노트, 작품 등을 담은 사진 자료, 인터뷰한 결과물을 토대로 현장 실습 보고서를 작성하고 수업 시간에 다른 학생들 앞에서 발표하여 함께 토론하는 시간을 가졌다. 이 시간은 우리에게 문화를 생생히 체화할 수 있는 소중한 기회였고, 상상력에 대한 편견이나 학문과 실제의 괴리감을 없애고, 예술과 삶의 경계와 본질을 탐구하는 중요한 계기를 제공했다.

학생들의 인터뷰 대상은 유명한 작가와 신인 작가, 대중 예술인과 순수 작가, 광고인, 만화가, 패션 디자이너, 푸드 스타일리스트, 방송국 PD, 연출가, 마술사, 무용가, 학생 발명가 등 다양했다. 많은 분들이 인터뷰에 흔쾌히 응해주셨으며, 문화와 상상력에 대한 그들만의 견해와 창작의 비결 등 체화된 노하우를 학생들에게 알려주었다. 또한 미래에 문화 리더가 될 학생들을 격려해주고, 몇 분은 직접 수업 시간에 오셔서 자신의 솔직한 체험담을 들려주시기도 했다. 이들의 따뜻한 배려에 감사의 마음을 전한다.

4부에서는 문화와 상상력에 대한 중요한 단서를 제공해준 많은 인터뷰 중에서 일부를 택해 수록하고자 한다. 각 분야에서 독창성을 일궈낸 사람들의 솔직한 대답에서 미래의 문화 트렌드를 읽어내는 날카로운 눈과 새로움을 창조하는 개성을 발견하는 기쁨을 누려보도록 하자.

고된 삶 속에서 결코 잃지 않는 희망과 용기. 장영희의 에세이가 전하는 메시지이며, 그녀는 자신의 삶을 통해서도 그것을 증명하고 있다.

서강대학교 문학부 영미어문 전공교수이며, 이 시대를 대표하는 에세이스트, 번역가, 칼럼리스트, 채택률 1위를 자랑하는 영어 교과서의 저자이기도 하다. 서강대 영문과를 졸업하고, 뉴욕주립대에서 영문학 박사학위를 취득했다. 김현승의 시를 번역하여 한국문학번역상을 수상했다.

『샘터』에 연재되어 독자들의 폭발적인 반응을 얻은 장영희의 에세이는 『내 생애 단 한번』(2000)으로 출간되었고, 『문학의 숲을 거닐다』(2005)를 통해 문학이 우리 삶에 주는 힘을 따뜻하고 섬세한 문체로 보여주고 있다. 조선일보에 연재되었던 '장영희의 영미시 산책' 칼럼은 영시에 대한 새로운 관심을 불러일으켰으며, 현재 『생일』과 『축복』이라는 두 권의 아름다운 시집으로 나와 있다.

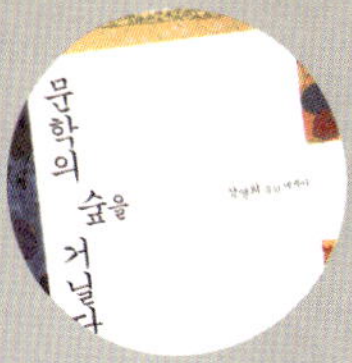

내 마음이 착해진다, 그럴 때 글이 나온다

수필가 장영희

"인간이 아름다운 이유는 / 슬퍼도, 또는 상처받아도 서로를 위로하며 / 어떻게 사랑하며 살아가는가를 / 추구할 줄 알기 때문이다."

사람들이 그냥 지나치고 마는 소재들을 일상사와 결부시킬 때 연결고리를 어떻게 찾으시는지요?

장영희 ▌그것은 내가 의도적으로 찾는 게 아니라 거의 본능적으로, 컴퓨터 용어로 따지자면 '아! 바로 저거다' 하는 어떤 클릭 같은 게 와요. 무심히 읽다가도 가슴에 울림이 오거나, 아니면 뭐라 그럴까 힌트 같은 게. '아 이것은 글로 썼으면 좋겠다', '아 이것에 대해서는 내가 할 말이 있다' 그런 어떤 신호가 와요. 미국 작가 중에 에밀리 디킨슨이라는 시인이 있거든요. 그 시인은 살아가다가 자기 머리가 폭발하는 듯한 느낌이 올 때 쓴다고 했거든요. 난 그 정도까지는 아니고…… 글 쓰는 것에 대해서 전혀 생각하지 않고 그냥 바쁘게 생활하다가 우연히 들은 한마디가 느닷없이 내 가슴에 꽂히거나 무심히 지나친 장면이 자꾸 생각날 때, 그것이 글을 쓰라는 신호지요.

나는 차를 몰고 가다가 간판을 잘 읽거든요. 방향감각이 전혀 없어서 동서남북은 가늠을 못 하지만 간판은 열심히 읽어요. 왜냐하면 글자로 된 것은 다 읽어야 한다는 의무감에 시달리곤 해서 말이지. 아주 불편한 버릇에 시달리는 셈인데, 어제는 서울 근교를 가고 있는데 어떤 간판에 〈남매철공소〉라고 써 있는 거예요. 너무 슬픈 간판 아닌가요? 〈남매식당〉이라고 하면 하나도 안 슬픈데. 왜냐하면 오빠하고 여동생이 식당을 하는 것은 아주 흔한 일이잖아요. 그런데 오빠하고 여동생이 철공소를 한다면 뭐랄까, 슬프고 애잔해요. 내가 아는 마음에 남는 간판만 가지고도 좋은 글을 하나 쓸 수 있을 것 같아요.

글의 소재는 늘 일상 속에서 선택을 하는데, 내 생활 반경은 굉장히 좁거든요. 학교하고 학회에 나가고 집에 오고. 그러기 때문에 아주 사소한 것들, 그냥 우리가 무심히 지나칠 수 있는 것들, 그런 게 오히려 좋은 글감이 될 수 있어요. 원대하고 추상적인 주제보다는 사소한 것에서 주제를 찾는 게 오히려 독자들에게 더욱 공감을 일으키는 방법이 되는 것 같아요.

어떤 할아버지가 밤늦게 아파트 입구에서 쥐포를 파시는 것을 보고 200원을 주고 샀는데, 정말 열심히 구워주시는 거예요. 표정이 어찌나 진지하시던지 제 마음이 정화되는 듯했어요. 그 순간의 느낌이 너무 좋은 기억으로 남아서 그 일을 글로 썼는데, 혹시나 사람들이 비웃지 않을까, 내가 너무 감상적이어서 지나치게 깊게 들어가는 게 아닌가, 고민하던 차에 선생님의 글을 봤거든요. 선생님의 일상에 대한 감수성이 제가 느끼는 것과 비슷한데, 저는 그런 감정이 어쩌다 한 번 오는 거예요. 선생님의 글 속에는 무척 많잖아요. 풍부한 감성은 타고난 작가적 천성일까요?

장영희 ▌ 아니, 나한테는 그런 순간이 많이 오고 수빈이에게는 적게 오고 그런 건 아니라고 생각해요. 그런 빈도수는 다 같은데, 우리가 글을 쓸 때 방법론의 문제라고 그러거든. "내가 가니까 쥐포 할아버지가 열심히 굽고 있었다. 그래서 내 마음이 깨끗해졌다"라고 글을 쓰면 글이 싱거워져. 독자들이 "So what?" 즉 "그래서 어쨌단 말이야?" 그렇게 묻게 되면 안 되거든요. 그러니까 그거보다는 조금 더 뭐가 있어야 돼요.

거기에서 할아버지가 무슨 말씀을 했는데 그게 내가 생각했던 것과 딱 떨어졌다든지……

삶의 아이러니 같은 게 들어가지 않고 그냥 평이한 순간을 포착할 때는 글에 힘이 없어져요. 그래서 구체적인 예를 들더라도 그 예가 어떤 의미와 연결되어야 해요. 예를 들어서 "삶이 참 절망스럽고 슬프다." 이렇게 쓰면 하나도 재미가 없지. "So what?" 이 된다고. 그렇지만 자기가 겪는 어떤 구체적인 경험을 이용해서 그런 말을 할 때 훨씬 더 감동이 오는 거거든요. 미국의 유명한 수필가 E. B. 화이트는 Man(인류)에 대해 쓰지 말고 a man(한 남자)에 대해 쓰라고 했거든요.

그러면 그 구체적인 에피소드를 어떻게 선택하는가. 방금 말한 수빈 양 소재가 굉장히 좋아요. 불쌍한 할아버지인데 쥐포를 성실하게 굽고 있더라. 거기에서 끝나면 감동이 덜하고, 추운데 할아버지의 발이 맨발이고 옆에 손자도 있고…… 이러한 상황이 드라마틱해지는 이유는 독자가 그 글을 읽고, '아 만약 내가 할아버지였으면 참 슬펐겠다. 그럼에도 불구하고 이 할아버지는 자기 일에 성실했구나. 그런데 나는 그렇지 못했구나' 하는 깨달음을 갖기 때문이죠. 이런 구체적인 예를 유의미한 걸로 잘 뽑고 잘 묘사할 때 훨씬 더 독자들 편에서 감동이 커지는 거죠.

그런데 사실 그렇게 감동을 주는 구체적인 예가 자주 떠오르지는 않아요. 왜냐하면 우리가 일상을 기계적으로 살기 때문에. 일상을 무심히 대하는 것이 아니라 마음을 열 때 글이 잘 써지는 것 같아요. 예를 들어서 〈사랑의 리퀘스트〉라는 TV 프로그램이 있잖아요. 그런 것을 보면 내 마음이 착해지는 느낌이 들거든. 나의 경우에는 마음이 착해지거나 슬퍼질 때 오히려 글이 더 잘 나오는 것 같아요. 우리가 살아가면서 감정의 갑옷을 입는다고나 할까. 나에게 주어진 어떤 책임을 다하기 위해서

딱딱한 껍데기로 무장을 하고 다니는데, 그런 프로그램을 보면 그 갑옷을 나도 모르게 잠깐 내려놓고 '아 저 사람 참 불쌍하다' 하는 마음이 생기거든. 말하자면 감정의 무장해제야. 그때 글을 쓰면 감정적, 정서적으로 마음이 담긴 글이 되고 독자가 그 마음을 나누어 가질 때 더욱 기억에 남는 글이 되지요.

교수님께서 연구하고 계신 문학이 가지고 있는 힘은 어디에 있다고 생각하시는지요?

장영희 ▌「문학의 힘」이라는 글을 쓴 적도 있어요. 문학은 한마디로 인물들이 갈등을 겪고 그것을 해소해나가는 과정이잖아요. 그래서 대리경험으로 삶을 살아가는 방법을 배우는 것이지요. 어떤 의미에서는 삶의 교과서라고 할까. 삶에 대해 일일이 답을 주는 사람이 있을 수 없잖아요. 아무리 선생님이나 부모님이라고 해도 모든 문제에 대해 답을 할 수는 없지요. 왜냐하면 부모님이 사는 삶도 여러가지 유형의 삶 중 단 한 가지이기 때문에.

하지만 문학을 통해서는 여러 가지 삶에 노출될 수가 있더군요. 이런 사람도 있고, 이런 상황도 있고, 또 저런 인물도 있고. 그것을 책을 통해서 보면 물리적으로 돌아다니지 않고 흡수할 수 있으니까, 그것 자체가 굉장히 유익한 경험을 하게 되는 거고, 여러 가지 다른 사람들과의 관계를 내가 가상적으로 편성해보는 거죠. 그렇게 함으로써 삶을 더욱더 잘 극복하는 힘, 그리고 절망에 빠졌을 때 어떤 책을 통해서 나를 일으켜 세울 수 있는 그런 힘을 얻을 수 있다고 생각해요. 물론 고전 작품을 통해서도 그렇고, 또는 요새 알려진 잠언집 같은 것도 그렇고, 여럿 중에 하나라도 내 마음에 와닿으면 그게 나한테 힘이 되는 거니까.

그런데 요새 학생들은 종이에 글로 쓴 매체를 싫어해요. 영상 매체에 많이 익숙해 있기 때문에. 종이라는 것, 활자라는 것, 그리고 문학이라는 것에 대해서 거부감을 느끼고 본인의 적성에 안 맞는다거나 또는 굉장히 비효율적이라고 생각하죠. 왜냐하면 거기에 시간을 어느 정도 소비한다고 해도 금방 물리적으로 효과가 발생하는 게 아니니까. 책을 읽음으로써 돈이나 빵이 생기는 것도 아니고요. 그래서 우리 학생들이 현실적인 기준으로 따져서 문학을 무용지물로 볼 수 있겠죠.

그렇지만 장기적으로 보면 문학이라는 분야는 금방 눈에 보이는 것보다 훨씬 현실적이에요. 왜냐하면 문학은 결국 인간 이해거든요. 내가 한 번 남이 되어보는 연습을 하는 것이나 마찬가지니까. '내 마음과 같이 저 사람 마음도 그렇구나' 하는 남에 대한 이해지요. 그런데 우리는 결국 혼자 살 수는 없는 존재들이니까 남에 대한 이해 없이 아무것도 할 수 없거든요. 그래서 내가 나중에 비즈니스를 하거나 공대에 들어가거나 인문학과는 전혀 관계 없는 직업을 선택해도, 남에 대해 생각할 줄 아는 마음이 없으면 그런 전공이나 직업은 결국 단명할 수밖에 없어요. 오래 못 가요. 예를 들어서 미국의 하버드 의대나 MIT 공대의 교양과정을 보면 문학 과목이 태반이에요. 그 사람들이 공부하는 데 왜 문학이 필요하겠어요? 그 사람들이 얼마나 현실적인 사람들인데 도움이 안 되면 문학을 하겠어요? 그건 결국 문학이 좋은 영향력이나 기능을 발휘할 수 있다고 믿기 때문이지요. 그래서 1학년 학생에게 집중적으로 문학 작품을 읽혀요. 그리고 실제로 공대나 의대를 다닌 사람들이 말하기를 자기에게 문학은 아주 필수적인 통과의례였다고 하거든요. 의술도 공학도 결국은 인간을 위한 것이니까 인간 공부가 전제되어야 하잖아요. 내가 자주 쓰는 비유로, 인문학과 공학을 인간의 몸에 비한다면 공학은 팔다리이고 문학은 머리예요. 머리가 시켜야 팔다리가 기능을 할 수 있잖아요.

그러나 우리나라는 아직까지 인문학의 기능이나 중요성에 대한 생각이 많이 부족해요. 너무나 기계 문명에만 집착하고. 결국은 기계라는 것이 인간을 위한 것인데. 인문학이 기초가 되지 않는 기계 문명은 종국에는 파괴적 목적을 위해서만 사용이 되거든요. 그런데 자꾸만 기계 문명 쪽으로만 생각을 하고 정신적인 것, 인문학적인 것을 무시하니까.

앞으로 젊은 사람들이 균형적인 사고의 발달이 얼마나 중요한지 많이 깨달아야 한다고 생각해요.

21세기를 이끌어나갈 주체가 누구일까 생각했을 때, 컴퓨터 프로그래머 같은 첨단 직업의 사람보다 선생님이 먼저 떠올랐습니다. 아무리 물질 문명이 초고속으로 발달한다 해도 사람의 마음을 매만져주는 문학의 역할은 결코 사라질 수 없다고 생각합니다. 그러나 지금 현실로 봐서는 과연 누가 문학을 찾을지 의문입니다.

장영희 ▌그래서 내가 청소년 독서 클럽을 한번 만들어볼까 생각하거든요. 교수님들이 봉사 활동을 하면서 학생들과 이야기하고 숙제를 주고 독후감을 쓰게 하고 함께 토론도 하는 거죠. 1년에 30명씩 뽑아서 10-20년을 하면 그 학생들이 대학생이 되고 사회에 나가 적어도 인문학을 무시하는 사람은 안 될 테니까. 결국은 책을 읽은 사람들이 리더가 되거든요. 정신적인 리더가. 그러면 훨씬 나아지지 않을까 그런 생각을 하고 있어요.

전에 하신 인터뷰 기사를 보니까 소설을 쓰고 싶다고 하셨던데요.

장영희 ▌영어로 『어린 왕자』와 같이 전 세계 사람들이 읽을 만한 그런 것을 쓰고 싶다고 그랬는데 지금 말고 한참 후에. 내 이름 앞에 여러 가지 수식어가 붙지만 나는 결국 선생이기 때문에 지금은 선생으로서 가장 충실하게 살자는 것이 내가 나와 한 약속입니다. 글을 쓰는 것은 일종의 외도라고 볼 수 있어요.

그런데 아직까지 우리나라 문단이나 독자들 사이에서 수필에 대한 인식이 별로 높지 않아요. 미국이나 다른 서양 문화권에서는 수필을 당연히 떳떳한 정체성을 가진 하나의 문학 장르로 평가해주는데 우리나라는 그렇지 않잖아요. 일례로 요즘엔 교수 업적 평가가 있거든요? 교수들이 책을 쓰면 그 책에 대한 점수를 줘요. 소설이나 시집은 몇 백점 줄 걸요? 그런데 수필집을 내면 단 1점도 안 주거든. 거기에는 '수필은 글이 아니다', '수필은 아무나 쓰는 신변잡기이다'라는 전제가 깔려 있어요. 하지만 수필도 좋은 수필은 소설이나 시만큼 독자들에 좋은 호응을 받을 수 있다고 생각해요. 비평적 대접과 얼마만큼 독자들이 읽어주고 독자들에게 인정을 받느냐 하는 것은 다른 문제겠지만요. 영미 작가 중에는 훌륭한 소설가가 수필도 쓰는 예가 많아요.

수필에는 어떤 상상력이 필요한가요?

장영희 ▌수필은 그냥 사실만 적는 것이라고 생각들 하지만 절대로 그렇지 않아요. 글이라는 것은 하나의 정교한 예술품이라고 해야 할까. 그렇기 때문에 아무리 내가 신변잡기를 써도 그게 하나의 글로서 인정받기 위해선 굉장히 오래 갈고 닦아야 해요. 내가 오늘 쥐포 아저씨를 만나서 좋은 얘기를 들었다, 끝. 이렇게 하면 그건 그냥 'fact'지. 거기에 나의 해석이 들어가야 돼요. 어떤 경험에 나만의 — 장영희만의 또는 오수빈만의 — 그 어떤 것을 보편화해서 모든 사람의 삶에 울림이 되게끔 만드는 작업이 필요해요.

내가 오늘 어떤 아주머니를 만났는데 휠체어를 탔더라. 거기서 끝나면 그건 수필이라 할 수 없어요. 내가 직접 경험한 모티프를 통해 상상력을 발휘해서 '이 사람과의 만남이 내게 어떤 느낌을 주었고, 이것을 내가 독자들에게 어떻게 요리해서 제시할 때 독자들이 나와 공감하고 나와 똑같은 감동을 얻을 수 있을까'를 연구해야 해요.

그리고 이 글의 형태를 무엇으로 시작할 것인가, 어떻게 묘사할 것인가를 숙고해야죠. 왜냐하면 수필은 묘사력이 있어야 되거든요. 서정적일 수도 있고 신문에서 읽을 법한 아주 사실적인 스타일일 수도 있고. 그래서 그냥 나무 밑에 있는 쥐포 아저씨라고 쓸 수도 있고 아니면 그 나무를 문학적으로 설명할 수도 있거든요. 꽃이 아름답게 핀 벚꽃나무 밑에서 아주 초라하게 입은 할아버지가 누굴 기다리고 있었다든지. 봄을 상징하는 벚꽃과 어떻게 보면 겨울을 상징하는 할아버지의 모습 그 자체를 잘만 묘사해주면 그것이 하나의 메시지가 될 수 있어요.

그런데 그런 걸 잘 묘사하려면 상상력이 필요한 거죠. 그래서 허구적인 글만, 소설이나 시만 상상력을 필요로 하는 것이 아니라 수필도 분명히 상상력을 필요로 하고, 문학적인 표현법 또한 제대로 구사하는 것이 필수적이죠.

앞으로의 문화가 어떻게 펼쳐질 것인지, 선생님의 전망을 듣고 싶습니다.

장영희 ▌ 세계적인 추세가 복고풍으로 가고 있다고, 아니 가야 한다고 생각해요. 지금 기계 문명의 악습이나 결점이 너무나 눈에 많이 띄고 있어요. 복제 인간이나 로봇 인간을 얘기하고 황우석 씨의 줄기세포를 얘기하고…… 그런 것이 다 결국은 정신적인 면이 받쳐주지 않았기 때문에 생기는 후유증이거든요. 지금은 거의 갈 데까지 갔다고 생각해요. 왜 이런 말도 있잖아요. 나이 든 세 공주, 즉 문학, 사학, 철학이 세운 나라를 두 젊은 왕자, 즉 과학과 경제학이 곤경에 빠뜨린다는.

이제 우리는 정신적인 면과 창의적인 면을 더 강조해야 합니다. 어찌 보면 1990년대는 정형화된 틀 속에 어떻게 하면 잘 끼워 맞출 것인가에 따라서 성공 여부가 결정되었다고 할 수 있어요. 그런데 이제는 그것만 가지고는 안 되는 거지요. 거기에 '플러스 알파'로, 나의 개인적인 창의력이 적용돼야만 모든 게 기능을 발휘하는 시대가 왔다고 생각돼요. 이제 fact는 전혀 기능을 못 해요. 학교에서도 fact만 가르치는 것은 의미가 없어요. 왜냐하면 그야말로 인터넷 검색창에 무엇이든 치기만 하면 학교에서 가르치는 것보다 백배 천배 더 상세하게 나오거든요. 그러니까 그 fact를 어떻게 요리해서 나만의 것으로 만들어내는가, 그것이 나의 창의력이거든요. fact는 모든 사람들이 공유하는 거지만 누가 거기에 플러스 알파를 하느냐에 따라서 리더가 될 수 있는, 그리고 자기만의 세계를 구축해서 사회에 영향력을 발휘할 수 있는 하나의 계기를 만들 수 있는 것이죠.

그냥 fact를 담은 그릇이 되어서는 안 되는 거예요. 우리가 영어로 'receptacle'이라고 그러죠. 'receptacle'은 그릇이에요. 그러니까 쏟는 대로 수동적으로 받는 그릇. 나는 가만히 있는데 자꾸 fact만 내 그릇 속에다 쌓아둔다면 아무리 박학해도 소용없어요. 옛날에는 그런 정보를 수집하는 것 자체가 성공의 지름길이었던 때가 있었어요. 이제는 그렇지 않아요. 나의 창의력과 상상력으로 그것을 어떻게 버무려서 새로운 상품을 빨리 내놓는가, 이제 그게 훨씬 더 중요하죠.

창조력을 기르기 위해서는 어떤 노력을 기울여야 할까요?

장영희 ▌ 다시 화제가 돌아가지만, 책을 많이 읽어요. 무엇보다 독서량이 많아야 돼요. 독서 자체가 완전한 창조의 산물이니까요. 책을 많이 읽으면 다양한 형태의 인물들을 만나고 온갖 상황에 부딪히기 때문에 사고의 폭이 넓어져요. 그리고 가능하면 재미있게 생각하려고 노력해보세요.

예를 들어 우리는 늘 코끼리하고 개가 있을 때 코끼리 위에 개가 올라간다고 생각하잖아요. 그런데 어린아이의 눈에서 한번 생각해보면, 만화에서는 코끼리 위에 개만 올라가는 것이 아니라 개 위에도 코끼리가 올라가거든. 그게 아주 아무렇지도 않게 보이잖아요. 과학적으로나 현실적으로는 불가능한 상황이죠. 뒤집어서만 생각해도 아주 재미있는 상황이 벌어지는 계기가 되는 것이거든요. 그리고 그렇게 '황당한' 생각을 해보는 것도 젊은 사람들의 의무라고 생각해요.

그래서 내 삶의 목표가 '재미있게 살자'예요. 어떤 만남을 갖더라도 '아! 참 재미있다'라고 느끼고, 똑같은 이야기와 시를 가르쳐도 어떻게

하면 재미있게 가르칠까, 생각해요. 그냥 읽고 이건 무엇을 뜻하지? 저건 무엇을 뜻하지? 하면 재미없잖아요. 영시에 노래를 붙여본다든지, 소설을 영화로 만든다면 누구를 캐스팅할 것이며 그 이유는 무엇인지를 질문한다면 학생들이 그냥 수동적으로 받아들이는 데서 끝나지 않거든요. 그렇게 좀 더 재미있게 생각하고, 좀 더 깊게 생각하는 연습이 필요해요. 능동적으로 생각하라는 게 제가 강조하고 싶은 거지요. 텔레비전이나 인터넷은 그것을 오히려 저해할 수 있어요. 빌 게이츠 알지요? 앞으로 백 년, 천 년이 지나도 컴퓨터가 책을 대신할 수는 없다고 했어요. 왜냐하면 독서야말로 능동적으로 생각할 수 있는 능력을 키우니까요. 그렇게 자기 사고의 폭을 넓히고 고정된 틀에서 자꾸 벗어나려고 노력을 하고, 황당한 생각도 해보고 그러면 꼭 무엇을 이루어서가 아니라 내 삶 자체가 더욱 재미있고 풍부해지지 않을까요?

에디터 | 오수빈, 김지영, 최지안, 김혜림, 곽보연

"올 가을/겨울에는 어둡고 차분하며 깊이 있는 색감이 유행할 전망이며……"
색채를 예보하는 것이 컬러리스트 한승희의 직업이다. 이화여대에서 서양화와 의류직물학을 공부했다. 한섬과 데코의 컬러 기획실을 거쳐, 현재 LG패션 여성복(DAKS, MOGG) 담당 컬러리스트로 활동 중이다.

런던, 비 온 후 하늘색

컬러리스트 한승희

"매번 갈 때마다 런던의 비 온 후 하늘 사진을 찍어서 와요.
한 번도 그 사진의 색깔이 예쁘지 않았던 적이 없어요.
그런 느낌을 표현했으면 좋겠다는 생각을 해봤어요."

컬러리스트는 어떤 일을 하나요?

한승희 ▌ 간단하게 말하면 컬러에 관한 모든 일을 한다고 생각하면 돼요. 여러 직종의 컬러리스트가 있는데 의류 쪽에 있는 컬러리스트의 경우, 처음에 브랜드 컨셉에 맞는 컬러부터 시작하죠. 백화점에 가서 브랜드를 보면 알겠지만, 굉장히 비비드vivid, 선명하고 채도가 높은 색한 컬러들을 많이 쓰는 브랜드가 있는 반면에 블랙 앤 화이트를 주로 쓰는 브랜드도 있듯이, 브랜드가 추구하는 방향을 정하는 것부터 시작해서 소재 하나하나에 어떻게 컬러를 대입시킬 것인지를 정합니다. 예를 들어 이너inner, 실크나 저지 등의 얇은 소재를 사용하는 아이템에 쓸 수 있는 컬러랑 아우터outer, 겉옷에 쓸 수 있는 컬러가 다르잖아요. 그렇게 해서 어떤 소재에 쓰일 컬러가 정해지면 그것을 백화점에 어떤 식으로 진열할 것인가를 결정하기까지 옷을 만드는 데 있어서 컬러랑 관련된 모든 일을 한다고 보면 돼요.

컬러리스트라는 직업의 매력은 무엇인가요?

한승희 ▌ 가장 큰 매력은 상상력을 끊임없이 발휘할 수 있다는 것입니다. 흰 도화지 위에 나만의 그림을 그렸다 지웠다 할 수 있다는 것은 큰 매력이죠. 저 같은 경우는 옷과 색깔 자체를 너무 좋아해서 이 직업을 택하게 됐습니다. 옷을 만드는 사람들은 고려할 게 많아요. 우리나라 사람들에게 맞는 옷은 한정되어 있기 때문에 체형이나 팔림의 정도를 고려해야 해요. 보통 사람들은 자신이 입어서 예쁜 옷들을 알고 있어요. 디자인은 그것에서 조금 변화를 줄 뿐이지만 컬러는 더 쉽게 변화를 줄 수 있어요. 디자인은 한계가 있지만 컬러는 무궁무진하거든요. 하나 더 말하자면, 나 같은 경우는 서양화과를 나와서 옷이라는 매체를 통해 컬러를 표현하는 것으로 미술 작업에 대한 미련을 풀 수 있다는 게 매력인 것 같아요. 그림을 계속하던 사람으로서 작업에 대한 미련이 남거든요. 그 미련을 이 직업을 통해서 많이 풀 수 있으니까 좋아요.

앞으로 컬러리스트의 전망은 어떨까요?

한승희 ▌ 의류 산업이 분업화가 안 돼 있던 상태여서 디자이너가 디자인도 하고 컬러도 정하고 다 했었는데 이제 점점 세분화가 되고 있어요. 나는 입사한 지 7년 되었는데 내가 입사할 당시에는 컬러리스트가 별로 없었어요. 하지만 요즘 점점 분화되어 컬러리스트가 있는 브랜드가 장점이 있고 더 경쟁력 있는 옷이 많이 나오기 때문에 의류 회사에서 더 많은 컬러리스트를 필요로 하고 있어요.

그런데 경력자가 많지 않아서 컬러리스트가 귀해요. 지금은 회사들이 경력자만 뽑으려 하는데 앞으로는 신입도 많이 키울 거예요. 디자이너는 포화 상태라 신입을 뽑기 힘든데 컬러리스트는 수요가 많은 데 비해 공급이 그만큼 안 되어 좋을 것 같아요. 디자이너의 경우는 의류에 한정되어 있지만 컬러리스트는 혹 다른 분야를 하고 싶으면 의류 분야뿐 아니라 인테리어, 화장품, 전자제품 등 다양한 분야에 진출할 수 있어서 앞으로의 전망은 좋은 것 같아요.

컬러리스트가 되기로 한 이유는 무엇이고 일을 하면서 가장 만족스러울 때는 언제인가요?

한승희 ▌ 제가 예고를 나왔어요. 어렸을 때부터 그림을 그려서 대학에 와서는 그림에서 해방되고 싶었어요. 그러면서도 그림이 가진 색감의 유혹을 떨칠 수 없고 직장 생활도 하고 싶어서 알아본 결과 한섬이라는 회사에 컬러리스트라는 직업이 있다는 걸 알았지요.

옷이 좋아서 의류직물학과를 복수 전공한 것도 있지만, 컬러가 좋아서 컬러리스트가 되고 싶었기 때문에 옷에 대한 지식도 가지고 있어야 해서 복수 전공을 하게 됐거든요. 보통 의류직물학과 학생들은 디자이너가 될까, 소재 관련 일을 할까, 컬러리스트가 될까, 고민하잖아요. 나 같은 경우는 컬러리스트가 되겠다고 생각하고 의류직물학과를 택한 경우죠.

가장 만족스러울 때는 디자이너나 다른 분야에 있는 사람에 비해서 스스로에 대한 만족도가 커지는 느낌이 들 때예요. 일단 이쪽에서 일하는 사람이 얼마 없기 때문에 진짜 내 실력으로 인정받을 수 있는 것 같고, 또한 디자이너 경우는 여러 명이 있는 데 반해 컬러리스트는 한 브랜드에 한 명밖에 없어요. 그래서 나는 막내 때부터 실장님하고 같이 회의를 했거든요. 디자이너 막내들보다도 디자인에 대해 더 많이 회의를 하게 되고 상무님이랑도 의견을 교환할 수 있어서 디자이너 막내나 3, 4년차들이 할 수 없는 일들을 전 막내 때부터 해왔어요.

컬러리스트지만 컬러 이외의 것들을 많이 접할 수 있는 게 너무 좋았고요. 또 제안한 컬러나 컬러 코디가 소비자들에게 거부감 없이 받아들여질 때 보람을 느끼죠.

컬러리스트가 갖추어야 할 조건들은 뭐라고 생각하세요?

한승희 ▌ 창조력이 중요하고 자기 고집도 매우 중요해요. 다른 디자이너도 마찬가진데 사실 내가 좋아해서 창조력을 발휘했을 때 판매랑 연결되기 힘들 때도 많아요. 평범하고 심플한 게 판매는 더 잘되거든요. 근데 난 예술가가 아니고 회사에 속해 있기 때문에 회사랑 타협해야 해요, 돈이 되는 걸로.

디자인의 경우는 어느 정도의 핏fit이나 실루엣silhouette이 데이터화되어 있어서 그것을 토대로 할 수 있는데, 컬러 같은 경우는 작년에 오렌지가 잘 팔렸다고 이번에도 그러리란 법은 없잖아요. 컬러리스트는 끌리는 색이 있을 때 그 고집을 주장하고 직감이 맞는다는 것을 믿고 추진하는 게 중요해요. 직감은 어렸을 때부터 생긴 것이 아니라 공부하면서 오는 거거든요. 계속 공부하고 연구하는 것이 기본을 쌓는 데 중요하고요, 실무를 할 때는 자기 고집을 밀고 나갈 수 있는 것이 중요해요.

21세기 감성 정보 시대에는 논리보다는 다가오는 이미지나 느낌을 중요시합니다. 이미지에서 색채가 차지하는 비중은 어느 정도라고 생각하세요?

한승희 ▌ 논리가 밑바탕이 되고 이미지가 보여져야 한다고 생각해요. 색채가 중요하게 된 게 결국 트렌드가 사람들에게 쉽게 수용될 수 있기 때문이라고 생각하거든요. 예를 들어 보라색을 좋아하면 정신세계가 남다른 사람으로 생각하시더라구요. 하지만 "올해는 보라색이 유행이다"라고 할 때 보라색을 입은 사람을 보면 트렌드를 따라간다고 생각하죠. 그러니까 트렌드가 밑바탕이 돼야 색채가 있는 거라고 생각하는데 색채가 이미지에 영향을 주는 것은 트렌드를 사람들에게 접할 수 있게 하는 거라고 생각해요.

컬러리스트가 색채를 선정하는 데 중요하게 생각하는 것과 그 선택에 가장 큰 영향을 주는 것은 무엇입니까?

한승희 ▌ 색채를 선정하는 데 가장 중요한 것은 본인의 직감이죠. 신입 때는 힘들어요. 계속 트렌드 공부를 많이 하고 전시회에 가거나 영화를 보다 보면 마음에 와닿는 색이 보이게 됩니다. 그런 훈련을 통해서 실력을 쌓아나가는 거죠. 그런 것을 몇 년 동안 반복하다 보면 내가 좋아하는 색깔의 흐름이 생기는 거예요. 그런 식으로 내 직감을 믿는 것이 가장 중요한 거죠.

또 어떤 색깔을 선택하느냐가 중요한 게 아니라 색깔 사이의 조화가 중요해요. 그 컬러가 어떤 컬러들과 같이 있는지, 주변의 색과 어떠한 조화를 이루는지, 이미 만들어져 나가 있는 옷들과 어떤 컬러가 더해지면 더 예뻐 보일지를 생각하는 거죠.

컬러리스트가 진출할 수 있는 분야는 어떤 것들이 있어요?

한승희 ▌ 의류, 메이크업 화장품, 인테리어 쪽에도 있고, 자동차 디자인, 가전 디자인 분야에도 진출할 수 있죠. 약간씩 다른 점은 인테리어와 의류 쪽은 감성 중심이라고 한다면 화장품과 자동차는 수치적이고 논리적인 컬러죠. 의류 쪽을 예로 들자면 한 시즌에 500개가 넘는 디자인이 나와서 다양한 컬러를 선보이고 그 안에 감성을 담을 수 있지만 자동차는 몇 년에 한 번씩 나오고 한 번 나올 때도 열 가지 정도의 컬러만 나오죠. 그래서 몇 년 동안 그 열 가지 정도의 컬러만 연구하게 되는 거고요. 적중도 높은 컬러를 만들어내야 하는 거죠.

색이 디자인 부문에서 갖는 의미와 색을 창조하는 것의 의미는 무엇입니까?

한승희 ▌ 색은 정말 끝이 없거든요. 그러니까 내가 이 컬러를 만들었는데 다시 만들면 이거랑 똑같은 컬러는 못 만들잖아요? 그런 식으로 작년에 옐로우가 유행했다고 해서 올해 작년과 같은 컬러를 하진 않죠. 좀 더 푸른 끼가 도는 옐로우도 있고 노란 끼가 도는 것도 있고, 그런 것으로 보면 소비자들에게 끊임없이 새로운 색을 입을 수 있는 기회를 주는 것이 의미 있죠, 알지 못한 컬러를 보여주는 거.

컬러리스트는 유행뿐 아니라, 색채라는 독특한 주제로 소비자나 기업, 상품 등의 개성을 살려주는 역할 또한 수행하고 있는데요, 이러한 점에서 가장 중요하게 생각하는 부분과 그 방법은 무엇입니까?

한승희 ▌ 우리나라 브랜드들의 제일 큰 문제점이 너무나도 트렌드를 따라서 획일화되어간다는 점이에요. 외국의 브랜드들을 보면 트렌드는 따르지만, 자신들만의 고유한 컬러와 디자인을 갖고 있어요. 예를 들면 나는 에르메스라는 브랜드를 좋아하는 차원을 넘어 존경해요. 매 시즌마다 나오는 옷의 디자인은 변할지라도 그 브랜드만의 전통성은 절대로 깨지지 않아요. 에르메스는 하물며 쇼핑백까지도 자신만의 고유한 색상인 주황색 디자인을 오랫동안 유지해오고 있어요. 반면 우리나라 브랜드들은 하다못해 어떤 쇼핑백의 컬러나 디자인이 유행한다고 하면 전부 그것으로 바꿔버리죠. 자기 브랜드의 컬러를 찾는 게 가장 중요해요.

일을 하면서 담고 싶었던 색은 어떤 게 있나요? 또 자연의 색에서 가장 담고 싶은 색은 무엇인가요?

한승희 ▌ 내가 고등학교나 대학교 때 그린 작품들을 보면 컬러감이 많지 않았어요. 예를 들어 블루를 표현한다고 하면 블루를 연상할 수 있는 색

상만 사용했어요. 하지만 옷은 다양하게 보여줘야 하기 때문에, 고등학교나 대학교 때 그렸던 포트폴리오나 작품 같은 것을 쓰면 너무 전위적이 되고 안 어울려서 매우 갈등했어요.

일을 시작한 지 3년차가 되었을 때 컬러리스트를 계속해야 하나 고민했어요. 컬러리스트라는 직업이 좋은 이유는 그림을 다른 방식으로 표현할 수 있어서였는데, 그림을 그릴 때 표현했던 주제들을 사용하지 못해서 고민이었지요. 지금은 그 단계를 넘어섰으니, 개인적으로 하고 싶은 것은 내가 옛날에 그렸던 주제들을 사용하는 것이죠.

자연에서 쓰고 싶었던 색은, 음……, 내가 1년에 두 번씩 유럽 출장을 가는데 런던의 날씨 변덕이 매우 심하잖아요. 비도 많이 오고. 그런데 런던의 비 온 후 하늘이 너무 예뻐요. 매번 갈 때마다 런던의 비 온 후 하늘 사진을 찍어서 와요. 한 번도 그 사진의 색깔이 예쁘지 않았던 적이 없어요. 비가 와도 하늘의 색감은 너무 예뻐요. 그런 느낌을 표현했으면 좋겠다는 생각을 해봤어요.

아이디어를 낼 때 주로 찾는 장소나 버릇이 있으세요?

한승희 ▌ 주말에 시장 조사를 많이 하고요, 항상 컬렉션을 봐요. 컴퓨터엔 항상 컬렉션 사진이 떠 있어요. 일상생활에서 영화를 보면 내용이 재미없어도 색이 예쁜 영화를 많이 보려고 해요. 사실 그런 영화를 보고 나면 머릿속에 내용은 남아 있지 않은 반면 색감이 강하게 남아요. 내가 제일 색이 예쁘다고 생각했던 영화는 〈물랑루즈〉예요. 무희들의 옷과 배경색의 조화가 예술적이에요. 또 출장 가서 책을 많이 사오는데 내용보다 책 안의 색깔이 중요해서 특히 동화책 종류를 많이 사와요.

컬러를 선택할 때 본인의 성격이 반영되는 것 같으세요?

한승희 ▌ 성격이 반영되지 않을 수 없어요. 내가 싫어하는 색은 쓰지 않게 되고, 좋아하는 색은 우겨서라도 사용하게 되죠. SJ에 있을 때에는 SJ에 맞는 컬러를 썼고, DECO에 있을 때에는 또 그 브랜드에 맞게 컬러를 냈고 지금은 지금에 맞게 컬러를 낸다고 저는 생각했거든요. 그런데 나와 오랫동안 같이 일한 상무님이 말씀하시기를 승희 씨는 컬러 감성이 이러이러하기 때문에 이런 브랜드에 가면 좋을 것 같다는 말씀을 하셨어요. 내가 아닌 다른 사람들이 봤을 때에는 나만의 컬러 성격이 있다는 것인데, 그것이 결국 내 성격과 일치하는 것이겠죠.

색을 통해 대중에게 컬러리스트의 의도나 생각을 전달할 수 있다고 생각하십니까? 그렇다면 색을 통해 사람들에게 어떠한 메시지를 전달하고 싶습니까?

한승희 ▌ 컬러를 통해 대중에게 의도나 생각을 전달할 수 있다고 생각해요. 하지만 저는 한 가지 색이 아니라 여러 색을 혼합해서 전달하려 하죠. 예를 들어 내추럴한 색들을 묶어서 자연스러운 느낌을 어필할 수 있죠. 매번 전달하려는 메시지는 트렌드에 따라 바뀌는 것입니다. 개인적인 메시지보다는 시즌마다 브랜드에서 한 가지 메시지를 정해 전달하는 경향이 커요. 제일 잘 전달될 수 있는 게 컬러라고 생각해요.

색채를 활용하여 조화를 시키고 다른 사람들의 시선을 끈다는 것은 쉬운 일이 아니라고 생각합니다. 힘든 점은 무엇이 있습니까?

한승희 ▌ 정답 없는 답안지를 작성하는 것이 가장 큰 장점이면서 가장 힘든 점이기도 해요. 어떤 컬러가 소비자의 시선을 끌지 알 수 없기 때문에 1년을 앞당겨서 유행 컬러를 예상하는 일은 위험 부담이 크죠. 그리고 아직까지 컬러리스트란 직업이 사람들에게 제대로 인식되지 못하고 있는 점도 아쉬워요. 도대체 컬러리스트가 뭘 하는 직업이냐고 물어보면서 '아, 옷 색깔 정하는 것 별거 아니네'라는 말을 너무나 아무렇지도 않게 툭 내뱉을 때는 정말 속상해요.

또 힘든 점은 판매와 연관을 시켜야 한다는 거죠. 본인은 새로운 컬러와 새로운 혼합을 시도해보길 원하지만, 새로운 것일수록 아무리 예쁘더라도 브랜드의 기본적인 판매량에 도달하기가 힘들어요. 그렇기 때문에 회사의 이익과 관련하여 본인이 원하는 색감을 나타내지 못하는 경우가 있어요.

남들과 다른 컬러를 선정하는 데 있어서의 어려움은 무엇이며, 거기에 자신의 상상력이 어떻게 발휘된다고 생각하세요?

한승희 ▌ 남들과 다른 컬러를 낼 때 순간적인 상상력을 발휘하는 것은 분명히 아닐 것이고, 평소에 이것저것 보면서 무의식적으로 예쁘다고 생각했던 것을 표출하는 거겠지요. 또한 남들과 다른 컬러라는 것은 다른 사람들에게는 익숙하지 못한 컬러라는 말이기 때문에 그 익숙하지 못한 컬러를 사람들에게 설득시키는 데 어려움이 따라요. 특히 컬러는 시각적인 것이라 말로 설명하기가 너무 힘들어요. 내가 어떤 새로운 컬러를 발견했을 때, 그 컬러를 주장하기 위해서 주로 그 색이 들어 있는 많은 사진 자료를 찾아요. 단편적인 사진이든 풍경화든 사진을 찾아서 그 색이 현상되었을 때 그 컬러의 아름다움을 보여줌으로써 사람들을 설득하려고 하죠.

패션업계는 외국의 영향을 크게 받는데, 이것에 대해 어떻게 생각하시나요? 또 외국의 트렌드를 받아들일 때 가장 크게 고려하는 한국인의 색 특성은 무엇일까요?

한승희 ▌ 우리나라와 서양은 체형과 피부 톤에서 많은 차이를 보여요. 우리나라 사람들은 피부가 노랗기 때문에 옐로우 컬러가 트렌드로 올 경우에는 제일 난감해요. 근데 문제는 올 가을 · 겨울에 머스터드 컬러가 유행이라는 거예요. 우리나라 사람들에게 그 컬러는 쥐약이에요. 너무 안 어울려요. 젊은 사람은 그나마 피부가 좋고 하얘서 어울릴 수 있는데 30대만 넘어가도 피부 톤이 어두워서 정말 칙칙하고 안 어울려요. 내가 맡고 있는 D 브랜드 같은 경우에는 주 고객이 50-60대예요. 그분들은 파운데이션을 두껍게 바르시고 화장을 진하게 하세요. 그래서 그런 화장도 고려하고 얼굴 톤을 가장 많이 고려해요.

자신만의 컬러적 직감이나 창의성은 무엇이라고 생각하며, 그것을 객관적으로 말한다면 어떻게 평가할 수 있나요?

한승희 ▌ 나는 어렸을 적부터 그림을 그렸던 것에서 많은 도움을 받아요. 어렸을 때 미국에서 2년 정도 있었어요. 그때 여러 가지로 힘들어서 그 시절을 좋아하지는 않아요. 그런데 그때 놀면서 봤던 색감들이 지금도 문득문득 아이디어를 주고 있어요. 우리 집 앞으로 자주 지나다니던 다람쥐 같은 것들이 문득 떠올라요. 그리고 어릴 때부터 미술을 했었기 때문에 색의 조화를 이루는 데 다른 사람들보다 좀 더 힘이 있는 것 같아요. 객관적 평가는 잘 모르겠어요.

가지고 있는 옷들의 색들과 좋아하는 색 간에 차이가 있어요? 일치하는 이유와 일치하지 않는 이유를 말씀해주세요.

한승희 ▌ 내 얼굴은 노랗고 까만 톤이기 때문에 차가운 색이 어울려요. 그래서 나는 옷을 살 때 따뜻한 색깔의 옷이 예뻐도 나에게 어울리는 색이 아니기 때문에 못 사요. 하지만 좋아하는 색은 매번 바뀌죠. 변덕이 심해요. 사실 변덕이 심하기 때문에 컬러리스트를 할 수 있다고 생각해요. 처음에 일을 시작할 때 갈등이 그거였어요. 나는 이 색이 좋은데 이 색이 아닌 다른 색을 대입해서 컬러를 내야 하는 게 너무 싫었어요. 하지만 지나면서 일과 생활이 점점 분리되는 것 같고, 지금은 무리가 없어요.

앞으로 하고 싶은 일은 무엇인가요?

한승희 ▌ 지금 하고 있는 일이 너무 좋아서 앞으로도 계속 이 일을 하고 싶어요. 다만 아직 의류 쪽에선 컬러리스트란 직업이 보편화되어 있지 않아서 컬러리스트란 위치를 높이고 싶다는 욕심도 있습니다. 의류 쪽의 컬러리스트를 하면서 제일 아쉬운 것은 시즌이 시작되고 얼마의 시간이 지나면 대부분의 브랜드들이 같은 색을 띠게 된다는 거예요. 자신의 브랜드만의 색을 찾아서 모든 브랜드들이 다른 얼굴을 가질 수 있는 날이 왔으면 좋겠어요. 앞으로 패션 정보나 컬러에 대해서 조금 더 공부를 해서 컬러리스트의 영역과 역할을 넓히고 싶어요.

에디터 | 김지현, 김상이, 유혜진, 조현영

한국의 온라인 게임과 그 사용자 수는 전 세계의 부러움을 받을 정도로 폭발적이다. 최신 IT 기술과 문화가 결합함에 따라, 온라인 게임은 개인의 여가를 넘어 점점 중요한 커뮤니티가 되고 있다.

장홍주는 MMORPG 게임, 테일즈 위버를 개발한 소프트맥스의 온라인 게임팀 그래픽파트장으로 활동하고 있다. 어려서부터 게임에 심취했고, 좋아하는 게임을 직접 만들어보기 위해 게임 아트 디렉터를 선택한 게임 키드이다. '직접 뛰어야 하는' 스포츠를 제외하고 모든 게임을 좋아한다. 개발에 참가한 게임으로는 템페스트(PS2), 창세기전3(파트2), 포리프, 테일즈 위버, SD건담 캡슐파이터가 있다.

동네 친구 대신 온라인 친구를

게임 아트디렉터 장홍주

"침대에 누워 자기 전의 시간에 상상력이 가장 극대화됩니다.
가끔 몇 시간 동안 상상만 할 때도 있습니다."

요즘 사람들이 게임에 열광하는 이유가 무엇이라고 생각하세요?

장홍주 ▌ 게임이라는 콘텐츠는 소수에서 다수로 향하는 것입니다. 몇 백 명이든 몇 천 명이든 온라인에서 만나 함께 게임을 합니다. 왜 많은 사람들이 온라인 게임을 좋아하느냐 하면, 컴퓨터로 인해 개별화된 우리는 예전과는 달리 동네 친구를 만나는 것이 아니고 채팅이나 온라인 게임을 하면서 사교를 하기 때문이죠. 즉 게임은 개별화의 특성이 역으로 작용해 사람과 사람이 대화를 나누며 교감을 갖는 만남의 장이 되고 있습니다.

온라인 게임이 지금까지의 게임과 다른 점은 무엇입니까?

장홍주 ▌ 통속적인 게임은 게임 디렉터가 게임의 모든 것을 정하는 고정된 틀 안에서 행해집니다. 이와 달리 온라인 게임은 여러 사용자들이 동시에 온라인상에서 만나 하나의 게임을 계속적으로 만들어가는 형태이기 때문에 사용자의 참여도가 더 높습니다.

게임 아트디렉터가 하는 일을 구체적으로 설명해주세요.

장홍주 ▌ 아트디렉터는 크게 디자인과에 속해 있습니다. 각각 맡은 부서가 있는데 그중 아트디렉터는 부분적으로 나뉘어 있는 인력을 가지고 게임의 목표를 조율합니다. 개발자이면서 동시에 관리자인 셈이지요. 게임 컨셉을 만드는 분야가 아니고 컨셉을 시각화하는 분야에서 일을 하고 있습니다. 기획 쪽에서 나오는 컨셉은 시각적으로 보이는 것이 아니라 글씨로 되어 있는데 그걸 아트디렉터가 팀원에게 나눠주고 기간을 제시한 뒤 그 기간을 최대한 활용해서 가장 적합한 이미지를 뽑아내는 것입니다. 영화에서의 미술감독과 같은 역할이라고 할 수 있죠.

게임 회사에 근무하시게 된 계기가 무엇입니까?

장홍주 ▌ 1990년도 때 일입니다. 당시 초등학교 5학년이었던 저는 처음으로 286XT라는 컴퓨터를 할아버지로부터 선물받았죠. 저는 그 컴퓨터로 요즘 같은 게임은 아니었지만 그 당시 수준으로는 상당히 훌륭했던 게임들을 해보게 되었습니다. 그러한 게임들이 신기하고 만들고 싶어지게 되었고, 중학교 때 게임 개발자가 되려는 꿈을 꾸었습니다.

단순한 한 장의 그림이라거나, 그저 정해진 영상을 틀어주는 애니메이션과는 다르게, 나 자신의 개입을 통하여 움직이는 세상을 만들어나가는 게 즐거웠고, 보다 멋지고 재미있는 게임을 만들기 위해 게임 회사에 근무하게 되었습니다.

『룬의 아이들』이라는 판타지 소설을 재구성한 '테일즈 위버'는 어떤 것입니까?

장홍주 ▌ 『룬의 아이들』이라는 소설이 미리 나와 있었다고 하지만, 실제로는 소설의 출간과 동시에 게임이 출시되도록 했습니다. 일본 게임업계의 노선과 비슷하지요. 게임 포털 온라인 서비스 〈포리프[4Leaf]〉가 기본이 되서 『룬의 아이들』이라는 소설이 완성되었습니다. 캐릭터는 같지만

[3월16일20시55분]
EventPlayng.. EventFileName[0597.VET] FuncName[StartEvent] LineNumber[7]

게임은 아예 다른 독립된 세계관을 갖고 있습니다. 온라인 게임은 그것만의 독특한 특징이 있기 때문이죠. 캐릭터 설정에 있어서는 소설과 게임이 서로를 참고했습니다.

아이디어 창출시 도움을 받는 것은 무엇입니까?

장홍주 ▌ 경험이 제일 중요합니다. 디자이너들은 웹 사이트를 자주 돌아다니고 다른 작가들의 자료들을 많이 참조합니다. 디자이너 자체가 보는 것도 많아야 되지만 창작력을 많이 필요로 합니다. 모방만 해서는 안 되고 창의력을 발휘해서 새로 만들어야 되며, 타 이미지를 직접 경험해야 합니다.

이 세상에서 한 번은 보았을 법한 물건들…… 물리나 물질의 법칙을 무시해도, 결국 사람이 상상하는 것은 이 세상의 것들입니다. 우리 주위의 풍경이나 사물들을 관찰하고 여행하는 것도 도움이 됩니다.

창조력이란 무엇이라고 생각하십니까?

장홍주 ▌ 창조력은 무언가 새로운 것을 만들어낸다는 뜻이 강하지만, 저는 이미 있었던 것을 보다 좋게, 색다른 이미지로 다시 만들어내는 것이 창조력이라 생각합니다. 많이 만들고, 많이 그려보는 등의 경험을 통해 창조력을 더욱더 상승시킬 수 있습니다. 특히 오프라인의 경험이 중요하다고 생각합니다. 책을 통해 다른 세계를 보는 것도 좋지만 직접 그 나라로 여행을 떠나는 것이 훨씬 도움이 될 수 있습니다. 그림을 통해 보는 것과 현장에서 직접 보는 것은 확연하게 차이가 나니까요. 동양을 알기 위해서는 우리나라뿐만 아니라 일본이나 중국의 차이를 알아야 하고, 같은 서양이라 하더라도 프랑스와 영국, 독일이 모두 다르다는 것을 피부로 느껴야 합니다. 그런 세세한 차이는 사진 자료만으로는 부족하고 직접 그 나라를 방문하는 경험을 통해 체득할 수 있습니다.

무엇이 상상력에 도움이 된다고 생각하시나요?

장홍주 ▌ 침대에 누워 자기 전의 시간에 상상력이 가장 극대화됩니다. 가끔 몇 시간 동안 상상만 할 때도 있습니다. 음악을 들을 때와 마찬가지로 자기 전의 상태에는 다른 정보 매체와 차단된 상태이기 때문에 명상 상태와 같이 뇌가 편안해지면서 한 곳에 집중이 됩니다. 이와 같은 상태에서 갑자기 무엇인가 떠오를 때 바로 작업에 옮깁니다.

본인이 추구하는 이미지는 무엇입니까?

장홍주 ▌ 가급적이면 많은 것을 표현하고 싶지만 최근 관심이 있는 것은 한국적 이미지를 만드는 것입니다. 일본 같은 경우는 게임 내에서 의상, 배경, 스토리 등에 그 나라의 특색이 녹아들어 있는 경우가 많지만

한국의 게임에는 이러한 면이 아직 부족합니다. 캐릭터의 의상, 건축물의 기와지붕 등 기본 의식주 면으로는 한국적인 요소가 녹아 있는 편이긴 하지만요(그 예로는 창세기전의 '기파랑'이라는 캐릭터를 들 수 있죠). 저는 시나리오 자체를 한국 생활상이 녹아들어간 게임으로 만들고 싶습니다.

다른 게임과 구분되는 테일즈 위버만의 독특함은 무엇입니까?

장홍주 ▌ 다른 게임과 테일즈 위버의 차별성은 우선 기획 측면에서부터 말할 수 있겠습니다. 온라인 게임만 개발하는 타 게임과 달리 테일즈 위버의 경우에는 『룬의 아이들』이라는 판타지 소설, 〈포리프〉라는 온라인 보드 게임과 연동되어 기획이 되었습니다. 이외에도 '스토리 텔링 시스템'과 'PK 제한 시스템' 등을 들 수 있겠습니다.

스토리 텔링 시스템은 오프라인의 롤플레잉과 같은 방식의 스토리가 온라인 게임에서도 존재하는 것을 말합니다. '함께 즐기는 감동적인 시

나리오'와 '박진감 넘치는 전투'라는 모토 아래 온라인 게임 내에서 시나리오를 즐기자는 것입니다.

PK 제한 시스템은 다른 온라인 게임에서 문제로 지적받아왔던 유저들 간의 전투를 제한하자는 것입니다. 인간 존엄성 문제, 윤리적 문제, 잔인성 등으로 지적받았던 온라인 게임의 단점을 극복하되 이를 아예 없애는 것이 아니라 특정 지역에서만 유저들 간의 전투가 가능하도록 제한하는 것입니다.

여자 캐릭터의 가슴 사이즈는 왜 유난히 큰 것입니까?

장홍주 ▌ 우선 유아기 때 어머니의 가슴을 만지는 것으로 심리적 안정감을 느낀다는 것을 이유로 들 수 있습니다. 이외에 가장 큰 원인으로는 최근 캐릭터들이 신체의 곡선, 머리 길이 등으로는 구별이 안 될 정도로 유니섹스형이 많아졌다는 점 때문입니다. 남녀 캐릭터를 구별할 수 있는 가장 큰 기준이 가슴이 되었고, 그래서 가슴을 보다 크게 그릴 수밖에 없습니다. 이외에도 여성성을 대표하는 요소로는 허리, 힙 라인 등을 들 수 있겠습니다.

여성 유저를 고려하십니까?

장홍주 ▌ 시장 조사할 때 고려를 합니다. 여사원들에게 문의하거나, 주변의 친구들 또는 카페 친구들을 통해 정보를 수집합니다. 여성 유저의 취향을 알고 참조는 하지만 절대적인 것은 아닙니다. 남성 유저의 취향도 마찬가지고요. 인간들이 세운 기준 중에 절대적인 것은 존재하지 않는다고 생각합니다.

게임을 만들면서 필요한 것은 무엇입니까?

장홍주 ▌ 게임은 프로그래밍과 디자인만 잘해서 되는 것이 아닙니다. 자신이 살아온 삶 전체와 게임 제작이 모두 연결됩니다. 지리, 역사, 수학, 물리적 법칙 등을 모두 꿰뚫고 있어야 합니다. 게임을 만드는 기술적 측면도 물론 중요하지만 사회 · 문화적 상식의 측면들을 많이 알수록 좋겠지요.

아트디렉터가 되려면 어떻게 해야 합니까?

장홍주 ▌ 아트디렉터는 무엇보다 경험이 많아야 합니다. 경험 없는 상상은 힘들 수밖에 없습니다. 경험을 위해서는 머릿속에 있는 것을 담아두지만 말고 표현을 하는 연습이 필요합니다. 무엇인가를 하고 싶은 사람은 이미 그 작업을 하고 있어요. 작업을 하기 위해서 어떻게 하느냐를 찾고 있는 것보다 행동을 얼마나 먼저 하느냐가 중요합니다.

이외에도 팀원들을 컨트롤하기 위해서는 그들보다 한 발 앞서서 기술을 연구하고, 그러한 기술을 전수해줄 수 있고, 세부적인 부분에서 실력으로 우위를 차지하는 것에 연연하기보다는 전체적인 것을 볼 줄 알아야 합니다. 즉 현재에 머무르는 것이 아니라 계속 자신의 기술을 개선시키고 발전시키며 팀원들간의 화합과 프로젝트를 추진하는 능력이 필요합니다.

일반적으로 아트디렉터는 공채로 뽑거나 수시로 뽑는 경우도 있으며 주로 실력을 봅니다. 컴퓨터 기술적 능력과 디자인 쪽 능력을 동시에 갖고 있는 것이 좋습니다. 게임을 만들자면 타 파트와의 연계가 중요하기 때문입니다.

아트디렉터를 하고 싶은 사람에게 조언을 해주세요.

장홍주 ▌ 즐기면서 게임을 만들려는 낭만적인 생각만으로는 곤란합니다. 정보화 시대가 되면서 세상은 빠르게 변하고 있고 그만큼 기술력 또한 발전하고 있습니다. 게임 디자인 계열의 '테크티컬 아트디렉터' 가 된다는 것은 그만큼 어려운 일입니다. 무엇인가 얻기 위해서는 그에 대한 대가가 필요하고 능력을 갖추기 위해서는 그것을 위한 노력이 필요합니다.

흔히 디자인이라고 하면 '난 다른 사람들보다 재능이 부족해' 라고 많이들 생각합니다. 확실히 재능이라는 면이 일부 필요하지만, 그래픽적인 재능도 수많은 학습에 의해 이뤄지는 부분이 더 많습니다.

프로그래머 친구 중에 KAIST 나온 친구가 있는데, 대학 졸업 못 하고 재학생으로 머물며 프로그램을 짜던 다른 친구 프로그래머에게 당해내지 못할 정도로 이 분야에서는 후천적인 노력과 환경이 중요합니다.

그리고 겸손을 갖춰야 합니다. 지금 가진 실력이나 능력은 계속 개발되지 않는 한 곧 구시대의 유물이 되어버릴 수 있습니다. 저도 한때는

주변의 많은 분들의 칭찬에 콧대가 높아져 최고라고 여기고 능력 개발을 게을리하던 시절이 있었습니다. 하지만 회사에 들어오고 나서, 그리고 세계를 보고 나서 그러한 생각은 완전히 접게 되었습니다. 그만큼 이 세상은 넓으며 빠르게 발전해가고 있습니다. 보다 나은 내일을 위해 노력하시기 바랍니다.

에디터 | 김민지, 신은화, 김태연, 이윤정, 허미란

장 미셸 바스키아의 작품을 계기로, 이미 거리 낙서는 예술의 본류로 진입했다. 국내의 그래피티 아티스트들도 각종 페스티벌과 전시회에서 적극 환영받고 있다.

JNJCREW(www.jnjcrew.com)는 ARTIME JOE와 JAY FLOW로 이뤄진 2인조 거리화가 그룹이다. 부천 만화영상산업박람회 그래피티 퍼포먼스와 드렁큰타이거, 리쌍 등 여러 가수들의 앨범 자켓, 뮤지컬 〈헤드윅〉 무대를 비롯한 여러 공연의 무대 그래피티를 작업했다. 2004년 홍대 앞 전시회장 style cube ZANDARI에서 가진 〈Street Writers〉展은 그래피티를 실내 전시장으로 끌어들여 거리의 예술이 점하는 공간을 확장시키고 예술과의 소통을 시도했다.

거리의 예술가를 만나다

▌그래피티 아티스트 JNJCREW

"벽은 일상에서 단절을 의미하지만
우리의 벽은 사람과 사람 사이의 소통의 매체가 됩니다.
즉 그래피티는 벽의 현실적인 의미를 180도로 전환시킬 수 있는 것이지요."

그래피티는 힙합 문화를 기반으로 하고 있습니다. 랩과 춤을 통해 힙합을 자유롭게 표현하던 것을 그림으로 승화한 것이 그래피티인데요. 두 장르가 경계를 넘나들 수 있었던 요인이 무엇이라고 생각하시나요?

JNJCREW ▌ 우선 그래피티와 힙합은 소외된 소수 집단의 문화입니다. 이 두 장르의 공통점은 사회 문화적으로 소외되고 억압받는 이들에게 자유로움을 준다는 것이죠. 그 자유로움은 자신을 아무런 제약 없이 표현함으로써 느끼는 해방감일 테고요. 그래피티와 힙합은 이런 면에서 공유될 수 있다고 생각해요.

흑인 문화, 힙합 문화를 기본으로 한 서양의 그래피티를 한국적으로 변모시키려는 노력에는 어떤 것이 있었습니까? 서양 문화인 그래피티를 한국의 문화로 끌어들였을 때 어려운 점이나 특별한 점은 없었나요?

JNJCREW ▌ 서양의 그래피티를 한국적으로 만든다는 생각은 하지 않았어요. 왜냐하면 자신을 표현하는 것에서 비롯된 해방감은 방식에 얽매이지 않기 때문이죠. 한마디로 말하자면 서양에서 추구하는 자유로움과 한국에서 추구하는 자유로움은 다른 것이 아니라고 생각해요. 서양의 문화를 동양인이 공유할 수 있다는 것 자체가 중요하다고 봅니다.

그래피티라는 장르 자체가 한국 대중에게 생소했을 때 활동을 시작하셨는데요, 어떻게 그래피티에 입문하게 되셨는지 궁금합니다.

JNJCREW ▌ 저희 멤버들은 군대에서 처음 만났습니다. 우리는 서로 이미 힙합이라는 음악 장르에 대해서 깊은 관심을 가지고 있었고요. 그러던 어느 날, 군대에서 큰 벽화 제작을 같이 맡게 되었습니다. 그때부터 벽에 그림을 그리는 것을 좋아하게 되었고 그것을 시발점으로 하여 그래피티에 입문하게 되었습니다.

그래피티의 선구자 중 하나인 잭슨 폴락은 칸딘스키처럼 알아볼 수 없는 추상적 형태로 우리의 마음을 열었고, 키스 해링이나 바스키아는 동심적 색채와 표현으로 그들이 말하고자 하는 것을 보여줬습니다. 여러분들은 어떤 표현 방식으로 생각을 나타내시나요?

JNJCREW ▌ 방식은 주로 캐릭터character와 와일드 스타일wild style입니다. 와일드 스타일이란 텍스트를 화려하게 그래픽화하는 것을 지칭하는 말이지요. 우선 저희가 창작하는 각종 캐릭터들은 다른 사람들에게 쉽게 다가갈 수 있어요. 대중들로 하여금 복잡하게 생각하도록 하는 것보다 쉽고 친근하게 우리의 작품을 공유할 수 있다면 그것으로 만족해요. 그래서 주로 캐릭터와 와일드 스타일 중심으로 작업을 합니다.

그래피티에는 형식의 제약이 없습니다. 이 점은 자유로운 표현이 가능하다는 장점도 있지만 무엇을 표현하는지 알 수 없다는 단점도 있을 것이라 생각됩니다.

JNJCREW ▌ 보통 사람들도 벽에다가 자신의 이름을 낙서하고 그러잖아요. 그래피티는 그런 낙서에서 시작해서 점점 복잡하게 구불구불한 글씨체로 자신의 이름이나 또는 자신이 속해 있는 그룹의 이름을 적어요. 이것의 필체는 작가만의 독창적인 스타일입니다. 다른 사람들은 무슨 소리인지 모르겠지만 그것은 일종의 영역 표시 같은 것이거든요. 낙서가 점점 스타일화되는 것이죠. 스타일화된 그래피티는 자기 자신이라고 생각해요. 그냥 그렇게 이해하면 편할 것 같아요. 여러분의 입장으로 보시면 '저것은 그래피티를 그린 작가를 표현한 것이다'라고 이해하시면 될 것 같아요.

그래피티를 통해 JNJCREW 분들은 무엇을 말하고자 하세요?

JNJCREW ▌ 자신의 독창적인 스타일에 대해 알리는 것이 목적입니다. 아까도 말했듯이…… 나 자신만의 스타일을 많은 사람들에게 보여주고 싶은 거예요. 때로는 파괴적이고 어두운 이미지들을 표현하면서 대중이 자주 접하게 되는 자연친화적이거나 편안하고 밝은 이미지의 관념에서 탈출하게 만들고 싶습니다. 빛과 그림자가 공존하듯이 정형화된 이미지들과는 상반된 이미지들을 보여주어 더 많은 사람의 시각을 열어주고 싶어요. 물론 이것이 어려운 일이란 것을 알고 있습니다. 또한 그것은 자신의 세계를 이해시키려는 욕심과도 같겠지요.

한 작품을 만들 때 전체적인 구상은 어떤 방식으로 이뤄지는지요? 매우 일상적인 것에서 출발하는지, 아니면 기존의 창작품에서 영감을 얻는 것인지 궁금합니다. 또한 주제 선정이나 구성, 작업 방식도 알려주세요. 주제를 어떻게 표현할지 떠올리는 JNJCREW만의 방법이 있나요?

JNJCREW ▌ 제 주위의 일상에서 일어나는 일들이 소재가 되지요. 예를 들면 벽에 그래피티를 그리다가 경찰에게 걸려서 도망쳤던 경험이 있는데 그 상황을 다시 그래피티로 만든 적이 있어요. 나를 캐릭터화해서 그 당시 벌어진 일들을 그래피티로 창작합니다. 그렇게 해서 한 작품이 만들어지죠. 창작을 해야 한다는 압박감에 시달리다 보면 딜레마에 빠지게 돼요. 그러니까 내 상상력이 뛰어놀 수 있도록 생각을 풀어놓는 게 가장 중요한 것 같아요. 이외에도 음악과 잡지, 영상물을 보며 영감을 얻을 때가 있습니다.

여러분의 사이트를 통해 여러분의 발언대는 벽만이 아니라는 것을 알게 되었는데요. 그래피티를 실내 전시장으로 끌어들인 〈Street Writers〉展도 그렇고요. 광고 디자인, 무대 디자인 등 그 영역은 그래피티 자체를 뛰어 넘는다는 느낌이 들었습니다. 이러한 표현의 확장에 대한 특별한 이유가 있습니까? 특히 그래피티는 벽이라는 외부 공간을 대상으로 시작했습니다. 이런 그래피티를 전시회 내부로 끌어들인 이유는 무엇인지요?

JNJCREW ▌ 벽을 전시회 내부로 끌어들인 것은 일종의 모험입니다. 새로운 시도를 하는 것이죠. 기존의 상황을 바꾸어봄으로써 우리도 계속 발전할 수 있다고 생각해요. 우리가 표현할 수 있는 공간이 다양해지고 확장될수록 우리의 상상력도 그렇게 확장되어가는 것 같습니다.

'벽'은 흔히 단절을 의미합니다. 예컨대 나의 사생활을 보여주고 싶지 않다는 폐쇄적인 의미를 지니는데 그러한 벽을 매체로 하여 작품을 그리는 의미는 무엇입니까?

JNJCREW ▌ 벽은 일상 문화 속에서 단절을 의미하지만 우리의 벽은 사람과 사람 사이의 소통의 매체입니다. 즉 그래피티는 벽의 현실적인 의미를 180도로 전환시킬 수 있는 것이지요. 또한 벽은 규모면에서 매우 커요. 캔버스나 스케치북은 벽에 비하면 매우 작기 때문에 자유로운 상상력, 거침없는 상상력을 표현하기에는 다소 제한이 있어요. 하지만 벽의 경우 우리의 상상력을 내뱉을 수 있는 공간이 매우 넓기 때문에 상상력이 더 자유롭게 발산되는 것 같습니다.

BearBrick400%
acrylic custom
Beautiful Football**
JayFlow(JNJCREW)
★★★

벽에 그림을 그리거나 무엇을 쓰는 행위는 잘못하면 단순한 낙서로 전락할 위험이 있는데요, 이것을 예술적 장르로 승화시키는 상상력은 낙서에서 시작했지만 낙서와는 분명히 다를 것입니다. 어디까지가 예술이고 어디까지가 낙서인지요? 이와 연결해서 그래피티의 예술사적 위치는 어디쯤일까요?

JNJCREW ▌ 아직까지 그래피티는 하류 문화로서의 인상이 강합니다. 낙서에서 시작했다는 것, 그리고 빈민층과 같은 소수의 영향력 없는 계층에 의해서 시작되었다는 것 등이 그렇게 만든 것일 테지요. 하지만 예술이라는 것이 계층에 구애받아서는 안 된다고 생각해요. 사람들이 고상하고 기품 있게 여기고 보편적인 시각으로 바라볼 수 있는 문화만이 예술이 아니라는 것입니다. 비록 그래피티가 낙서에서 시작했지만, 여타 다른 예술과 마찬가지로 스타일화된 것이고요. 분명 창작자의 의도가 담긴 것입니다. 또한 발전을 거듭하면서 대중과 점차 융화되고 있다는 느낌이 듭니다.

인터뷰에 응해주셔서 정말 감사합니다. 앞으로의 계획이 있으시면 알려주세요.

JNJCREW ▌ 앞으로 전시회도 열고 길거리와 여러 공간 속에서 페인팅과 디자인을 할 것입니다. 그래피티 문화와 더불어 여러 분야의 길거리 문화에 많은 관심과 사랑 부탁드립니다.

에디터 | 신소라, 김경민, 백유경

폐타이어, PE파이프, 알루미늄, 나무, 화공약품통, 음료수 페트병, 내 몸…… 삼라만상森羅萬象을 악기로 바꾸어 연주하는 사람들이 바로 '노리단(http://noridan.haja.net)' 이다. 노리단은 예술, 교육, 놀이가 통합된 청소년 문화 작업장 '하자센터' 소속의 공연 단체로서, 2004년 6월 호주의 생태주의 퍼포먼스 단체 '허법Hubbub' 의 멘토링mentoring으로 출발했다.

작곡가, 연극배우, 사운드 엔지니어, 래퍼, 재즈 댄서 등 다양한 경력의 삼사십대 문화 작업자들부터, 자아 발견을 체험하고자 하는 십대, 이십대 청소년들, 대안 교육 현장에서 학습하는 어린이들에 이르기까지 약 서른 명이 모여 일종의 공동체 마을을 이루어 활동하고 있다.

직접 제작한 악기를 가지고 도심 한복판, 숲 속, 극장 등 어느 곳에서나 공연하고, 누구든지 참여 가능한 즉흥 공동체를 형성하여 사회에 문화적 활력을 불어넣고 있다. 생태주의 오케스트라를 펼치는 공연 사업과 함께 노리단의 철학과 활동 내용을 시민들과 공유하는 워크숍 센터, 악기 제작 장인들이 상주하는 '활용발전소' 가 연계하여 통합적인 활동을 이뤄나가고 있다.

무엇이든 상상하면 악기가 된다

생태주의 뮤직 퍼포먼스 그룹 노리단noridan

노리단의 창단 계기와 배경을 알려주세요.

노리단 ▌ 노리단은 하자센터의 첫 번째 빅 프로젝트로 탄생했습니다. 하자센터는 하자작업장 학교라는 정식 대안학교 외에도 여러 가지 빅 프로젝트를 벌이는, 청소년을 위해 열려 있는 학습 공간입니다. 노리단 외에도 경제 활동을 하는 '틴틴이코노미', 여행을 통해 배우는 '글로벌 학교' 등이 있습니다. 초기 단원 네 명이 우연히 경남 산청 '간디학교'에서 '허법Hubbub, 왁자지껄이라는 뜻을 가진 호주의 생태주의 퍼포먼스 그룹명'의 퍼포먼스를 접하고 매력을 느껴, 2년 뒤 하자센터에서 '허법-하자 프로젝트'를 진행하게 되었지요. 창단 초기에는 주로 하자센터에서 활동하는 청소년들로 구성되었고 정기 오디션을 통해 점차 다양한 경력의 단원들을 외부 곳곳에서 맞이하게 되었습니다. 명칭도 시간이 흐르면서 '재활용상상놀이단–어제 생긴 예술'에서 '재활용+상상놀이단', 그리고 올해부터 사용하고 있는 '노리단'까지 제법 많은 변화를 겪었습니다.

노리단이 '허법', '스텀프', '난타' 등과 구별되는 점은 무엇입니까?

노리단 ▌ '난타'와 '스텀프'에는 리듬만이 존재하지요. 그리고 악기로 사용하는 물건들도 본래 모습 그대로를 유지합니다. 노리단은 사물을 그대로 쓰지 않고 변형하여 독창적인 악기로 재탄생시켜 연주한다는 점, 그리고 멜로디와 화음을 연주한다는 점에서 차별화된 특징을 갖고 있습니다. 노리단이 '허법'과의 교류를 통해 시작되었으니 공연 형식이나 악기 구성만을 본다면 '허법'과 비슷한 부분이 많다고 할 수 있습니다. '허법'의 주요 멤버인 스티브 랭턴은 노리단의 아트디렉터로 불릴 만큼 단원이나 다름없는 존재입니다. 그러나 창단한 지 2년째를 맞이하는 지금, 노리단은 우리들에게 맞는 독자적인 활동 가치를 만들어가고 있습니다. 공동체를 유지하는 시스템과 그 시스템이 의미 있게 지속되도록 하는 철학, 즉 노리단이 살고 있는 모습 자체가 허법과 구별되는 점이라고 생각합니다.

공연을 하실 때 다양한 악기를 활용하는 것이 인상적입니다. 아이디어의 출처 및 발상의 계기를 알려주세요.

노리단 ▌ 노리단의 가장 기본적인 상상은 "무엇이든 두드리면 악기가 된다, 무엇이든 상상하면 악기가 된다"입니다. 제작팀은 무엇이든 두드

려보고 상상하고 뒤집어보면서 악기를 구상하고 만듭니다. 머릿속에서 순간 번쩍하는 영감을 이용하기도 하지만, 상상력이라는 것이 언제나 하늘에서 뚝 떨어지듯 생겨나는 것은 아닙니다. 기존에 잘 알고 있는 악기—봉고, 기타, 거문고 등—들을 재료에 변화를 주어 노리단식으로 만들기도 하고, 예전에 창작했던 악기를 다시 한 번 손봐서 또 다른 악기를 만들기도 합니다. 가령 수십 개의 파이프가 긴 것부터 짧은 것까지 길이별로 배열되어 있는 '한내'를 뒤죽박죽 새롭게 배열하여 모양을 내거나 울림통으로 쓰던 부분을 뒤집어서 오히려 주요 리듬을 담당하는 북으로 사용한다든가 하는 식이죠. 그 외에도 거리에서 퍼레이드가 가능하도록 만들어진 '수레 악기'들은 기존 노리단 악기에 바퀴를 부착하여 완성한 것이고, 몸에 부착하여 연주하는 '입는 악기' 또한 기존의 것을 용도에 맞추어 새롭게 창작한 것이죠.

하지만 순수한 상상력에서 작업이 시작되기도 합니다. 가능하냐 가능하지 않냐라는 현실적인 판단은 나중 문제일 테지요. 호랑이를 꿈꾸어야 고양이라도 되지 않겠어요? 아무리 비현실적이고 허무맹랑한 상상일지라도 그것이 단초가 되어 뜻밖의 결과를 만들어낼 수 있습니다. 저희들은 항상 그런 일들을 경험하지요.

악기 제작 과정과 만들고 나서의 느낌과 보람을 알려주세요.

노리단 ▌ 처음엔 구상을 하죠. 내가 만들려는 악기가 누구를 위한 것인가, 악기가 설치될 장소는 어떤 곳인가, 주변 환경은 어떠한가 등을 먼저 고려합니다. 단원들의 연주용 악기는 물론이고 다른 단체에 보낼 악기를 만들 경우에는 더더욱 신중하게 생각해야 할 사항입니다. 만들 악기가 결정되고 나면 모형 제작을 해봅니다. 축소된 악기를 미리 만들어보면 제작 과정에서 부딪힐 여러 변수들을 미리 예상할 수 있게 되죠. 일단 제작을 시작하게 되면 속도는 금세 붙습니다.

노리단은 공연-교육-제작이 순환하는 구조입니다. 직접 만든 악기로 공연을 하고, 공연 내용이 다시 교육 콘텐츠로 변환되지요. 워크숍 안에서 새로운 악기가 탄생하기도 합니다. 노리단은 그런 곳입니다. 단순히 '공연 단체' 가 아니라 그냥 그렇게 '살아가는' '마을' 이지요. 악기 제작도 노리단의 평범한 일상일 뿐입니다. 누구나 마음만 먹으면 활용 발전소로 들어가 뚝딱뚝딱 만들어내지요. 제도권 학교에서는 손노동이 주는 기쁨을 학습하기가 어렵습니다. 책상 앞에서 머리만 쓰길 요구하지요. 하지만 실제로 몸을 움직이고 무언가를 만들어내는 과정에서 자신의 몸과 머리가 얼마나 총체적으로 움직이고 통합적으로 사고하게 되는지 알게 됩니다.

공연이 전하는 메시지는 무엇이고, 관객들에게 어떻게 전달되길 바라십니까?

노리단 ▌ 특별히 의도하는 메시지는 없습니다. 스토리 전개가 분명한 연극 무대와는 다른 형식을 갖고 있기 때문이지요. 뮤직 퍼포먼스 자체로서 사람들에게 즐거움을 선사하기를 바랍니다. 재활용 악기가 들려주는 아름다운 음악, 그 리듬과 멜로디에 동화되고 심취하길 바라는 것이 전부입니다. 하지만 저희 무대 자체가 말하는 바는 분명히 있다고 생각합니다. 세상 만물을 상상력을 동원해 악기로 탈바꿈시켰다는 것, 이것에 대한 놀라움이 관객들로 하여금 자신의 삶까지도 되돌아보게 만드는 것이죠. 실제로 관객들이나 워크숍 수강생들을 만나보면 노리단을 알게 된 후부터 일상에 변화가 찾아왔다고 '고백' 하시는 분들이 종종 있습니다.

공연을 할 때, 개인적으로 감정이나 느낌이 많이 와닿는 부분은 무엇입니까?

노리단 ▌무어라 말로 표현하기는 어렵지만, 관객들의 감정이 저에게 전달될 때가 있습니다. '아, 저 사람이 지금 울고 있구나. 저 사람은 좀 지루해 하는구나' 하고 말이죠. 그것을 인지하게 되면 그 즉시 저도 무대 위에서 달라집니다. 그럴 때, 뭐랄까요, 참 재미있죠.

관객들이 참여함으로써 얻어지는 효과를 말씀해주세요.

노리단 ▌제가 서는 무대는 닫혀 있는 공간이 아니라 활짝 열려 있는, 관객과 소통하는 장소입니다. 노리단만의 공연이 아니라, 누구든 참여하여 그 속에서 재활용의 의미를 생각하고, 몸벌레(신체 곳곳을 두드려 몸의 다양한 비트와 리듬, 그리고 퍼포먼스를 즐기는 활동. 세상의 다양한 벌레들이 온갖 소리와 표정을 통해 표현하고 소통하듯이, 내 몸 안의 갖가지 벌레와 같은 풍부한 예술 재료와 욕구를 찾아내서 발현하자는 뜻을 담고 있다)를 통해 자신의 몸을 돌이켜보게 되는 즐거움, 인간관계의 소통을 느끼게 됩니다.

잊지 못할 공연 에피소드 하나만 얘기해주세요.

노리단 ▌관객들이 적극적으로 호응해주실 때, 신나는 것도 신나는 거지

만 정말 재미있는 사건들이 많아요. 햇볕이 뜨겁게 내리쬐는 여름날 공연을 하다 보면 공연자들이 안쓰럽게 느껴지시나봐요. 공연을 끝내고 땀이 범벅이 돼서 내려오면 기다렸다는 듯이 시원한 음료수를 건네주시는 분들이 계세요. 또 종묘 공원에서 공연을 할 때 할아버지 할머니들이 어깨춤을 덩실덩실 추시며 공연 도중에 용돈을 쥐어주시는 웃지 못할 일들도 기억에 남네요. 특별한 에피소드가 있다기보다 공연 하나하나가 기억에 남죠.

워크숍이 가지는 교육적 효과는 무엇입니까?

노리단 ▌ 노리단의 워크숍엔 정말 다양한 사람들이 참여합니다. 나이, 성별, 직업, 장애와 비장애를 뛰어넘어 함께 참여하죠. 자연스레 다양한 문화가 서로 만나고 소통합니다. 노리단은 이것을 '즉흥적 관계감수성'이라 말해요. 나와 전혀 다른 모습의 타인과 만나 즉흥적으로 관계를 맺어나가며 즐기는 그런 능력이 생기는 것이죠. 현대 사회에서는 자신과 다른 문화 속에 있는 타인을 만나는 것이 정말 힘이 듭니다. 어른이 되면 어린이들과 만날 기회가 없어지고, 자신과 비슷한 취향을 가진 사람들과만 교류하게 되죠. 노리단의 워크숍은 그런 닫힌 관계를 깨는 공간입니다.

노리단의 워크숍은 배우는 이와 가르치는 이가 구별되어 있지 않습니다. 물론 교육 초반에는 강사들이 적극적으로 주도하죠. 몸을 움직이는 것 자체가 낯설다보니 워밍업을 하는 데 시간이 좀 필요합니다. 하지만 참여자들이 동기를 얻고 주도적으로 나서게 되면 강사들은 반대로 수강자의 입장이 됩니다. 참여자들이 창작하고 구상해서 공연을 만들죠. 각 모둠들은 자신들이 창작한 것을 발표하고 상대방 모둠의 결과물을 배워 새로운 것으로 만듭니다. 창작물들이 끊임없이 순환하며 새로운 것을 탄생시키고, 그 과정에 강사들도 수강생들과 동등하게 참여하지요. 이러한 위치의 전환은 비록 정해진 워크숍 시간 안에 끝이 나지만 그것을 경험한 참여자들은 다시 일상으로 돌아가 자기 관계를 되돌아보게 되는 거죠. 수직적인 관계뿐만 아니라 위치가 고정되지 않은 '순환하는 관계' 도 가능하다는 것을, 각 부문의 교사들이 노리단의 워크숍에 참여하고 나서 '일방적으로 가르쳐야만 한다' 는 강박에서 자유로워진 것 같다고들 말씀하십니다.

노리단이 추구하는 가치는 무엇입니까?

노리단 ▌ 글쎄요, 어려운 질문이네요. 모든 창조적 행위가 자유롭게 이루어지도록 하는 공동체를 만드는 것? 삶과 예술이 따로 떨어져 있지 않은 그런 모습을 지향합니다. 삶이 되어버린 예술, 삶을 닮아 있는 예술 말이지요. '예술' 이라는 단어를 쓰자니 무거운 대답이 되어버린 것 같지만 사실은 그렇지 않습니다. 노리단을 출발하게 한 '무엇이든 두드리면 음악이 된다' 와 '무엇이든 상상하면 악기가 된다' 라는 말 속에는 '둘러보면 무엇이든 예술이 된다. 바로 당신을 둘러싸고 있는 당신의 삶이 예술이다' 라는 말이 숨어 있습니다. 거창한 것 같지만 노리단은 그것을 몸소 보여주고 있는 중입니다. 다세대가 모여 있고, 하고 싶은 일을 하며 먹고삽니다. 공연하고 교육하며 직접 노동도 하죠.

추구하는 생태주의에 대해 설명해주시고, 생태주의 적용의 의미를 말씀해 주세요.

노리단 ▌ '생태주의' 가 노리단의 모든 것을 표현하는 단어는 아닙니다.

오히려 '리사이클' 이란 말이 더 어울릴 수 있겠습니다. 흔히 리사이클 하면 재활용을 떠올리곤 하는데 사실은 광범위하게 '다시 쓴다' 로 해석할 수 있습니다. 하나의 사물을 한 가지 용도로만 쓰는 것이 아니라 상상을 동원해서 여러 용도로 사용함으로써 아주 오래, 그리고 계속 쓰는 것입니다. 노리단이 물건을 다루는 방식이 바로 이렇습니다. 처음엔 악기를 만들었다가 다음엔 가구로 만들고, 그것이 또다시 새로운 악기로 이용되곤 합니다. 단순히 '환경을 아낀다', '쓰레기를 사용한다' 라는 말로 생태주의를 설명할 수 있을까요? 노리단은 그저 모든 것을 버리지 않고 계속 사용합니다.

또한 '생태주의' 란 개념은 노리단 내부 곳곳에 스며 있습니다. 노리단의 대표적인 연주법 중 하나인 '몸벌레' 를 예로 들어볼까요? '몸벌레' 는 내 몸을 두드려 리듬과 소리를 만들어내는 것으로, 노리단은 동작을 만들 때마다 '방아깨비' 니 '사슴벌레' 니 하는 이름을 짓습니다. 내 몸이 마치 벌레와 같이 꿈틀대며 스스로 소리를 낸다는 의미에서죠. 자신의 몸을 벌레와 같다고 상상해본 적이 있나요? 노리단 단원들은 그런 생각을 자주 합니다. 내 몸이 나비라면…… 풍뎅이라면…… 하고 말이죠. 그러면서 인간이 아닌 다른 존재에 대한 발견을 하는 것이죠. 그러고 나면 어떤 존재도 함부로 할 수 없고요. 얼마 전에 노리단의 어린이 단원들이 길가에서 유기견 한 마리를 발견해 데려왔어요. 하자센터에서는 동물을 키운 사례가 없기 때문에 처음엔 난감해하다가 한번 데려온 생명을 다시 버릴 수 없어 센터 사람들에게 양해를 구하고 키우게 되었죠. 나중엔 고양이도 생겼어요. '몸벌레' 에서 습득된 것들이 이렇게 연결되는 것이 아닌가 합니다.

공연을 구상할 때 어디에서 영감을 얻습니까?

노리단 ▌ 노리단의 연주는 모두 즉흥 연주를 통해 창작됩니다. 때문에 한 작곡가가 머리를 싸매고 영감을 떠올리는 풍경은 노리단 안에 없지요. 단원들 개개인의 음악적 감수성과 그때그때의 느낌에 따라 곡이 만들어집니다.

새로운 악기 개발에 대한 계획을 알려주세요.

노리단 ▌ 돌아오는 12월부터 노리단의 극장 공연 '위트앤비트'가 창동 열린극장에서 앵콜 공연을 올려요. 초연에 사용했던 무대용 악기를 업그레이드할 예정이에요. 아마도 기존의 노리단 악기와는 많이 다르겠죠. 설치물로서의 역할과 악기로서의 역할을 모두 해낼 수 있어야 하니까요.

노리단이 바라보는 우리 시대 놀이 문화의 문제점과 개선점에 대해 말씀해주세요.

노리단 ▌ 물론 노리단이 좋아하는 놀이 문화가 있고, 싫어하는 문화가 있겠죠. 하지만 그것은 입장에 따른 일종의 '취향' 혹은 각자의 지향성일 뿐 없어져야 하는 문화는 없다고 봅니다. 물론 상대방에게 폭력적인 것을 행사하고 요구하는 문화는 근절되어야 하겠죠. 만약 도태되어야 할 문화나 예술이 있다면 제도적으로 해결하기보다는 시민들의 자정 능력 안에서 자연스럽게 사라지게 해야 한다고 생각합니다.

노리단이 모든 문화의 기준이 되는 것이 아니라 하나의 좋은 사례로 남길 바라는 것처럼, 또한 같은 울림이 아닌 독특한 하나의 울림으로 남길 바라는 것처럼, 세상의 다양한 가치를 인정해주는 것이 중요합니다.

앞으로 기대되는 노리단의 모습, 발전 방향을 말씀해주십시오.

노리단 ▌ '마을'이 되는 것이라고 할 수 있을까요. 노리단이 추구하는 가치와 그것을 적용한 운영 방식이 더욱 큰 범위로 확대, 재생산되어 많은 사람들이 평등한 관계를 맺으며 자유롭게 창작 활동을 하고 또 그것이 즐거운 삶이 되는 그런 마을 말입니다. 노리단이 소속된 하자센터에서는 요즘 노리단과 함께 그런 일들을 신나게 논의 중입니다. 불가능한 일은 아니라고 생각합니다. 지금의 모습도 하나의 작은 마을이라고 볼 수 있으니까 말이지요. 세계 여러 곳에서 다양한 사람들이 모이고, 그 많은 문화가 뒤섞여 더욱 풍성한 노리단이 되길 바랍니다.

에디터 | 이윤주, 김지혜, 육상현, 이희서

세제, 달걀, 게맛살, 순대, 녹차 등에 인격과 인간의 숨결을 불어넣은 작품을 본 적이 있는지. 박물관이 아니라 인터넷 블로그(http://blog.naver.com/2×5)와 대형 포털 사이트에서 볼 수 있는 김치샐러드라는 아티스트의 작품이다.

그는 매스미디어[massmedia]가 아니라 블로그, 홈페이지를 통해 활동하는 개개의 마이크로미디어[micromedia]가 새로운 문화를 만들어가는 우리 시대의 문화 현상의 중심에 있다. 본명은 윤명진. 문예창작을 전공하고 조형 예술가로 전향했으며, 갓 담근 김치처럼 아삭아삭 싱싱한 흥미가 느껴지는 작품을 만들고 싶다는 의미에서 김치샐러드라는 이름으로 활동하고 있다.

종로, 명동, 청계천 등지에서 인터넷에서 유행한 OTL(좌절을 형상화한 기호)을 직접 구현해 보이는 퍼포먼스를 하는 등 네티즌의 최신 문화를 반영하는 작품 활동을 펼치고 있다. 또한 명화를 '손가락'과 '아귀'라는 캐릭터를 통해 자신만의 독특한 스타일로 해석한 『그림 보여주는 손가락』, 〈잊지 않겠다 세탁볼〉, 〈순대렐라〉, 〈1만 2천 개의 녹차〉, 〈게맛살 씨 이야기〉, 〈의기양양조선고양이〉 등 다수의 작품을 통해 네티즌들과 소통하고 있다.

시시껄렁함이 널 구할 거야

▮ 아티스트 김치샐러드

"18세기 조선에 김홍도가 그린 풍속화가 있었다면,
21세기 초 한국 땅에는 네티즌이라는 화가들이 그린
공감툰이라는 이름의 풍속화들이 있어."

"시시껄렁함이 널 구할 거야"라는 말을 블로그에 올려놓으셨는데 무엇을 의미하고자 하셨는지 궁금합니다.

김치샐러드 ▌ 대단한 아이디어나 큰돈을 들여 무엇을 진행하는 것도 멋지지만, 시시껄렁하게 있는 그대로에 작은 아이디어로 뭔가를 재미나게 하는 것이 저에게는 즐거움이 더 크더라고요. "상상력이 널 구할 거야"의 구체적인 말이라고나 할까요. 거대하고 아주 기발한 상상력이 아니라, 작은 것으로 큰 걸 말하는 게 더 효과적이라는 생각입니다.

신변잡기적인 것으로 커다란 흐름을 표현하는 김치샐러드님의 작업을 잘 표현한 말로 보입니다. 김치샐러드님 말고도 이런 비슷한 작품을 하는 작가들이나 그들의 작품을 어떻게 생각하시나요?

김치샐러드 ▌ 요즘엔 일상에서 뭔가를 발견하여 소재로 삼는 것이 자연스러운 추세인 것 같습니다. 20세기엔 문학, 영화, 예술이 인류애라든가 전쟁, 이데올로기 같은 거대 담론을 주요 소재로 삼았잖아요. 요즘엔 그런 거대한 것보다는 개인 위주의 일상에 초점을 많이 맞추는 것 같습니다.

네이버 붐이나 DC인사이드 등의 포털 관련 사이트를 비롯한 공감 시리즈도 이에 해당하는 것이겠네요.

김치샐러드 ▮ 네. 그런 시시껄렁한 것에서 재미를 찾고 즐기는 사람들이 늘어나는 것 같습니다. 사소한 부분에서 즐거움을 줄 수 있는 온라인상의 이미지들이 미술의 영역에 들어 있다고 생각합니다. 미술로 진로를 잡은 뒤로는 이쪽으로만 생각을 하고 있습니다. 평생 하고 싶습니다.

말은 사소한 즐거움이 있는 그림이라고 표현했지만, 김치샐러드님의 그림은 현재 메시지를 전달하는 데 있어 큰 영향력을 가지고 있다고 봅니다. 『그림 보여주는 손가락』에서 명화를 보는 새로운 방법을 손가락과 아귀 캐릭터를 통해 제시해주셨지요. 아귀의 캐릭터가 무척 인상적이었습니다.

김치샐러드 ▮ 아귀의 단점이자 가장 큰 장점은 무식하다는 것입니다. 아무것도 몰라요. 그래서 사소한 거 하나도 질문을 하고 손가락에게 듣지요. 아무것도 모른다는 게 어떻게 보면 기존의 편견 따위가 없다는 말도 됩니다. 뭔가 다른 생각, 다른 상상을 하려면 편견을 없애는 게 가장 중요하다고 봅니다. 그것이 바로 아귀 캐릭터가 못생겨도 사람들이 좋아해주는 이유일지도 모르겠습니다.

너무 귀엽던데요. 그렇다면 김치샐러드님은 표현보다 생각이 중요하다고 느끼시는 건가요?

김치샐러드 ▮ 제 작업이 어설픈 것임에도 불구하고 주목을 받았던 가장 큰 이유는 저만의 생각이 들어가 있기 때문이 아닐까 합니다. 작품을 통해 자기 철학을 만들어가고 펼치는 게 중요하다고 봅니다. 자기 생각만 있다면 그 외의 것들이 조금 모자라도 부족한 부분을 충분히 채울 수 있습니다. 그림이 어설픈 만화에도 엄청 독창적이고 재미있는 요소들이 많듯이 결국엔 그 속에 담겨 있는 메시지에서 판가름이 난다고 봅니다.

그럼 그 생각의 기반에 대해서는 이전에 전공하셨던 문예 창작이 도움이 되셨나요?

김치샐러드 ▌ 제목을 재미있게 짓는다든지 스토리텔링을 넣는다든지 하는 문학적인 부분에 있어서 도움이 되었습니다. 하지만 이미지 위주의 작업을 하는 데 있어서 아직은 제 스스로 작품에 집어넣는 말이 너무 많다고 느낍니다. 차차 이미지 화법에 익숙해지면 또 다른 작업이 보여질 것 같습니다.

포토로그에서 "있는 모습 그대로에 반짝이는 작은 영감 하나 얹었을 뿐인데"라는 글을 읽었습니다. 굉장히 강조하셨더라고요. 이것이 김치샐러드님 작품의 지향점인가요?

김치샐러드 ▌ 그렇습니다. 작업 들어가기 전엔 블로그에 보이는 것보다

더 많은 글을 씁니다. 편집하면서 절반 이상은 지우지요. 앞으로는 글을 이미지로 전환시켜 표현하는 데 중점을 둘 생각입니다.

처음 아이디어를 이끌어내실 때, 브레인스토밍처럼 이것저것 소재를 생각하신 후 고르시는지, 아니면 하나의 흐름을 타고 깊게 파고드시는 편인지 궁금합니다.

김치샐러드 ▌ 주위를 둘러보다 흥미가 생기는 걸 발견하면 몇 달 동안 그것에 대해서 생각을 합니다. 작품 아이디어가 떠오르면 대부분 3개월 정도 묵혀둡니다. 그러면서 그 아이디어에 대해 이런저런 생각이 붙고 뭔가 감이 완전히 잡혔을 때 그동안에 쌓인 생각들을 정리해 작업을 합니다. OTL맨도 올해 봄쯤에 아이디어를 떠올린 것입니다.

OTL맨 퍼포먼스는 인터넷 문구를 통해 작품을 구상하신 건가요?

김치샐러드 ▌ OTL이라는 이모티콘에 관심이 가서 구상하게 되었습니다. 좌절의 의미로 쓰이는 이모티콘인데 OTL 모습 그대로 거리에 나가 많은 사람들 사이에서 소외받는 개인의 좌절감을 표현하고 싶었습니다.

예상하셨던 반응과 작품을 본 사람들의 반응은 어떠했나요? 그리고 부정적으로 보는 사람들의 반응에 대해 어떻게 생각하시나요?

김치샐러드 ▌ 재미있다는 반응이 많았습니다. 그거면 된 거라고 봅니다. 광고 아니냐고 화내는 댓글들이 작업의 의미를 공개하기 전에 있었는데 사람들이 광고에 너무 많이 지쳐 있구나 하는 것도 느꼈습니다.

신문 인터뷰에서 사람들과의 소통을 목적으로 작품을 하셨다고 했는데 구

체적으로 어떠한 소통을 원하신 것인가요? 그리고 결과적으로 원하시던 결과를 얻으셨는지 궁금하네요.

김치샐러드 ▌ 감정의 교류입니다. 여러 가지 감정을 표현한 작품, 사진으로 내가 작품을 만들 때 느꼈던 감정을 보는 사람에게도 불러일으키고 싶다는 마음. 그것이 잘 전달되는 게 좋은 작품이라고 봅니다. 어느 정도는 원하던 결과가 나왔지만 앞으로 더 잘해야겠다고 생각합니다.

촬영을 하면서 복장 때문에 주변의 소리가 들리지 않았다고 하셨잖아요. 보통 사람들이라면 대부분 시도도 하지 못했을 것이라고 생각되는데요. 정말 주위 사람들의 시선이 신경 쓰이지 않으셨는지…… 창피하시진 않으셨나요? 오히려 그 시선을 목적으로 하신 것이 아닌가 하는 생각도 드는데 어떻게 생각하시나요?

김치샐러드 ▌ 애초엔 OTL이라는 자세를 진짜로 해본다는 것에 중점을 됐습니다. 주위 시선보다 OTL을 해보고 싶단 마음이 더 커서 실행에 옮겼습니다. 퍼포먼스를 해가면서 처음 의도했던 것과는 다른 생각이 들었고, 주위 반응도 달랐습니다. 결과적으로 더 좋은 작품이 되었습니다. 뭐든지 생각에 그칠 게 아니라 직접 해보는 게 중요하다는 걸 느꼈습니다.

후기 부분에 좌절은 다시 일어날 수 있다고 하면서 '좌절 금지'가 아닌 '좌절 환영'이란 말을 쓰신 것이 인상적이었습니다. 좌절이라고 하면 대부분 사람들이 부정적으로 보잖아요.

김치샐러드 ▌ 좌절 환영이라고 한 것은 애초에 생각하지 못했던 겁니다. 처음엔 좌절이라는 것만 표현하려고 했는데 퍼포먼스를 해나가면서 느끼게 된 것입니다. 좌절에 대해서는 물론 저도 부정적입니다. 좌절이 없었으면 좋겠어요. 하지만 살다 보면 작건 크건 좌절의 순간은 있지요. 그럼 그 순간에 마냥 좌절하는 것보다는 기왕 찾아온 거 환영하는 마음으로, 이겨낼 수 있다, 언제든 찾아와봐라! 하자는 게 저의 다짐입니다.

전반적으로 소재는 우울한 것을 택하시지만 그 메시지들이 결국엔 반전과 같이 희망을 이야기해주셔서 보고 있던 저도 기분이 맑아지는 걸 느낍니다.

김치샐러드 ▌ 〈세탁볼〉이라는 작품처럼 기분 나쁜 게 있을 땐 빨래하듯 잊어버리자는 것이지요.

단무지나 순대, 녹차 이런 걸 보면 먹을 생각밖에 안 들거든요? 어떻게 먹는 걸 보고 뭘 만들어야겠다는 생각을 하시게 되었나요?

김치샐러드 ▌ 음식으로 뭘 만들어야겠다는 건 아니고요. 항상 접하는 게 음식이잖아요. 그 음식에 대해 생각을 해보고 그 음식만이 갖는 특징을

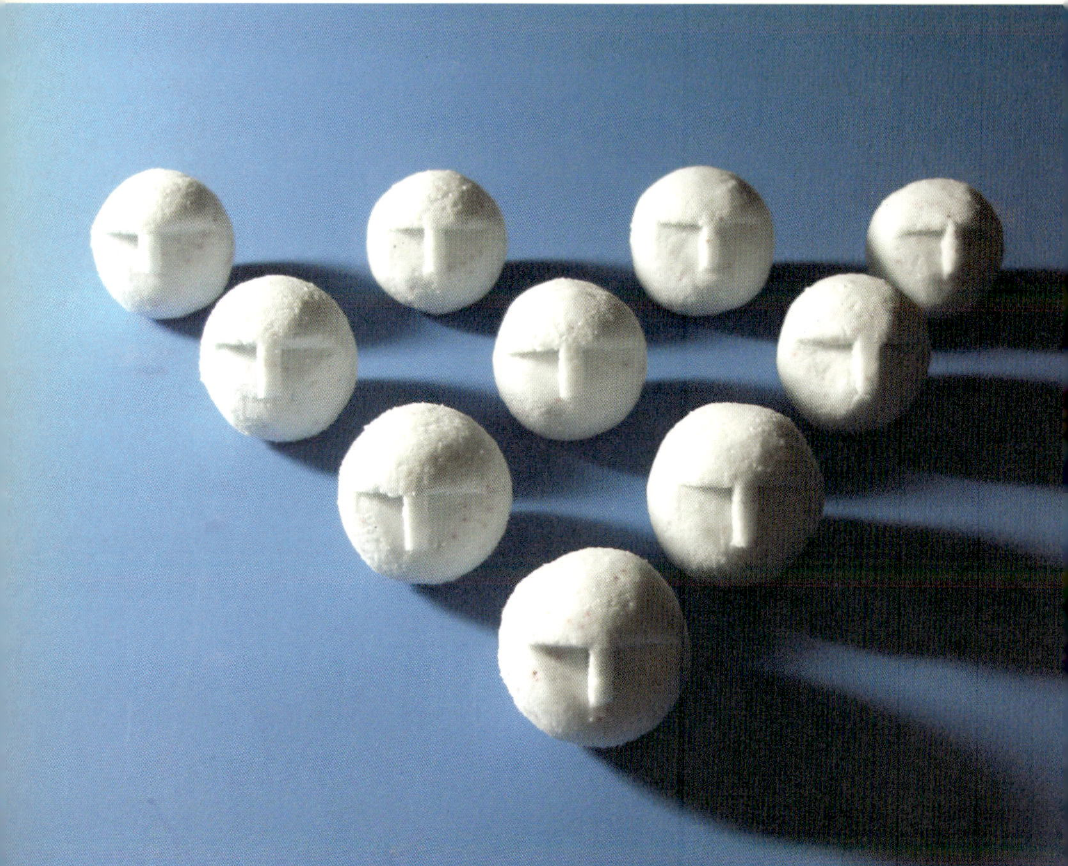

관찰했던 거지요. '단무지=노란색', '순대=꾸역꾸역 넣어 만든다', '게맛살=결이 한쪽으로만 되어 있다, 빨갛다' 등등. 그 특징에서 뭔가 제 생각과 맞는 부분을 찾아내서 연관을 시켜 만들었어요. 만들고 보니 어, 이번에도 음식으로 했네, 이렇게 되더라고요.

아! 아까 세탁볼 이야기가 나오면서 생각했었는데. 김치샐러드님의 제작 후기를 보고 〈녹차군君〉을 만들어보고 싶어서 그저께 시도를 했었거든요. 꿀을 부어가지고 말이죠. 그런데 생각처럼 잘 안 되더라고요.

김치샐러드 ▌ 하하하. 꿀은 처음부터 많이 넣지 말고 조금씩 넣어가며 반죽을 해가며 맞춰야 하고 무엇보다 가루녹차를 잘 골라야 합니다. N이라는 회사에서 나온 가루녹차가 제일 만들기 좋아요. 타사 녹차보다 잘 뭉쳐지거든요.

하하하. 작품이 이루어지려면 회사도 잘 선택해야겠네요. 〈녹차군〉에서 감정이입을 한 경우 작가 자신이 보는 녹차군의 성격은 무엇인가요?

김치샐러드 ▌ 아낌없이 주는 나무.

〈게맛살군君〉에서요, 게맛살로 만든 조형물에 인격을 부여했는데, 특별하게 의도하신 건가요? 실제로 게맛살에 인격을 부여해서 더욱 실체감이 느껴지고, 친근하게 느끼게 되어 관심이 더 가게 되었거든요.

김치샐러드 ▌ 게맛살은 제 자화상이에요. 녹차군도 그렇고요. 게맛살이 세상에 나와 많은 관심을 받고 사라졌듯 저도 그렇게 되고 싶어요. 저보다는 제가 만든 작품들이 그렇게 많은 관심을 받았으면 좋겠어요.

애써 만든 작품이 썩어갈 때, 아깝지 않으셨나요?

김치샐러드 ▌ 녹차군이 뜨거운 물에 자기의 모든 것을 다 풀어주고 가버리듯, 제 재능을 세상에 다 풀어보고 싶어요. 게맛살군이 썩어가는 과정은 무척 인상 깊었지요. 형체가 없어지는 게 흥미롭기도 했습니다.

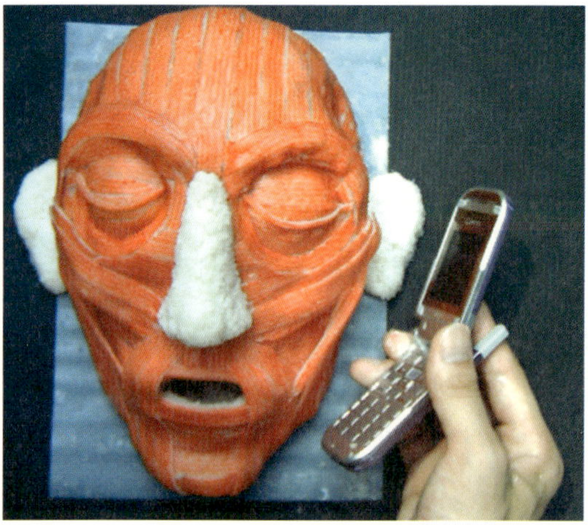

부패하면서 찍어놓으신 사진들이 언뜻 고흐의 색감 넘치는 그림처럼 보였습니다. 카메라나 컴퓨터의 힘을 빌려 색감을 더욱 개성 있게 살리면 더욱 멋지지 않을까 생각했는데, 실제로 그런 작업을 하셨는지, 만약 아니라면 실제 그대로 찍힌 게맛살군의 최후가 어떤 의미가 있을까요?

김치샐러드 ▌ 있는 그대로 표현하고 싶었습니다. 가상의 이미지가 아닌 진짜 사물을 담은 이미지요.

이제 사진으로밖에 볼 수 없는 게맛살군이 후대에 보여진다면 어떠실지? 마치 우리가 그 시대 파격적이었던 피카소의 작품을 보듯이 그렇게 될까요?

김치샐러드 ▌ 그 작품을 보며 잠깐 인생에 대해 생각해보는 시간을 갖게 된다면 보람이 느껴질 거 같아요.

앞으로의 상상력에 중요한 것은 무엇이라고 생각하세요?

김치샐러드 ▌ 여러 분야에 대한 호기심을 유지하는 것이 21세기 상상력의 중요한 요소라고 봅니다. 분자생명학과, 체육과 전공 학생들이라고 했죠? 전에 싸이를 돌아다니다 생명공학 전공자 싸이를 가게 됐는데 사진첩에 현미경에 비친 세포를 올려놨더라고요. 맨날 봐서 지겹다고. 그런데 그 분야와는 상관없는 제가 그걸 봤을 땐 신기하게 세포들이 하트 모양을 하고 있는 거예요. 이렇게 자기 분야에만 흥미를 가질 게 아니라 다른 영역에도 작은 호기심과 관심을 갖게 된다면 언젠가는 자기 분야에 도움이 될 거라고 봐요.

에디터 | 고영주, 문승연, 윤현주, 조예슬, 최경아, 이소윤

참고문헌

1부

강봉균 · 강대일 외, 『월경하는 지식의 모험자들』, 한길사, 2003.

김성곤, 『퓨전시대의 새로운 문화읽기』, 문학사상사, 2003.

마정미, 『광고로 읽는 하이브리드 문화』, 문예출판사, 2000.

이어령, "21세기를 내다보는 문화양식과 국민적 자세: 한국문화의 새로운 패러다임 구축", 『겨레얼』 4권, 1998, pp.2-21.

이어령, 『디지로그: 한국이 이끄는 첨단정보사회, 그 미래를 읽는 키워드』, 생각의나무, 2006.

홍성욱, 『하이브리드 세상 읽기』, 안그라픽스, 2003.

1장

김민수, 『김민수의 문화디자인』, 다우출판사, 2002.

김성도, 「말 · 글 · 그림: 융합 기호학의 서설」, 『영상 문화와 기호학』, 기호학연구 7권, 2000.

로베르 마쌩, 김창식 편역, 『글자와 이미지』, 미진사, 1994.

롤랑 바르트, 김인식 편역, 『이미지와 글쓰기』, 세계사, 1993.

박상순, 『6은 나무 7은 돌고래』, 민음사, 1993.

송성재, 『디자인 아방가르드 허브 루발린』, 디자인하우스, 2002.

스티븐 헬러 · 마리 피나모어, 장미경 역, 『디자이너의 문화읽기』, 시지락, 2004.

태전행부, 심효섭 역, 『픽토그램 디자인』, 기문당, 1989.

Alan Fletcher, *The art of looking sideways*, London, New York, Phaidon, 2001.

Roland Barthes, *L'obvie et l'obtus*, Seuil, 1982.

2장

김수용, 『힙합』, 서울문화사, 2004.

윤홍열, 『사회문화와 그래피티 일러스트레이션』, 세진사, 2000.

양재영, 『힙합 커넥션: 비트, 라임 그리고 문화』, 한나래, 2001.

장은아, 『로베르네 집』, 시공사, 2003.

Basquiat, Jean-Michel, *Basquiat*, Merrell, Brooklyn Museum, 2005.

Pereira, Sandrine, *Graffiti*, Paris, Fitway Publishing, 2005.

Sussman, Elisabeth, *Keith Haring*, New York, Whitney Museum of American Art, 1997.

3장

강현두, 『현대사회와 대중문화』, 나남, 1998.

김욱동, 『문학의 위기』, 문예출판사, 1993.

이영욱, "키치/진실/우리 문화", 『문학과 사회』, 1992년 겨울호.

Moles, Abraham, *Psychologie du Kitsch-L'Art du Bonheur*, Denoël/Gonthier, 1971. 엄광현 역, 『키치란 무엇인가』, 시각과언어, 1995.

M. 칼리니스쿠, 이영욱 외 역, 『모더니티의 다섯 얼굴』, 시각과언어, 1993.

앙리 르페브르, 박정자 역, 『현대세계의 일상성』, 기파랑 에크리, [1968], 2005.

함민복, 『자본주의의 약속』, 세계사, 1993.

장석원, 『아나키스트』, 문학과지성사, 2005.

4장

김언희, 『말라죽은 앵두나무 아래 잠자는 저 여자』, 민음사, 2000.

김준오 편, 『한국 현대시와 패러디』, 현대미학사, 1996.

린다 허천, 김상구 · 윤여복 역, 『패로디 이론』, 문예출판사, 1992.

박덕규, 『아름다운 사냥』, 문학과지성사, 1984.

정끝별, 『패러디 시학』, 문학세계사, 1997.

정현종, 『나는 별아저씨』, 문학과지성사, 1978.

Plett, Heinrich F.(ed.), *Intertextuality*, Waiter de Gruyter, 1991.

Rose, Marget A., *Parody: ancient, modern and post-modern*, Cambridge University Press, 1993.

Samoyault, Tiphaine, *L'intertextualité: mémoire de la littérature*, Paris, Nathan, 2001.

Kristeva, Julia, *Seméiotiké, Recherches pour une sémanalyse*, Seuil, 1969.

2부

군둘라 엥리슈, 이미옥 역, 『잡노마드 사회: 직업의 유랑자들』, 문예출판사, 2002.

김종래, 『유목민 이야기: 유라시아 초원에서 디지털 제국까지』, 꿈엔들, 2005.

이상빈 외, "기획특집: 노마드와 문화적 유목민", 『미네르바』, 2004년 여름호.

자크 아탈리, 이효숙 역, 『호모 노마드 유목하는 인간』, 웅진닷컴, 2005.

자크 아탈리, 편혜원 · 정혜원 역, 『21세기 사전』, 중앙M&B, 1999.

질 들뢰즈, 김재인 역, 『천 개의 고원』, 새물결, [1980], 2001.

마샬 맥루한 · 브루스 파워스, 박기순 역, 『지구촌: 21세기 인류의 삶과 미디어의 변화』, 커뮤니케이션북스, 2005.

Maffesoli, Michel, *Du nomadisme : vagabondages initiatiques*, Paris, LGF, 〈Livre de Poche〉, 1997.

McLuhan, Marshall, *The Gutenberg Galaxy*, 1962.

5장

군둘라 엥리슈, 이미옥 역, 『잡노마드 사회: 직업의 유랑자들』, 문예출판사, 2002.

이어령, 「21세기를 내다보는 문화양식과 국민적 자세」, 『겨레얼』, 4권, 1998.

자크 아탈리, 이효숙 역, 『호모 노마드 유목하는 인간』, 웅진닷컴, 2005.

자크 아탈리, 편혜원 · 정혜원 역, 『21세기 사전』, 중앙M&B, 1999.

Aubin, Françoise, "Anthropologie du nomadisme," *Cahiers internationaux de sociologie*, vol. 56, 1974, pp.79-90.

Maffesoli, Michel, *Du nomadisme: vagabondages initiatiques*, Paris, LGF, 〈Livre de Poche〉, 1997.

Michel, Franck, *Autonomadie: essai sur le nomadisme et l'autonomie*, Paris, Homnisphère, 2005.

6장

가스통 바슐라르, 곽광수 역, 『공간의 시학』, 민음사, 1990.

군둘라 엥리슈, 이미옥 역, 『잡노마드 사회: 직업의 유랑자들』, 문예출판사, 2002.

레베카 솔닛, 김정아 역, 『걷기의 역사: 철학과 예술과 축제, 혁명과 순례와 방랑, 자연과 도시 속으로의 산책』, 민음사, 2003.

빌 게이츠, 이규행 역, "집은 우주의 중심", 『빌 게이츠의 미래로 가는 길』, 삼성출판사, 1995.

아멜리 노통브, 함유선 역, 『시간의 옷』, 열린책들, [1996], 2003.

이어령, 『디지로그: 한국이 이끄는 첨단정보사회, 그 미래를 읽는 키워드』, 생각의나무, 2006.

질 들뢰즈 · 펠릭스 가타리 공저, 김재인 역, 『천 개의 고원』, 새물결, 2001.

Bachelard, Gaston, *Le droit de rêver*, Paris, PUF, [1970], 2002.

Maffesoli, Michel, *Du nomadisme: vagabondages initiatiques*, Paris, LGF, 〈Livre de Poche〉, 1997.

Poulet, Georges, *Etudes sur le temps humain*, tome 1-4, Paris, Plon, 〈Pocket〉, [1949-1968], 1989, 1996.

Radkowski, Georges-Hubert de, *Anthropologie de l'habiter: vers le nomadisme*, Paris, PUF, 2002.

7장

자크 아탈리, 편혜원 · 정혜원 역, 『21세기 사전』, 중앙M&B, 1999.

군둘라 엥리슈, 이미옥 역, 『잡노마드 사회: 직업의 유랑자들』, 문예출판사, 2002.

빌 게이츠, 이규행 역, "집은 우주의 중심", 『빌 게이츠의 미래로 가는 길』, 삼성출판사, 1995.

김종래, 『유목민 이야기: 유라시아 초원에서 디지털 제국까지』, 꿈엔들, 2005.

이상빈 외, "기획특집: 노마드와 문화적 유목민", 『미네르바』, 2004년 여름호.

케네스 데이비스, 이순호 역, 『미국에 대해 알아야 할 모든 것, 미국사』, 책과함께, 2002.

8장

가브리엘 마르케스, 안정효 역, 『백년 동안의 고독』, 문학사상사, 1977.

레베카 솔닛, 김정아 역, 『걷기의 역사: 철학과 예술과 축제, 혁명과 순례와 방랑, 자연과 도시 속으로의 산책』, 민음사, 2003.

세르반테스, 신익성 역, 『돈키호테』, 신원문화사, 2004.

이무용, 『공간의 문화정치학』, 논형, 2005.

Benjamin, Walter, *Charles Baudelaire, Un poète lyrique à l'apogée du capitalisme*, trad. J. Lacoste, Paris, Payot, [1955], 1979.

Maffesoli, Michel, *Du nomadisme: vagabondages initiatiques*, Paris, LGF, 〈Livre de Poche〉, 1997.

3부

McLuhan, Marshall, *Understanding media*, New York, McGraw-Hill, 1964. 마샬 맥루한, 이한우 · 김성기 역, 『미디어의 이해』, 민음사, 2002.

김상환 외, 『매체의 철학』, 나남출판, 1998.

마크 포스트, 김성기 역, 『뉴미디어의 철학』, 민음사, 1994.

마틴 졸리, 김동윤 역, 『영상 이미지 읽기』, 문예출판사, 1999.

백욱인, 『디지털이 세상을 바꾼다』, 문학과지성사, 1998.

한국영상문학회, 『이미지는 어떻게 살고 있는가』, 생각의나무, 2000.

빌렘 플루서, 윤종석 역, 『디지털 시대의 글쓰기: 글쓰기에 미래는 있는가』, 문예출판사, 1998.

빌렘 플루서, 김성래 역, 『피상성 예찬: 매체 현상학을 위하여』, 커뮤니케이션북스, 2004.

빌렘 플루서, 김현진 역, 『그림의 혁명』, 커뮤니케이션북스, 2004.

프랑크 포빼르, 박숙영 역, 『전자시대의 예술』, 예경, 1999.

움베르토 에코, 김광현 역, 『기호와 현대예술』, 열린책들, 1998.

존 A 워커 · 사라 채플린, 임산 역, 『비주얼 컬처』, 루비박스, 2002.

9장

돈 애즈, 이윤희 역, 『포토몽타주』, 시공사, 2003.

로잘린 크라우스, 최봉림 역, 『사진, 인덱스, 현대미술』, 궁리, 2003.

롤랑 바르트 · 수잔 손탁, 송숙자 역, 『사진론』, 현대미학사, 1994.

최봉림, 『세계 사진사 32장면』, 디자인하우스, 2003.

Cotton, Charlotte, *La Photographie dans l' art contemporain*, Paris, Thames &

Hudson, 2005.

10장

김영하, 『랄랄라 하우스』, 마음산책, 2005.

손상익, 『한국 만화사 산책』, 살림, 2005.

성완경, 『성완경의 세계만화탐사』, 생각의나무, 2002.

스콧 맥클루드, 고재경 · 이무열 역, 『만화의 이해』, 아름드리, 1995.

스콧 맥클루드, 김낙호 외 역, 『만화의 미래』, 시공사, 2001.

안드레아스 크니게, 김원익 역, 『만화: 종이 위에서 살아 움직이는 꿈과 환상, 세계걸작만화 50』, 해냄, 2005.

유시진, 『마니』, 시공사, 2002.

천계영, 『DVD』, 서울문화사, 2004-2005.

최혜실, 『디지털시대의 영상문화』, 소명출판, 2003.

프랑수아 슈이텐 · 브누아 피터스, 이수진 역, 『이미지, 모험을 떠나다: 만화에서 멀티미디어까지』, 현실문화연구, 2003.

Fred, *Philémon*, Dargaud, 1965-

Goscinny, René · Uderzo, Albert, *Astérix*, Dargaud, 1961-

11장

그레고리 배트코크 편저, 채장석 역, 『비디오의 예술세계: 비디오 아트란 무엇인가』, 인간사랑, 1990.

마이클 러시, 심철웅 역, 『뉴미디어 아트』, 시공사, 2003.

에디트 데커, 김정용 역, 『백남준: 비디오 예술의 미학과 기술을 찾아서』, 궁리, 2001.

플로랑스 드 메르디외, 정재곤 역, 『예술과 뉴테크놀로지: 비디오 · 디지털 아트, 멀티미디어 설치예술』, 열화당, 2005.
Rist, Pipilotti, Elizabeth Bronfen, Hans Ulrich Obrist, *Pipilotti Rist*, Phaidon, 2001.

12장

권오문, 『디지털 문화읽기』, 새미, 2001.
김진량, 『디지털 텍스트와 문화읽기』, 한양대학교출판부, 2005.
니콜라스 네그로폰테, 백욱인 역, 『디지털이다』, 박영률출판사, 1995.
마이클 러시, 심철웅 역, 『뉴미디어 아트』, 시공사, 2003.
배식한, 『인터넷, 하이퍼텍스트 그리고 책의 종말』, 책세상, 2000.
백욱인, 『디지털이 세상을 바꾼다』, 문학과지성사, 1998.
앤드류 달리, 김주환 역, 『디지털 시대의 영상 문화』, 현실문화연구, 2000.
유현주, 『하이퍼텍스트: 디지털미학의 키워드』, 연세대학교출판부, 1995.
플로랑스 드 메르디외, 정재곤 역, 『예술과 뉴테크놀로지: 비디오 · 디지털 아트, 멀티미디어 설치예술』, 열화당, 2005.
최혜실 엮음, 『디지털 시대의 문화 예술』, 문학과지성사, [1999], 2003.

찾|아|보|기

미래를 만드는

새로운 문화, 새로운 상상력

펴낸날 1판 1쇄 2006년 12월 5일
3쇄 2008년 9월 3일
지은이 조윤경
펴낸이 최민숙 | **펴낸곳** 이화여자대학교출판부
주소 서울특별시 서대문구 대현동 11-1(우 120-750)
등록 1954년 7월 6일 제9-61호
전화 02) 3277-2965, 2966(편집팀)
02) 3277-3164, 362-6076(영업팀)
팩스 02) 312-4312
전자우편 press@ewha.ac.kr
인터넷서점 www.ewhapress.com
편집책임 이혜지 | **디자인** 정혜진
찍은곳 영림인쇄

ISBN 978-89-7300-718-9 93600

값 15,000원

* 잘못된 책은 바꾸어 드립니다.